Carlos
Brassel

El maestro
sale de viaje

*Una aventura de la gratitud, la enseñanza
y la trascendencia en la vida y el trabajo*

SÉLECTOR
ACTUALIDAD EDITORIAL

Agradezco a César Gutierrez por su apoyo y eficiente trabajo en el libro, junto con el equipo editorial de Selector, y a Jacqueline Brieño por la revisión de la obra.

El maestro sale de viaje
© Carlos Brassel

LatinStock, imagen de portada

SÉLECTOR

D.R. © Selector S.A. de C.V. 2015
Doctor Erazo 120, Col. Doctores,
C.P. 06720, México D.F.

ISBN: 978-607-453-332-3
Primera edición: agosto de 2015

Consulte nuestro aviso de privacidad en www.selector.com.mx

Impreso en México
Printed in Mexico

A Sofía, Santiago y Andrea,
deseando que sus vidas sean
ríos caudalosos de felicidad,
siempre compartida.

I

El maestro abrió los ojos, inhaló profundo, retuvo el aire unos segundos... exhaló lentamente, y se dijo: "He terminado mi periodo de ayuno y meditación, estoy preparado para iniciar mi enseñanza pública y transmitir a los hombres los caminos para la trascendencia, en el amor a Dios, a sí mismos y a sus prójimos, para que hagan de su vida un éxito".

Se calzó, se puso de pie e inició la marcha con paso firme y acompasado mientras meditaba: "Debo escoger a doce discípulos que serán depositarios de la información que me ha sido revelada, para que ellos a su vez irradien la buena nueva. Cada uno tendrá que encontrar su debilidad para transformarla en fortaleza mediante el entrenamiento que les brindaré, para que después aporten su experiencia al grupo y se integre un equipo apto y comprometido con la misión".

Recordó la experiencia vivida años atrás, cuando después de ejercer distintos oficios, una noche de luna llena, en que regresaba a su casa por un camino solitario, se vio envuelto de pronto por una luz intensa, como si todo el brillo de la luna se concentrara en su persona. Sus piernas no pudieron detenerlo y cayó al piso, pero con tal suavidad que no sufrió daño alguno, por el contrario, su espíritu se inundó de una gran paz.

La fuerza de la luz lo obligó a cerrar los ojos y escuchó una voz dulce que le dijo: "tú eres mi elegido, tu Señor y Dios te confiere la misión de difundir en el mundo el mensaje de que el ser humano ha sido creado para dar fruto y darlo en abundancia. Su camino para lograrlo es encontrar en su interior las habilidades y fortalezas que le han sido conferidas, desarrollarlas y ponerlas al servicio de los demás, siempre con amor al prójimo y a sí mismo. Si así lo hiciere, le será conferida una vida feliz, el reconocimiento de sus congéneres y un premio eterno".

Se acordó haber preguntado: "¿Cómo debo proceder?".

—Primero debes viajar —recibió por respuesta— por el desierto, la estepa y el mar y en las poblaciones a las que llegues encontrar a la mujer o el hombre más virtuoso y aprender de ella o él. Serán después tutores de tus discípulos. Yo estaré a tu lado mediante la oración para indicarte el final de este tiempo. Luego debes recogerte a un periodo de meditación profunda en completa soledad y encontrarás la inspiración para seleccionar a los hombres y mujeres, de los que serás maestro, quienes deberán iniciarse en la misión mediante un proceso de superación personal, para convertirse después en tus discípulos y propagar el mensaje que has recibido.

Rememoraba que la luz cesó y cayó en un profundo sueño, despertando en aquel lugar al amanecer. Primero pensó que todo había sido ensoñación, pero contempló que sus ropas lucían un color blanco inmaculado, no obstante que se había levantado del suelo polvoso y que la noche anterior regresaba sudado y sucio del trabajo, pero además estaba poseído de un entusiasmo y un vigor excepcional para proceder según se le había indicado. Como en su casa no lo esperaba nadie, ya que su padre había muerto tres años atrás y su madre el mes anterior, contempló un odre lleno de agua que había a sus pies, lo tomó e inició un viaje rumbo al desierto que se extendía a lontananza, que lo llevó a un periplo por varios años.

II

Quien descubre lo que le gusta hacer en la vida,
y lo hace, hace de su trabajo una diversión

El joven cortaba la tabla sin poder seguir la línea marcada. Se molestaba consigo mismo por la deficiencia del trabajo. Dejaba aquel quehacer y acudía al fondo del taller donde los operarios clavaban unas tablas. Se ofrecía a colaborar y le asignaban un material. En al menos uno de cada tres clavos perdía la perpendicularidad y tenía que enderezar la trayectoria al clavar, además de golpearse con frecuencia los dedos con el martillo.

El maestro, quien pasaba con frecuencia frente a la carpintería, había observado el desempeño del joven, de modo que un día en que aquel aprendiz salía del trabajo, lo abordó diciéndole:

—Veo tus dificultades al trabajar como carpintero.

—Lejos estoy de ser un carpintero, soy un mero aprendiz de carpintería y diría que avanzo con lentitud —respondió el joven sintiendo gran confianza al hablar con el extraño.

—¿Por qué quieres aprender el oficio de carpintería?

—Mi padre es el dueño del taller, que heredó de mi abuelo; mi hermano mayor trabaja con él desde hace dos años y creo que me toca a mí continuar con el oficio de la familia.

—¿Es un trabajo que te gusta?

—No lo sé. De momento soy torpe, pero espero que, si me empeño, algún día pueda disfrutar de construir con la madera y ayudar a mi familia.

—Eres un joven noble en el pensar y en el actuar, pero debes descubrir tu vocación y ejercerla. Te invito a que pruebes ser conductor de personas hacia el amor a Dios, mi padre, quien me ha conferido la misión de preparar un grupo de discípulos que comuniquen la buena nueva del camino de la trascendencia y la salvación.

—Buen hombre, has visto que no soy capaz de colocar un clavo con rectitud y me propones encaminar a los hombres cuando yo mismo no sé lo que debo hacer.

—Deja en mis manos tu preparación. Lo tuyo no está en trabajar la madera, sino en labrar las almas de tus semejantes. Sígueme.

El aprendiz sintió un gran arrobo en las palabras del maestro, nunca nadie le había infundido una confianza tan plena y tan instantánea. Supo, sin poderse explicar las razones, que había encontrado su camino y siguió al maestro. Sin decir palabra, caminaron juntos por las intrincadas calles del poblado que caprichosas no obedecían a ninguna traza, ascendían y descendían según la topografía de aquel asentamiento humano ubicado entre cañadas, siguiendo al río que le daba vida y que en el juego de los días del año pasaba de riachuelo a torrente. Salieron del poblado y el maestro siguió caminando por la calzada polvosa aplanada por los pasos de la gente y las carretas que llegaban y salían.

Por fin, una legua adelante, el maestro se detuvo ante un roble de enorme tamaño que regalaba una amplia sombra. Tomó asiento sobre la hierba a la vera del camino invitando a su acompañante para que hiciera lo mismo.

—Vivir es decidir —le dijo el maestro—, esto es lo que hacemos continuamente mientras estamos despiertos y tú hoy has decidido transformar tu vida. Tomamos decisiones minúsculas, como pararnos o sentarnos, pero hay momentos, en ocasiones increíblemente fugaces, en que una decisión cambia de dimensión nuestra historia.

—No sé por qué te he seguido, no entiendo lo que me ofreces, si es que me has ofrecido algo, pero sentí un llamado y aquí estoy —respondió el aprendiz.

—Has escuchado el llamado de Dios que habla al corazón con un lenguaje que no entiende la mente. En efecto, te he ofrecido un trabajo que no tiene paga ni horario, que te aporta todo lo que necesitas y que no tiene asueto porque no lo requieres.

—Me preocupa una misión que no entiendo, porque no se puede cumplir en un trabajo donde no se visualiza el resultado esperado.

—No dejes que tu imaginación tape el sol con sus nubes, finalmente se evaporarán y la luz seguirá visible. La encomienda es sencilla, pero el trabajo es mucho: el Señor ha depositado en mí su mensaje de bienaventuranza para mostrar a cada hombre el camino de su trascendencia en el servicio a Dios y al prójimo, y yo debo difundir el conocimiento y para ello requiero discípulos que se hagan de seguidores para que el mensaje se esparza.

—Sin poder explicarlo, siento una gran confianza en ti y seguiré tus instrucciones —respondió el aprendiz.

El maestro le pidió que extendiera sus brazos y depositara sus manos sobre las suyas. Le ordenó cerrar los ojos y vaciar su mente con calma, sin precipitaciones, dejando escapar uno a uno todos sus pensamientos hasta sentir su mente en blanco.

El maestro oró con un canto como susurro del viento que se adueñó del espíritu del aprendiz, quien adquirió una paz y una alegría como nunca pensó sentir. No supo si aquello duró un minuto o una hora, pero cuando el maestro le ordenó abrir los ojos sabía con certeza que era otro hombre.

A continuación, el maestro explicó al aprendiz la misión: lo primero que requería era descubrir su vocación y que para ello debía emprender un viaje de un año para encontrarse e instruirse con el guía de talentos que habitaba en un pequeño poblado enclavado en las faldas de la gran montaña nevada, y le señaló con el dedo la ubicación, recomendándole que no se dejara engañar por la vista, que si bien hacía visible a la montaña, como si estuviera cercana, la realidad es que requería varias jornadas de camino para llegar a ella. Ante la aceptación del joven, el maestro le fijó el compromiso de encontrarse en un año exacto, cuando el sol estuviera en el cenit, bajo el árbol que los cobijaba.

El aprendiz habló con su padre, quien con pesar había comprobado que su hijo no tenía vocación de carpintero, por lo que aceptó de buena gana que emprendiera el viaje que el maestro le propuso, e incluso le facilitó dinero suficiente para que pudiera vivir un año sin trabajar. Le entregó un caballo para viajar y le dio su bendición.

Con buen ánimo, el aprendiz emprendió el viaje. Pronto comprendió el señalamiento del maestro respecto a la lejanía de la montaña, que al ser visible parecía estar al alcance de la mano, pero transcurrieron dos jornadas de cabalgata y la montaña parecía alejarse en vez de acercarse.

Con los últimos destellos de la luz del sol que se apagaba, en el segundo día de camino, el aprendiz contempló a la distancia el cuadrángulo de una caravanera, y se alegró de encontrar refugio para pernoctar.

Después de convenir con el posadero el precio de una pequeña habitación en la planta alta, se recostó un momento en el camastro disponible para aplacar el cansancio del día. Un poco después, sintió hambre y bajó al salón que servía de comedor, cantina y centro de reunión de la caravanera.

Ocupó un asiento en el extremo del tablón de una de las dos largas mesas rectangulares que se utilizaban para servir alimentos y bebidas a los viajeros que se guarecían en la noche con sus animales en aquel lugar.

Ordenó un caldo con trozos de cordero cocido, una pieza de pan y una copa de vino. Mientras cenaba, en medio de las charlas, los gritos, las risas y en ocasiones las maldiciones de los huéspedes que se encontraban en el salón, tomaron asiento frente a él dos hombres de edad avanzada, con sendas barbas blancas, que discutían a voz en cuello el abuso de los impuestos de peaje que cobraba el regente de caminos.

Pronto se unió a la conversación un hombre grueso de tez morena que estaba sentado cerca del aprendiz, apoyando el reclamo de los otros dos por el tributo arbitrario a que estaban sujetas las caravanas que utilizaban el camino que corría al lado del caravanero.

El aprendiz, que había escuchado en repetidas ocasiones a su padre citando la necesidad de pagar los tributos, que permitían atender los gastos que los gobernantes tenían que efectuar para posibilitar la vida comunitaria, decidió intervenir, y ante la sorpresa de todos, se manifestó en favor del tributo.

Tal sorpresa causaron sus palabras que el silencio se apoderó de todos, los que discutían el asunto y los que conversaban de otros tópicos. Esto dio oportunidad al aprendiz de explayarse. Intuyó que si se ponía de pie tendrían sus palabras más ascendencia y, parado frente a la mesa, inició su argumentación, que provocó en los demás comensales, una vez repuestos de la sorpresa inicial, gritos y silbidos de protesta e incluso burla.

El aprendiz, sorprendido él mismo de su actitud, en vez de amilanarse ante la hostilidad a sus palabras, continuó su mensaje con tal serenidad y aplomo que fue provocando el silencio y consiguiendo la atención de todos los presentes.

Explicó, con calma, que la vida comunitaria necesitaba de una ley y una autoridad, porque de otra manera no habría parámetros que establecieran las fórmulas para transitar por una convivencia pacífica y productiva.

—Nadie puede —dijo— proveerse por sí mismo de todas sus necesidades: confeccionar su ropa, cosechar todos los alimentos que consume, plantar sus vides y producir su vino, fabricar los muebles de su casa, construir la vivienda, extraer los metales de la tierra, fabricar todos los instrumentos de fierro que requiere para sus labores, impartir justicia ante disputas, abrir los caminos y pavimentarlos. Por eso existen los distintos oficios: cada persona ejerce uno de ellos, pero para cubrir sus necesidades acude al tejedor, al sastre, al campesino y a los mercaderes de productos, que a su vez han comerciado con los productores y los acarreadores.

Habiendo conquistado el silencio y la atención de todos, el aprendiz continuó explicando que la interacción entre las personas y sus trabajos necesitaba de disposiciones que permitieran los intercambios.

—Por ejemplo, tenemos que contar con monedas acuñadas para valorar y traspasarnos productos y servicios.

—¿Pero todo esto qué tiene que ver con los abusos de cobranza a que somos sometidos al transitar por los caminos? —expresó con voz enérgica un hombre joven sentado en el extremo opuesto de la mesa.

—Mucho —respondió con calma el aprendiz—. Quien gobierna e imparte justicia requiere dinero para las obras de servicio común, como las escuelas, los caminos, el pago de jueces y alguaciles que nos defiendan de los asaltantes. Para obtenerlo tiene que cobrar tributos en las actividades y ganancias de los negocios y las personas.

Hemos llegado a esta caravanera transitando por caminos pavimentados en varios tramos, vigilados por escoltas que protegen a los viajeros de los asaltantes. Todo esto requiere dinero, y si nosotros no contribuimos, los caminos y su seguridad tendrán que ser abandonados y todos sufriremos perjuicio. No debemos resistirnos al tributo, lo que sí debemos es vigilar la correcta, la provechosa aplicación de los mismos para el bien común y no para el beneficio personal de quien gobierna.

—Pero todo gobernante abusa en su favor —intervino ahora un hombre calvo sentado en la otra mesa.

—Es humano buscar primero nuestro provecho y luego el de los demás, por ello quien gobierna debe tener una buena remuneración, un porcentaje de los tributos que le permita vivir con desahogo —contestó enfático el aprendiz—, de esta manera estará tranquilo y podrá dirigir su tiempo y sus capacidades al bien común. Resumiendo —finalizó—: paguemos los tributos, vigilando que se nos devuelvan mayoritariamente en obras de beneficio a la comunidad.

El silencio inicial se repitió, y tras un lapso en que pareció congelado el fluir del tiempo, uno de los dos ancianos que iniciaron la discusión dio un fuerte golpe en la mesa y dirigiéndose al aprendiz le dijo:

—No estoy de acuerdo en todo lo que has expresado, pero me congratulo de haber escuchado a un joven capaz de expresar con valentía e inteligencia su opinión.

Los demás palmearon también sobre las mesas, aprobando la intervención del aprendiz.

El aprendiz regresó a tomar asiento en la mesa entre sorprendido por su osadía y satisfecho por la aprobación recibida. Nunca nadie le había aplaudido y los colores le subían y bajaban en el rostro.

Al regresar a su habitación, el aprendiz se tumbó sobre el camastro, rendido por el cansancio del día, pero muy satisfecho de haber tenido las agallas de expresar sus ideas ante un grupo de personas desconocidas, siendo que se consideraba tímido en su actuación social. El viaje le empezaba a proporcionar frutos inesperados y agradables.

Fueron necesarias dos jornadas más para pisar la falda del monte nevado y encontrarse en una zona boscosa surgida de la niebla húmeda que envolvía el ambiente, por donde los arroyos descendían en frías corrientes que rompían el silencio al chocar con las rocas y brincar desniveles.

El aprendiz fue bordeando la falda del cerro, encontrando casas aisladas que no formaban ningún poblado. Se detenía a preguntar por el guía de talentos y la gente se encogía de hombros. Tuvo que cabalgar un día más para toparse con una amplia cañada, como si al monte lo hubiera herido un hacha gigante, y al lado de un río que bajaba de la montaña con prisa por descargar su agua en el valle, divisó, en lo más profundo de la cañada, un poblado.

Cuando el camino estaba por insertarse en el pueblo y convertirse en calle, se encontró a un hombre bajo, de pelo cano, regordete, de fácil sonrisa, que salía caminando de la población. A la pregunta de si conocía al guía de talentos respondió:

—Yo soy.

El aprendiz se quedó sorprendido de la suerte de encontrarlo ahí, después de tanto preguntar sin obtener respuesta.

Una vez que el aprendiz narró su encuentro con el maestro, y el viaje emprendido para encontrarlo, el guía de talentos, sin perder la sonrisa en el rostro, le dijo que estaba saliendo a un viaje de unos días, pero que podía alojarse en su casa a esperarlo. Le indicó que siguiera la calle principal del poblado hasta toparse con un pozo, en la plazoleta circular que lo rodeaba debía tocar en la única casa que tenía una puerta doble de madera. Sacó de una bolsa una curiosa piedra tallada en forma de cubo y le indicó que se la entregara al cuidador de la casa y le dijera que lo entretuviera con sus juegos. Sin dar pie a ninguna aclaración, se despidió caminando con un paso firme, moviendo los brazos como remando en el aire.

El aprendiz siguió las instrucciones y cuando le abrieron una hoja de la doble puerta de madera preguntó por el cuidador de la casa. El sirviente cerró la puerta previendo que el desconocido fuera a meterse a robar. Tras un largo rato, salió el cuidador y al recibir la extraña piedra y la narración del encuentro con el guía de talentos, con la mayor amabilidad invitó al aprendiz a entrar, ordenando a un sirviente que se hiciera cargo del caballo. Le ofreció asiento en una cómoda silla de madera y lona, en un corredor que rodeaba un huerto rectangular al centro de la finca, ordenó que le trajeran vino y que prepararan la estancia de visitas.

Tras dos copas grandes de un buen vino, acompañadas de quesos, pan y frutas, y sumando que la luz del día se apagaba, los ojos del aprendiz se convirtieron en rendijas, por lo que el cuidador de la casa lo condujo a su habitación y sin tiempo para otra cosa, el aprendiz se quitó el calzado, se tendió en la cama y se desconectó del mundo, hasta entrada la mañana del día siguiente, cuando los rayos del sol se posaron en su cara para despertarlo.

Después de un agradable baño en una poza de agua caliente y un refrigerio, el cuidador de la casa le indicó al aprendiz que, siguiendo las instrucciones de su amo, estaba listo para el primer juego. Lo introdujo en un cuarto oscuro, lo sentó en un taburete y le colocó una venda sobre los ojos.

El aprendiz escuchó ruidos a su espalda, como de personas acomodándose en asientos. Tras un prolongado silencio, se escuchó por unos segundos una suave melodía que salía de una flauta, y el cuidador le preguntó si podía identificar el instrumento musical empleado, a lo que el aprendiz respondió que se trataba de una flauta. Uno a uno, diversos instrumentos de cuerdas, viento y percusiones sirvieron de conducto para tocar las melodías. En general, el aprendiz, no muy versado en música, pudo identificar el tipo de instrumento, pero no supo los nombres de varios de ellos, pero el cuidador se ocupó de dárselos a conocer.

A continuación, las breves melodías fueron ejecutadas por dos o tres instrumentos a la vez y al aprendiz le era cada vez más difícil distinguirlos. Cuando la música partía de cinco o más instrumentos, el aprendiz equivocaba frecuentemente la respuesta.

El cuidador, que tomaba notas de todo el proceso, anotó que el aprendiz no tenía buen oído musical.

Terminada la parte musical, y permaneciendo el aprendiz sentado y vendado de los ojos, el cuidador pronunció diversas palabras, la mayoría poco comunes en el léxico cotidiano, pidiendo al aprendiz que las repitiera, anotando, que en la mayoría de los casos era capaz de repetir los vocablos con adecuada pronunciación.

De las palabras sueltas, se pasó a frases cortas y luego a oraciones más largas. En sus anotaciones, el cuidador citaba la correcta repetición del aprendiz en casi todos los ejercicios.

Finalmente, el cuidador leyó poemas cortos y el aprendiz solía repetirlos con bastante fidelidad. Las anotaciones finales del cuidador, en este segmento, citaban que el aprendiz contaba con un oído competente para la retención de la palabra hablada.

El ejercicio había consumido toda la mañana, de modo que el aprendiz fue conducido a la silla del día anterior en el pasillo de la casa para degustar una sabrosa comida, al término de la cual el cuidador le recomendó que empleara la tarde en caminar por el pueblo. La población no era muy grande, de modo que sin apresurar el paso podría recorrerla en tres o cuatro horas.

Al día siguiente, el cuidador de la casa le dijo al aprendiz que el juego del día consistía en que le narrara, con el mayor detalle posible, su recorrido por el pueblo.

El cuidador, que conocía el poblado casa por casa, diríase que piedra por piedra, y de igual manera identificaba con precisión a casi todos los habitantes del lugar, fue muy inquisitivo, deteniendo al aprendiz en diversos puntos de su recorrido, solicitando detalles de las construcciones, las calles y las personas con las que se había cruzado.

Siempre con sus apuntes en mano, el cuidador tomaba notas del grado de precisión del aprendiz, quien se lamentaba de no haber sido advertido del juego para haber puesto mayor atención, pero el cuidador le indicó que deseaba conocer su poder de observación en condiciones normales y no ante la perspectiva de un escrutinio.

La calificación lograda en los apuntes del cuidador no fue positiva para el aprendiz en su retención visual de lugares y personas.

Al día siguiente, al aprendiz fue invitado a sentarse en una mesa donde se encontraban en desorden las piezas de un rompecabezas y se le pidió que lo armara, mientras el cuidador vigilaba los movimientos, tomaba nota y contaba el tiempo en un reloj de arena.

Luego le fueron ofrecidas intrincadas piezas hechas de alambre, solicitándole que las desarmase, reduciendo cada una a sus partes separadas. Como siempre, el cuidador no dejaba de tomar nota del tiempo y forma en que el aprendiz ejecutaba el trabajo.

La habilidad manual del aprendiz tampoco arrojó resultados positivos en la calificación del cuidador; de hecho, obtuvo comentarios bastante negativos.

En otro de los juegos, al aprendiz le fueron presentados diversos artículos de uso común: un peine, una sandalia, un espejo y algunos más. Su labor consistía en dedicar el mayor tiempo posible a describir, mediante la palabra hablada, tanto el objeto como su uso.

Las anotaciones del cuidador, en esta parte, fueron las más positivas: el aprendiz era capaz de hacer largas e interesantes descripciones de los objetos y concebir amenos aspectos de los diversos usos que los objetos podían tener.

Los días se sucedían con amenos juegos planteados por el cuidador, como aquel en que le colocaron frente a una mesa cuatro figuras de barro: un cargador de leña, una mujer lavando la ropa, una niña jugando con una muñeca y un niño saltando una barda, y se le pidió que escribiera una historia que envolviera a estos cuatro personajes.

Su construcción literaria no obtuvo buena calificación, pero la ingeniosa concepción de la historia recibió una nota muy positiva del cuidador, que mantenía un registro permanente de las actuaciones del aprendiz.

Una mañana, mientras se vestía, el cuidador se presentó en la habitación del aprendiz para informarle que la noche anterior había regresado a casa el guía de talentos y que después del refrigerio deseaba verlo.

La sonrisa parecía estar incrustada permanentemente en el rostro del guía de talentos, quien recibió al aprendiz en una estancia luminosa que dejaba entrar la luz del sol por tres costados. Sentado junto a una mesa, leía con cuidado las notas del cuidador. Casi sin levantar la vista, le indicó al aprendiz que tomara asiento en una silla ubicada al otro lado de la mesa, y por un largo tiempo siguió leyendo, concentrado, sin decir palabra alguna. Movía los pergaminos de un lado a otro, en ocasiones tomaba dos de ellos, uno con cada mano, y los comparaba.

Después de un silencio prolongado, reunió todos los apuntes en un solo legajo y por fin colocó la mirada en el aprendiz:

—Espero que tu estancia en casa haya sido agradable —comentó.

—Más que eso —respondió el aprendiz—, he sido tratado con gran amabilidad y además el cuidador se ha encargado de mantenerme muy ocupado.

—En efecto, muchos de sus juegos tienen que ver con la razón de tu visita.

—Es lo que imagino —añadió el aprendiz.

—Un acertijo que plantea la vida a todo joven —citó el guía de talentos—, y de cuya adecuada solución depende en gran medida la felicidad y la productividad de su existencia, está en descubrir su vocación.

—Cosa que no es fácil, como yo mismo lo he podido comprobar.

—En efecto, el joven, que suele tener un conocimiento reducido del mundo ocupacional, por sus pocos años, por su escasa o nula experiencia laboral, se ve enfrentado a la necesidad de escoger un camino para su preparación profesional, en el aula o directamente en sus pininos en el trabajo.

—En ocasiones los padres la deciden por uno.

—Y más por conveniencia propia, al buscar ayudantes o sucesores en un negocio familiar o por asignación al azar repartiendo ocupaciones entre los hijos que van naciendo.

—He notado —añadió el aprendiz—, que esto no es exclusivo de los jóvenes, sino que personas mayores van modificando su trabajo y terminan laborando en un campo muy diferente de aquel para el que fueron formados.

—La decisión inicial equivocada —intervino el guía de talentos— hace necesario rectificar el camino por medio de un proceso, muchas veces desgastante, de prueba y error, que roba a las personas un tesoro insustituible: tiempo.

—Lo que quiere decir que entre más pronto se encuentre la vocación más extensa es la realización personal.

—Atinada conclusión —dijo el guía.

—¿Cómo encontrar la vocación? —preguntó el aprendiz.

—No existe un camino único ni perfecto —respondió el guía—, pero el punto de partida es descubrir nuestras habilidades, nuestras facultades innatas. Por ello el cuidador de la casa se ha dedicado a practicar contigo diversos juegos, cuyos resultados, una vez evaluados, nos permiten descubrir el campo de actividades que te son más fáciles de realizar.

—Supongo que si uno labora usando las habilidades que le son propias se facilita el trabajo y su disfrute.

—En la mayoría de los casos así es. Cuando se logra congeniar las facultades con los gustos se da la auténtica vocación; el trabajo se convierte en un gozo y los éxitos profesionales y económicos vienen solos, sin necesidad de ir a buscarlos.

—Entonces, hacer lo que a uno le gusta hacer, hacerlo muy bien, con entusiasmo, no como obligación sino por el disfrute de una tarea lograda con excelencia, producirá un beneficio real para el receptor del trabajo y acrecentará nuestra fama y fortuna.

—Como puedes ver, es una bendición encontrar nuestra verdadera vocación y ejercerla. Como también es una maldición vivir sin descubrirla, arrastrando un trabajo como el condenado a galeote, teniendo que remar contra corriente ante los latigazos de la vida.

—Por lo que a mí respecta —citó el aprendiz—, con los juegos a que me ha llevado el cuidador de la casa, ¿puedes determinar mis habilidades innatas? ¿Saber para qué sirvo?

—Tengo indicios, no existen pruebas concluyentes, porque siendo la personalidad de los hombres tan variada como seres hay en el tierra, no hay una fórmula matemática, sino una adivinanza razonada. Te puedo dar pautas, pero a ti te corresponde jugar con ellas para encontrar a la persona más difícil de ubicar: a ti mismo.

—La siempre complicada tarea de darle media vuelta a los ojos.

—Somos capaces de conocer los secretos íntimos de mucha gente y de ignorar las verdades más patentes de nuestra persona.

—Pensé que el proceso era más sencillo, que tú me examinarías y me darías a conocer mi vocación y los caminos para ejercerla.

—Todos buscamos fórmulas mágicas, que aparezca un tesoro abandonado a la puerta de nuestra casa; que lleguen a contratarnos para el mejor trabajo en las mejores condiciones, sin movernos de nuestra silla; que nos otorguen el título honorífico más importante del reino sin tener que mover ni un dedo. No desperdiciemos tiempo, ilusión y desarrollo mental soñando con quimeras. La vida es intelecto puesto a trabajar. La suerte puede proporcionar viento a favor o viento en contra, pero es la pericia del marinero la que lleva el barco al puerto deseado.

—De acuerdo, no existe la poción mágica que me convierta en rey. ¿Por dónde tengo que iniciar a cincelarme para ubicar mi vocación?

—Vamos a dejar que esta conversación se asiente en tu espíritu, recordar y valorar lo expresado y lo escuchado nos prepara para abrir la mente a nuevos caminos. La prisa, en las decisiones importantes de vida, suele ser mala compañera. Descanso, meditación y ejercicio físico son tu receta para los próximos días. Yo también debo dialogar con el cuidador de la casa para analizar en detalle tus resultados y te llamaré cuando sea oportuno.

Pasados varios días, el aprendiz fue llamado de nuevo ante el guía de talentos para informarle que, de acuerdo con el resultado de los juegos que había realizado con el cuidador de la casa, sus habilidades innatas apuntaban al empleo de la palabra hablada, lo que lo facultaba como maestro, comunicador, defensor en juicios públicos.

El aprendiz, que mediante los juegos y de su experiencia en la caravanera sospechaba un resultado como el que se le daba, mencionó al guía que si bien aceptaba las conclusiones de un estudio que sabía que se realizó con cuidado, no encontraba factible los caminos de ocupación que le señalaba: no se consideraba lo suficientemente docto en alguna materia como para ser maestro, un comunicador, un portavoz; sólo tenía cabida en la directiva de un gremio, en la corte de algún rey, puestos que además de la habilidad oral requerían destacar en actividades políticas, ser muy hábil en las relaciones humanas, para lo que no se calificaba competente. Finalmente para ser defensor en controversias públicas se requieren conocimientos de las leyes, que tampoco tenía.

El guía le hizo ver que las habilidades naturales eran sólo el punto de partida: había que adiestrarse en materias concretas para utilizarlas; en virtud de lo cual le proponía un primer plan de acción: conocía a un viejo profesor que enseñaba conocimientos básicos, como lectura y escritura, en la escuela de un poblado distante a dos días de camino bordeando la montaña. Estaba seguro de que con una carta de recomendación tendría ocupación en aquel centro escolar, y bajo la tutela del profesor aprendería a enseñar.

Aceptada la propuesta, el aprendiz emprendió el viaje, agradeciendo la ayuda recibida al guía de talentos y al cuidador de la casa.

Había sido generosa la mención del centro escolar, que el guía de talentos dio a un cuarto anexo a la casa del profesor, donde dos tablones hacían las veces de mesa y otros dos de bancas para los escasos alumnos que con poca regularidad e interés acudían a tomar sus lecciones.

El profesor recibió con gusto al aprendiz ya que una hinchazón frecuente en un pie le hacía cada vez más difícil trabajar.

La lista del profesor tenía anotados a cuatro niñas entre los nueve y doce años, a siete jovencitos de diez a dieciséis años, a cuatro mujeres de edad indefinida, pero que para efecto de registro el profesor había catalogado con treinta años de edad a todas, y finalmente a tres hombres robustos y pendencieros, a los que se registró arbitrariamente con edades de treinta a treinta y cuatro años.

Las clases se impartían durante seis días a la semana, por la mañana, y la asistencia promedio de alumnos era de siete personas. El interés principal de los asistentes era aprender a leer y escribir.

En tres semanas de acompañar todos los días al profesor en sus labores docentes en aquella escuela, añadiendo lecciones vespertinas en las que el profesor lo instruía en su metodología para enseñar a leer y escribir, el aprendiz estaba preparado para conducir la enseñanza escolar.

Como todo en la vida, se decía el aprendiz, sin entusiasmo por la tarea no hay resultados sobresalientes, de modo que lo primero que necesitaba hacer era levantar el ánimo en los alumnos, para que acudieran diariamente a la escuela por el disfrute que encontrarían en el aprendizaje. Además, quería que todos los inscritos acudieran todos los días, y que incluso sirvieran de ejemplo en la comunidad para atraer a las clases a muchos más.

En su primera clase, solo frente al grupo, aunque únicamente tenía cinco alumnos, se dedicó a explicar cómo la sabiduría acumulada por los hombres estaba depositada en los libros y que al leerlos podían revivir a los muertos para platicar con ellos. Luego cuestionó a cada alumno para investigar la razón que los llevaba a la escuela, encontrando que varios no eran capaces de dar una explicación lógica.

Su siguiente estrategia fue pedirle a cada alumno que le relatara su ocupación, y después de escucharlos, le explicó a cada uno cómo podía aprender nuevos y mejores caminos para realizar su trabajo con mayor eficacia mediante la lectura de los libros apropiados.

Puso también en práctica la idea que había desarrollado de intercalar en la metodología del profesor juegos y adivinanzas para hacer divertido el aprendizaje. El cuidador de la casa le había enseñado diversas opciones.

Los alumnos asistentes estaban sorprendidos y felices con el aprendiz y las novedades introducidas en la enseñanza. Ofrecieron contactar a los faltantes para hacerles saber que la escuela había cambiado.

A la semana siguiente, solo se tuvo la ausencia de un miembro del grupo que estaba enfermo. En pocos días más, el alumnado había crecido casi al doble con la inscripción de nuevos estudiantes.

Los distintos poblados aledaños al lugar donde estaba alojada la escuela formaban un condado regido por el Jefe de los Pueblos. En poco tiempo, las enseñanzas de aquel centro de estudios habían cobrado fama y alumnos, por lo que el aprendiz recibió una invitación para presentarse ante el gobernante.

El Jefe de los Pueblos era un hombre extremadamente delgado, con los pómulos sobresalientes en una cara enjuta, de tez morena verdosa, entrado en años pero en buena condición física. Era hombre de pocas palabras, de modo que tras un saludo breve, entró en materia con el aprendiz:

—Estoy enterado de que en poco tiempo ha hecho crecer su escuela.

El aprendiz consideró un halago la aseveración, aunque el tono de voz y la expresión del rostro del jefe decían lo contrario.

—Estoy haciendo mi mejor esfuerzo para que el mayor número de sus súbditos sean personas preparadas —respondió el aprendiz.

—Prepare guerreros, gente disciplinada y obediente. Los cultos creen saber todas las respuestas y cuestionan todas las órdenes.

—Un pueblo culto —intervino el aprendiz— desarrolla una mejor industria, son mejores comerciantes, expanden sus negocios, sus talleres, hacen crecer la economía, lo que eleva el nivel de vida de todos los pobladores y entrega al gobierno una mayor recaudación de impuestos. La cultura abre el surco para que la semilla del trabajo germine y dé frutos positivos.

—El reino se desarrolla con siervos trabajadores y obedientes. La cultura sólo provoca rebeldía. Además, instruir mujeres genera víboras en las familias que olvidan, y hasta abandonan sus deberes. Donde la autoridad se cuestiona los países se desintegran.

—Señor, Jefe de los Pueblos, es frecuente pensar que un pueblo inculto es más fácil de gobernar, pero sucede lo contrario. La gente culta puede plantear sus objeciones ante la autoridad, pero su propia sapiencia le hace reconocer la necesidad de un gobierno que dé cauce al río de su historia y, si bien puede pedir algunas explicaciones y hacer algunas sugerencias, terminará negociando un camino para el bien común y trabajará con eficacia para la grandeza del reino, respetando y obedeciendo a la autoridad. Los incultos, en su ignorancia, entienden a la autoridad como la responsable de sus personas, la que debe proveer sus necesidades sin que los súbditos tengan que esforzarse y se convierten en un lastre que detiene todo progreso. Producirán un pueblo pobre regido por un pobre gobierno. Por otro lado, Señor, formar bien a las mujeres es garantizar familias unidas, comprometidas con su trabajo y el bien común, porque la educación de los hijos se genera principalmente en el hogar y ellas son las promotoras internas del desarrollo de cada integrante de la familia. La mujer preparada genera una sociedad responsable, trabajadora, honesta y abierta al bien común, lo que aporta las mejores condiciones para la función rectora del gobierno.

—Usted representa a los cultos que con mensajes sofisticados cuestionan al gobierno y promueven un supuesto mundo ideal, promocionando sólo la desobediencia. Quien gobierna debe ejercer el poder sin miramientos, sin concesiones y los muy educados son un estorbo para el buen ejercicio del gobierno.

—Le puedo asegurar que la gente que formamos en nuestra escuela es y será gente de bien, dedicada a generar una comunidad trabajadora, promotora del bien común y respetuosa de su autoridad.

—Las palabras son buenas intenciones, pero usualmente lentas promotoras de la acción. No me voy arriesgar con su experimento escolar: su escuela se queda con los alumnos que tiene en este momento, no puede crecer en una sola persona más, y agradezca que hoy estoy de buen talante y no ordeno su cierre. Pero tenga cuidado con lo que enseña, porque si promueve cualquier tipo de rebeldía a mi gobierno, quemo su escuela y usted terminará en la cárcel.

El Jefe de los Pueblos se puso de pie y se retiró sin despedirse.

De regreso a su escuela, el aprendiz meditaba sobre su entrevista: ¡Cuánto miedo le tienen los gobernantes a un pueblo con sapiencia! Conducir ignorantes les facilita la tarea, pero rigen sobre agua estancada, en vez de navegar en el río que fluye al progreso. "Mi reto será la calidad sobre la cantidad: serán pocos alumnos, pero si obtengo en cada uno un líder promotor de la cultura, del desarrollo personal, serán una candela que ilumine su ámbito, que promueva el conocimiento y disemine el anhelo de superación personal. El progreso de una comunidad proviene de un entusiasmado".

Aquella noche, mientras la luna llena le robaba a la noche la oscuridad, el aprendiz, tirado en su camastro, sin cerrar los ojos para que el sueño no lo quitara de la realidad, llegó a una conclusión: la mejor manera para obtener el mayor potencial de cada alumno, en el menor tiempo, se daría si descubría su vocación con prontitud.

En función de sus meditaciones nocturnas, el aprendiz pidió al profesor que nuevamente se hiciera cargo de la escuela mientras él regresaba con el guía de talentos, ante quien se presentó días después para pedirle que lo capacitara en la trascendente labor de impulsar el descubrimiento de la vocación de las personas.

Días intensos y prolongados donde el guía y el cuidador de la casa se afanaron en traspasar sus conocimientos y experiencias al aprendiz. Hubiera querido quedarse aprendiendo por tiempo indefinido, ya que sus tutores eran una fuente exuberante de sapiencia en el tema, pero había una misión que cumplir y con los conocimientos primordiales, el aprendiz sentía la confianza para impulsar a sus alumnos al descubrimiento esencial de encontrar su vocación.

De regreso en la escuela, el aprendiz reanimó el entusiasmo en sus estudiantes y les planteó el programa para el descubrimiento de las habilidades innatas, explicando lo valioso de congeniar capacidades con anhelos.

La comunidad escolar, con el liderato del aprendiz, entusiasmada, generó un ambiente de camaradería y superación, donde el proceso enseñanza-aprendizaje fluía como un río caudaloso en busca del mar.

Cuando la enseñanza lleva aparejada el conocimiento y la comprensión de su utilidad se convierte en un deleite para el alumno, y aprender deja de ser una obligación y se transforma en diversión, en reto, en la grata búsqueda de la superación personal.

El aprendiz no olvidaba la amenaza del Jefe de los Pueblos y calculaba que el progreso de sus alumnos no pasaría inadvertido, de modo que preparó el camino, advirtiendo a sus estudiantes que podrían sufrir un ataque sin aviso previo, instruyéndolos en los procedimientos a seguir.

Aunque la comunidad escolar disfrutó de unos meses más de tranquilidad y desarrollo, el presagio del aprendiz se convirtió en realidad, pero las previsiones funcionaron. Los padres y familiares de los alumnos, apreciando el beneficio que recibían los estudiantes del aprendiz, se habían convertido en guardianes de la escuela, estableciendo con sus conocidos en los pueblos cercanos un sistema de advertencias, de modo que cuando las tropas del Jefe de los Pueblos marcharon amenazantes, el aprendiz tuvo tiempo de maniobrar y la noche anterior al ataque todos abandonaron la escuela, diseminándose por diversos caminos previamente estudiados, con la misión de ubicarse en diferentes poblados y convertirse en replicadores de la enseñanza del aprendiz.

Cuando los enviados del Jefe de los Pueblos se presentaron, todo lo que pudieron hacer fue quemar y derruir un edificio, pero el espíritu de aprendizaje se había diseminado por los pueblos y seguramente daría frutos.

El aprendiz emprendió también aquella noche el camino de regreso a casa. Quiso, sin embargo, reiterar su agradecimiento y comentar sus logros, por lo que se detuvo unos días en casa del guía de talentos.

El año estaba por vencer y el aprendiz cabalgaba de regreso, deseoso de encontrar de nuevo al maestro para referirle la profunda transformación que había obrado en su persona aquellos doce meses, y ponerse a sus órdenes, como un discípulo que cumplió cabalmente con su entrenamiento.

Camino al encuentro con la felicidad
y la trascendencia

*Descubrir lo que se nos facilita hacer y nos gusta realizar,
aprendiendo a llevarlo a cabo con maestría, es abrirnos
la puerta de la realización y el disfrute de la vida.*

III

De la salud parte el bienestar del cuerpo
y la tranquilidad del espíritu

El maestro solía caminar por el mercado observando a los hombres en su diario empeño por ganarse el sustento. Algunos en posiciones humildes como sirvientes, obreros, artesanos, que cubrían sus gastos del día con el pago de esa jornada; otros, dueños o administradores de talleres o factorías, de algunos animales de carga, que buscaban terminar la quincena con los fondos para pagar a su gente y tener un excedente que les permitiera cubrir sus gastos de subsistencia familiar y darse algunos gustos adicionales. Finalmente, estaban los ricos mercaderes, dueños de amplios locales, de mansiones lujosas, rodeados de múltiples sirvientes y empleados, buscando dónde esconder sus caudales, dónde

colocar sus utilidades para producir más, algunos con espíritu de cooperación hacia la comunidad y con los más desposeídos, y muchos otros
con los ojos volteados al revés para sólo verse a sí mismos.

El maestro detuvo el paso y enfocó la vista en el fondo del taller del
herrero, donde un hombre sudoroso, descubierto del tronco, sacaba
del horno la punta enrojecida de una pieza de metal y comenzaba a gol-
pearla con el martillo sobre el pesado yunque. Golpeaba sin prisa pero
sin pausa, con movimientos precisos, concentrado en su labor, sabiendo que no disponía de mucho tiempo antes de que la pieza se enfriara
y perdiera maleabilidad. Unos momentos después, la pieza estaba terminada y el herrero dejó el martillo sobre una mesa. Tosió varias veces,
secó el sudor que le escurría por la frente con el antebrazo, y al hacer
este movimiento su mirada se encontró con la del maestro que se había
acercado y lo veía fijamente. Se sintió sobrecogido por aquellos ojos a
los que no podía dejar de ver.

El maestro le dijo con una voz clara que llegaba a plenitud a sus
oídos, a pesar del ruido ensordecedor que producían otros obreros de
la factoría:

—Deseo que colabores conmigo forjando el espíritu de los hombres
con la habilidad que lo haces con el fierro.

—Buen hombre, no entiendo lo que me ofreces, pero ya tengo trabajo aquí, en lo único que sé hacer.

—El Señor Dios tiene para ti un camino de plenitud y yo seré el apoyo que te capacitará para una labor de grandes proporciones.

—Creo que me confundes, tal vez seas extranjero y no te des cuenta
de lo humilde de mi condición, soy un herrero principiante, un obrero de
nivel inferior, aprendiendo a someter al fierro, sin estudios ni preparación. Ni siquiera comprendo lo que quieres, no te puedo ser útil ni para
sirviente, si eso es lo que quieres de mí.

—Quiero que sirvas a nuestro padre Dios por medio de tus hermanos los hombres. Ten confianza en mí, yo te enseñaré el camino —le dijo el maestro tomándolo del brazo y fijando su mirada en él—. Sígueme, fue la instrucción mientras abandonaba la herrería.

Aquella mirada fija del maestro, aquella sensación que arrobó todo su cuerpo al ser tocado, le hizo comprender, sin lugar a duda, que debía entregarle su vida a aquel hombre, y con el delantal de trabajo, con el torso descubierto, emprendió la marcha tras el maestro.

A pesar de tener un torso bien formado, al herrero le costaba trabajo caminar al paso acelerado del maestro y la respiración agitada lo hacía toser con frecuencia. No cruzaron palabra hasta salir del pueblo y llegar al roble de frondosa sombra, donde el maestro lo invitó a sentarse junto a él.

Con una voz que penetraba directo al corazón, el maestro le explicó la misión recibida del Señor Dios para enseñar a los hombres el camino de la trascendencia en el amor, y de la necesidad de recorrer un camino de preparación para convertirse en discípulo. A pesar de la reiteración del herrero de que estaba eligiendo a la persona inadecuada, el maestro le hizo ver que sabía leer las almas de las personas y que él era el escogido. Rendido ante los argumentos del maestro, el herrero ofreció su compromiso pleno y recibió una bendición que llenó su espíritu de una gran paz.

—El lugar donde has trabajado —le dijo ahora el maestro— produce humos venenosos que has llevado a tus entrañas y la tos frecuente que padeces es el signo externo del daño interno. Por ello, lo primero que requieres es recuperar la salud y aprender a cuidarla, y debes encontrar al sanador del soma y recibir su adiestramiento. La tarea no es fácil porque tienes que cruzar solo el desierto. Sigue la dirección que marca la estrella del amanecer y en tres jornadas podrás estar en las fuentes del agua para buscar a tu preceptor. Yo estaré esperándote, en este mismo lugar, dentro de un año exacto —le dijo finalmente el maestro, despidiéndose.

El herrero regresó a la humilde casa de sus padres con quienes vivía, y al comunicarles la decisión tomada, su padre montó en cólera arguyendo que era una estupidez dejar el buen trabajo que tenía por ir a buscar fortuna al llamado de un lunático, como tantos engañabobos que había en el mercado. La madre le pidió, en un tono más comedido, que escuchara a su padre y depusiera el abandono de su trabajo en pos de una aventura incierta e incluso peligrosa. El herrero intentó de nuevo explicarles el llamado que había calado en su corazón, pero viendo que sólo conseguía exasperar más a su padre y provocar el llanto de su madre, decidió tomar lo indispensable para el viaje y salió con prontitud de la casa, con el ánimo contrariado. Aunque ya preveía una reacción como la sucedida, sabiendo lo difícil de explicar las decisiones del corazón, que son mudas para quien no las experimenta, lamentó inferirles a sus padres un disgusto, pero pensó que cuando se incorporara como discípulo del maestro tendría argumentos para demostrarles lo positivo de su decisión.

Cuando la noche se desvanecía ante el día, desde un pequeño promontorio, mucho después de abandonar la ciudad, el herrero contempló el desierto y pensó en los extremos del agua: su falta total o su exceso. El año anterior, su mejor amigo había fallecido cuando el barco en que viajaba se hundió a cinco estadios de la playa y su falta de práctica en la natación le impidió salvarse; ahora él tendría que encarar la playa sin agua que se extendía inmensa frente a él, ahora serían pasos y no brazadas los que tendría que usar para atravesar el reino de la arena, cambiante y traicionera, que mata a sus víctimas secando su garganta.

Le alentaba un pensamiento: el maestro le había puesto enfrente un escollo, que pondría a prueba su compromiso, pero que no podía ser inalcanzable.

La estrella de la mañana apareció refulgente ante su vista. Se puso de pie... de pronto tuvo miedo y quiso correr de regreso a casa. Respiró hondo, cerrando los ojos y serenándose. Inició la caminata, sintiendo cómo sus pies se hundían en la arena que parecía querer atraparlo tomándolo de los tobillos.

Aunque el sol radiaba inclemente su fuerza y la arena se aliaba con él, incrementando su temperatura y reflejando la luz, el herrero se había preparado: llevaba un sombrero de palma de ala ancha; dos odres grandes, con un balance que consideraba haber ponderado adecuadamente entre peso y volumen de agua, y una bolsa con dátiles y semillas que no pesaban mayormente, pero que le proporcionarían un alimento que juzgaba apropiado, de tal suerte que la primera jornada transcurrió sin mayor dificultad, aunque ya esperaba que el desierto fuera condescendiente al principio, como la ratonera que ofrece fácil paso a su presa para animarlo a entrar y después descargar su golpe mortífero.

Manifestando su carácter voluble, el desierto transformaba su calor ardiente del día por un frío seco de noche que calaba cuando se hacía acompañar del viento. La frazada que llevaba mitigaba a medias la temperatura, y la dificultad para conciliar el sueño lo hizo pernoctar en duermevela, en ese juego del desierto de extraer poco a poco la fuerza a los osados que se atrevían a cruzarlo sin el amparo de una caravana.

Aunque estaba habituado a trabajar en el ambiente caluroso de los hornos de la herrería, el segundo día el sol implacable le urgía a terminarse el agua que llevaba y tenía que hacer un continuo esfuerzo mental para taparse los oídos al llamado del líquido, sabiendo que subsistiría en la medida en que supiera dosificarla.

Al llegar la noche estaba exhausto, la tos lo acometía con frecuencia robándole energía y comprendió la sabiduría del maestro que le ordenaba en primer término mejorar su condición física. Sin salud, se dijo, nada en la vida es disfrutable.

El silencio de la noche, lejos de cualquier hábitat humano, lo hizo consciente de la soledad total; no contaba más que consigo mismo.

Aunque solemos vivir rodeados de muchas personas, conocidas y desconocidas, la única convivencia permanente es con nosotros mismos, pensaba. Nos envuelve el barullo, el ajetreo cotidiano y descuidamos la relación interna, la rehuimos; no nos damos tiempo para cerrar los ojos, los oídos, y acudir al encuentro con nuestra persona. En esta soledad, el silencio del desierto, veo lo poco que he dialogado conmigo, lo mucho que me falta para conocerme bien. Tal vez este mandato del maestro, que puede parecer despiadado, al enviarme solo al encuentro con esta monótona arena, tenga la intención de hacerme recapacitar que necesito momentos de soledad, propiciar el encuentro interno conmigo para saber mejor quién soy, qué es lo que quiero ser y de qué dispongo dentro de mí para lograrlo. Solemos pensar en lo que los demás nos pueden dar, lo que podemos obtener de ellos, pero esto depende de otras voluntades, por qué no mirarnos a nosotros mismos y descubrir lo que ya tenemos, lo que nadie nos tiene que dar, de lo que en realidad somos dueños y cómo lo podemos aprovechar para encaminar nuestra vida a donde queremos llevarla. De este modo, también sabremos lo que podemos y debemos aportarle a los demás, porque finalmente vivimos en sociedad, compartiendo con muchos las tareas comunes de trabajo y compartiendo con pocos los latidos de nuestro corazón.

Nuevamente ese cambio drástico de temperatura del desierto, que pasa del calor sofocante del día a la gélida noche, le impidió conciliar un sueño prolongado. Aunque se encontraba en la soledad más completa, su instinto citadino, el perene temor a ser robado, le hizo tratar de dormir abrazando sus pocas pertenencias para protegerlas de los extraños, que aún en aquel inhóspito lugar se figuraba que pudieran aparecer de un momento a otro. Lo único que consiguió fue dormitar sobre el único odre que todavía contenía agua. Cuando la luz del día lo devolvió a la vigilia, notó cierta humedad en su ropa; al descubrir el origen, quedó consternado: la presión de su cuerpo había aflojado una costura del odre y buena parte de su contenido se había vaciado sobre su ropa y la arena.

La angustia se apoderó del herrero: la última jornada, con el cuerpo más cansado, sería prácticamente sin agua. No había manera de regresar porque había dejado la ciudad dos días atrás. Tenía puesta su confianza en el maestro que le indicó que serían tres jornadas en la dirección señalada para llegar a las fuentes de agua, pero, ¿había seguido siempre la dirección correcta? ¿Y si se hubiera desviado? ¿Y si el maestro se había equivocado? ¿Tendría razón su padre? ¿Habría tomado la decisión correcta? Las preguntas se sucedían en su mente una tras otra.

Cerró los ojos, respiró profundamente y le pidió al pensamiento agitado una tregua. Cuando las dificultades parecen avasallarlo todo, no hay más que asirse de la esperanza, el bálsamo de la desesperación, el punto de apoyo para continuar el camino. Si el maestro lo había elegido, Dios le daría la fuerza y lo acompañaría en su caminar, de modo que no había tiempo que perder, el sol joven de la mañana era más clemente que el del mediodía y había que aprovecharlo. Recogió sus pocas pertenencias e inició la marcha.

A medida que el sol ascendía, parecía incendiar la arena con su calor y el herrero notó que había dejado de sudar, pero la sed y el cansancio aumentaban. Era apenas mediodía, pero le parecía que aquella jornada había durado una semana. Trataba de ahogar la tos en la boca, cuando acometía, para evitar descargar la poca saliva que le quedaba. Se detuvo un momento inclinando el odre a fin de que las últimas gotas de agua resbalaran hasta su boca.

Cada paso se empezó a convertir en un esfuerzo, la vista por momentos parecía cubrirse de un velo, la cabeza le dolía con intensidad y las fuerzas le abandonaban.

Decidió cortar el odre con su cuchillo y se dedicó a lamer la superficie interior para arrancar la humedad adherida con la lengua y luego se colocó el cuero en la cabeza para que la escasa humedad que sobraba le refrescara el cuero cabelludo. Aunque la humedad adquirida fue mínima, sintió recobrar fuerzas al contacto con los vestigios de agua y la fortaleza mental lo impulsó durante un par de horas más de caminata.

Cuando el sol iniciaba su camino al poniente para esconderse en las dunas del desierto, el herrero sintió que la vista se le oscureció, las piernas dejaron de sostenerlo y cayó de bruces sobre la arena. No supo cuánto tiempo permaneció tirado porque había perdido la conciencia. Cuando logró abrir los ojos, el sol había dejado de brillar en el horizonte pero su luz permanecía iluminando el cielo. Al enderezar un poco el cuerpo se vio rodeado de varios niños que lo miraban con curiosidad, como preguntándose si tenía vida o era un cadáver. Aunque imaginaba haber desechado toda el agua de su cuerpo, sus ojos se humedecieron de lágrimas de alegría al verse rodeado de seres humanos.

Intentó levantarse, pero el niño mayor le indicó que permaneciera recostado, ordenó a los demás niños que lo cuidaran y él se alejó en busca de ayuda. Al poco tiempo regresó acompañado de tres hombres y una mujer que cargaba un cántaro de agua. Le dieron de beber haciéndole ver que debía hacerlo despacio y en tragos pequeños. Mojaron un paño y se lo colocaron en la cabeza lo que le produjo la sensación de frescura más grata que recordaba.

Lo dejaron reposar un rato y luego dos de aquellos hombres lo tomaron de las axilas, lo levantaron y, aunque el herrero procuraba apoyarse un poco en sus pies, sus piernas apenas lo sostenían y prácticamente cargado en vilo fue conducido a un oasis que se encontraba después de dos dunas, a no más de doscientos pasos de donde lo recogieron. Aunque su visión no se había aclarado del todo, lo que alcanzó a ver le pareció el paraíso: palmeras, verdor, personas. "El maestro no estaba equivocado", se dijo, "las fuentes del agua estaban a tres jornadas".

Lo acostaron en un camastro dentro de una fresca tienda, le dieron más agua y le ofrecieron sal granulada para que la comiera. Aunque empezó a sentir que recuperaba fuerza, su cuerpo reclamaba descanso de modo que le recomendaron que durmiera.

Pronto se quedó profundamente dormido y seguramente lo hizo durante largas horas porque, cuando despertó, la tarde se había apoderado del día. Tomó más agua que le habían dejado a un lado, se incorporó y salió de la tienda para encontrarse con el niño mayor que lo había rescatado y el cual, al parecer, se había quedado vigilando su descanso, como si fuera el responsable directo de su recuperación.

El niño lo tomó de la mano y lo condujo por el oasis, ante la curiosa mirada de todos los moradores del lugar que se formaron en valla para verlo pasar, rumbo a la tienda más grande que se encontraba al centro del lugar, junto al venero.

La tos, que lo había abandonado benévolamente durante el periodo más agresivo de su recorrido por el desierto, lo acometió de nuevo con virulencia. El niño le apretó la mano queriendo infundirle confianza. Cuando llegaron frente a la tienda más grande, el niño se detuvo. Un sirviente apostado frente a la tienda entró en ella para avisar a su amo de la llegada del extraño.

Un rato después, el sirviente abrió desde adentro el cortinaje que cubría la puerta de la tienda para dar paso a un hombre de grueso abdomen, alto y corpulento, tocado con un turbante blanco, quien, dirigiéndose al herrero, le dijo:

—Has tenido suerte, buen hombre, el desierto no es lugar para transitar en soledad. Eres bienvenido porque quienes moramos en este páramo acogemos y socorremos a los viajeros, pero no debes tentar a la fortuna con acciones imprudentes.

—Agradezco, señor, el amable rescate de mi persona.

El herrero narró su encuentro con el maestro, las instrucciones recibidas y su deseo de encontrar al sanador del soma. Su anfitrión le indicó que tal persona se encontraba a un día de viaje, en un oasis mayor, y le ofreció facilitarle un guía y un camello para que pudiera llegar.

El herrero agradeció el ofrecimiento aunque indicó que carecía de recursos económicos para solventar los gastos, pero su anfitrión le respondió que anticipaba esa situación y que su ofrecimiento era parte de la cortesía que los hombres del desierto saben brindar.

Ante la pregunta del herrero del porqué de su generosidad con un desconocido, el hombre que regía a los habitantes de aquel oasis le respondió que el desierto es un medio hostil a la vida del ser humano, pero que si los hombres que lo habitan y lo transitan se solidarizan, abren caminos en la arena para que la vida fluya por ellos.

—Si nos escondemos siempre detrás de nuestro provecho personal, el desierto se apodera de nuestra vida y nos derrota uno a uno, pero si le presentamos un frente unido, somos los seres los que lo sometemos.

El herrero mencionó que estaba seguro que Dios le brindaría en el futuro el medio de compensar tan noble ayuda y se retiró pensando que había muchos desiertos sin arena en donde los hombres vivían y donde una manera de actuar solidaria haría un gran provecho.

Provisto no sólo del camello, sino de un turbante y las viandas para el camino, en compañía de un guía que montaba otro camello, a la mañana siguiente inició el recorrido por el desierto en condiciones mucho más propicias que en días anteriores. Si bien el andar acompasado del animal lo bamboleaba por su falta de práctica en la montura a horcajadas, pudo llegar, con el cuerpo sarandeado y las piernas adoloridas pero sin mayores incidentes, a la nueva fuente de agua. A la entrada del nuevo oasis, su guía lo hizo descender del camello y se despidió de él llevándose los dos animales.

El herrero pronto se topó con un problema que no había contemplado: los moradores de aquel oasis hablaban otra lengua que él no comprendía y sus palabras no tenían significado para aquellas gentes.

Las personas a las que preguntaba por el sanador del soma se reían de él o movían cabeza y manos manifestando no entenderle, o incluso se daban la media vuelta y lo dejaban con las palabras en la boca.

Cada diálogo que abría y que se tornaba en un monólogo lo hacía incrementar su angustia. Parecía mudo en tierra de sordos. Recorrió una ancha calzada bordeada por palmeras y casas de adobe, intentando a diestra y siniestra comunicarse con las personas sin conseguirlo. El sol se había puesto y el semblante del cielo fue cambiando de rojos y naranjas a verdes y azules, y las estrellas empezaban a brotar como flores luminosas en el firmamento.

Se quedó parado en medio de la calzada que empezaba a reducir drásticamente su flujo de personas y a oscurecerse. De pronto sintió un tirón en la ropa por su espalda. Volteó y vio a una mujer anciana, apoyada en un bastón encorvado como ella, que le hizo la seña con un dedo de la mano para que lo siguiera. No teniendo otra opción, obedeció siguiendo a la mujer que caminaba con pasos lentos. Llegaron a la puerta de una casa cubierta por una tela y la mujer entró en ella. El herrero se quedó afuera sin saber si debía entrar. La mujer recorrió la tela con una mano y con la otra le volvió a mover el índice invitándolo a entrar.

Se encontró de pronto en una estancia rectangular, de tamaño reducido, con piso de tierra apisonada. A su derecha se encontraba una mesa, también rectangular, a poca altura del piso, con dos vasijas de barro con sendas velas encendidas, bordeada por dos pequeñas bancas que le parecieron asientos para niños. Al fondo de la habitación se encontraba otra mesa, más alta, con algunas viandas y ollas, y en un rincón un fogón encerrado en una gran vasija de barro con forma de gota, de cuya parte superior salía un tubo, también de barro, a manera de chimenea, que atravesaba el techo. Sobre el fogón había una olla que debía contener algún guiso dejando salir un vapor de apetitoso olor.

La mujer le indicó que tomara asiento en una de aquellas bancas al lado de la mesa y ella se acercó al fogón, atizando el fuego con un abanico de palma. Un rato después, introdujo una vara de madera al guiso, lo revolvió y al sacar la vara dejó que escurrieran unas gotas sobre la palma de su mano izquierda, se llevó a la boca el líquido recolectado en la mano y movió la cabeza mostrando satisfacción. Tomó de la mesa dos platos hondos y con la misma vara inclinó la olla para servir el guiso sobre cada plato. Puso uno frente al herrero y ella se colocó el propio al otro lado de la mesa, sentándose en la otra banca.

Sabiendo que no podía comunicarse con palabras, el herrero inclinó la cabeza para manifestar su agradecimiento. La mujer sonrió, tomo el plato con las manos y empezó a beber su contenido, al tiempo que le indicaba al herrero que hiciera lo mismo.

Aquel caldo caliente con algunas verduras desconocidas, le supo delicioso. Le recordó, con nostalgia, los guisos de su madre.

Terminada la sabrosa pero frugal cena, la mujer se puso de pie y lo invitó a seguirlo. Atravesaron un arco que daba paso a la parte interior de la casa, lo llevó a un patio, le mostró un agujero —el lugar para defecar y orinar—, regresaron a la primera habitación y del otro lado de la mesa se encontraba un jergón en el piso; la mujer le indicó que ahí podía recostarse. Junto al jergón había un cilindro de barro con una tapa y, a un lado, colgada de una vara encajada en la pared, una pequeña olla de barro que la mujer tomó, quitó la tapa del cilindro y el herrero vio que en el interior había agua para beber. La mujer tomó un poco de agua, dejó la olla en su colgajo y le indicó que podía usarla, señalándole que lo hiciera con mesura. Era lógico entender lo preciado que es el agua en el desierto, aun en un oasis. La mujer le señaló nuevamente el jergón, apagó las velas y salió de la habitación hacia el interior de la casa.

El herrero se sentó sobre el jergón y, cerrando los ojos, elevó una plegaria a Dios, sin saber con precisión a quien dirigirse, pero sintiendo la necesidad de agradecer al cielo la ayuda que recibía de gente de buen corazón que le brindaban apoyo.

A la mañana siguiente, al despertar, vio que la anciana se encontraba sentada en la banca junto a la mesa y le hizo la seña de siempre para que se acercara. Sobre la mesa había un pedazo de pan y un pequeño cuenco con leche de cabra que la anciana le invitó a tomar.

Terminada la colación, que nuevamente agradeció con múltiples inclinaciones de cabeza, pidió permiso a señas para ir al patio trasero. De regreso, tomó sus pertenencias y depositando un beso en la frente de la anciana, salió a la calle.

Vio pasar frente a él ocho camellos profusamente cargados de fardos, con sendos camelleros que los conducían tirando de las riendas y, al final, un hombre ricamente vestido, tocado con un turbante azul, portando un hermoso pectoral de oro engastado de esmeraldas, con ricos anillos en todos los dedos, cerraba la caravana cabalgando en un camello de bello pelamen.

El herrero decidió seguirlos. El rico mercader, pensó, debía de ser un viajero importante que conocería varias lenguas y podría ayudarlo.

Después de caminar un trecho por aquella calzada, la caravana viró a la izquierda en un callejón rematado por una casa encalada, con una rica puerta de madera labrada, frente a la cual se detuvieron. Los camellos echaron las patas a tierra y el patrón puso pie en la calle y, cuando se disponía a entrar en la casa, cuya puerta había sido abierta ante la llamada a golpes que había realizado uno de sus sirvientes, el herrero, que los seguía de cerca, se abalanzó sobre él pidiendo que lo ayudara a encontrar al sanador del soma. Los sirvientes se lanzaron sobre el herrero como perros de caza, pensando que se trataba de algún bandolero que intentaba maltratar a su amo, lo sujetaron y cuando estaban a punto de propinarle una golpiza, y ante los gritos del herrero que repetía: "Ayuda para encontrar al sanador del soma", el patrón ordenó que lo liberaran, y hablando la lengua del herrero, le preguntó a quién buscaba y para qué.

El herrero se quedó arrodillado, agradeciendo al cielo que alguien le entendiera y respondió lo más breve que pudo, la razón de su viaje y su búsqueda.

—Tienes suerte —le respondió el patrón—, mi padre es sanador del soma y aquí es su casa. Le pediré que te atienda, pero este día es de fiesta familiar; mis viajes me han alejado de él por muchas lunas y hoy es nuestro reencuentro, y no hay espacio para los extraños, pero puedes permanecer en casa como invitado. Ordenó a sus sirvientes que le dieran trato de huésped y que atendieran a sus necesidades, mientras entraba a la casa, llamando con potentes gritos a su padre.

De atacantes a servidores fue el cambio de conducta de los sirvientes una vez recibida la orden, y el herrero fue conducido con deferencia al interior de la casa. El mayordomo principal le señaló el camino a una habitación, ricamente amueblada, con el piso de baldosas que se cubría, casi en su totalidad, con dos bellas alfombras persas con dibujos florales, no obstante que el cuarto era grande.

Se le preguntó si quería bañarse y ante su afirmación se dio la orden y pronto llegaron cuatro sirvientes con grandes jarras de agua muy caliente que fueron vertidas en una tina recubierta de mosaicos que se encontraba en una habitación contigua. Dos sirvientes lo desnudaron y una vez dentro de la tina, dos bellas jóvenes entraron a la habitación para enjabonarle el cuerpo y perfumar el agua caliente. El herrero nunca en su vida había podido disfrutar de un baño como aquel. Al salir, lo esperaba un juego de ropa nueva, de fina trama, que parecía hecho a su medida.

Dos días transcurrieron sin que el herrero supiera del patrón de la casa, pero durante los cuales recibió toda clase de atenciones, incluyendo deliciosas comidas que le fueron servidas en sus aposentos.

Por fin, al cuarto día, un sirviente le indicó que lo siguiera, ya que su amo lo recibiría. Después de recorrer un laberinto de pasillos, fue introducido a un gran salón con un alto techo ojival cubierto de finas maderas, casi desnudo de muebles, salvo por un gran diván en el que se encontraba un hombre que le pareció de avanzada edad por el poco y cano pelo que tenía, pero que tras una fina y delgada túnica mostraba un cuerpo delgado, alto y un porte elegante y firme.

—Mi hijo me ha pedido que te reciba —dijo el amo—, ya que buscas al sanador del soma y eso es lo que yo soy.

—Gran señor —respondió el herrero—, mucho agradezco tu hospitalidad y la atención de recibirme.

El herrero narró los aconteceres de su vida desde el encuentro con el maestro hasta la invitación del hijo frente a la casa.

Por la descripción del maestro que hizo el herrero, el sanador del soma dijo saber quién lo enviaba, razón por la cual tomaría a su cargo el entrenamiento del herrero para que sanara su cuerpo y aprendiera a mantenerlo en buen estado. Le ordenó sentarse en un grueso cojín que había en el suelo y le indicó que pusiera mucha atención ya que recibiría en ese momento su primera lección, la más importante, porque sintetizaba todo lo que debía saber para vivir saludablemente.

Caminando frente al herrero con las manos tomadas por la espalda, y como si hablará con él mismo más que con el alumno, el sanador inició su mensaje:

—La clave de la salud es el AME, no olvides este acróstico formado por los tres principios que mantienen a un hombre sano: Alimento, Mentalidad y Ejercicio. Por alimento se entiende —continuó diciendo—, todo lo que entra al cuerpo ya sea por la boca, por la nariz, por los ojos, los oídos y la piel. La salud requiere un balance entre lo que sucede dentro de tu cuerpo y lo que acontece en tu entorno y el equilibrio lo proporciona lo que piensas de ti mismo y lo que piensas de las demás personas y del medio que te rodea. Tu paz, que sostiene tu buena marcha en la vida, depende mucho menos de lo que realmente te sucede internamente y lo que acontece a tu alrededor y mucho más de lo que tu mente piensa de lo que te sucede y de la valoración que da a lo que te dicen, te hacen o sucede fuera de ti.

—Maestro —se atrevió a decir el herrero—, mi padre dice que nadie puede hacerte enojar sin tu cooperación.

—Y dice bien —agregó el sanador—. Finalmente, un carruaje que no se mueve se enmohece y deja de servir, el agua que no corre, que se estanca, se pudre y no se puede beber. El cuerpo es la más preciosa maquinaria de la creación, está compuesta de millares de partes que se entrelazan, se comunican, se nutren, con la finalidad de permitir al conjunto entrar en acción. El hombre está hecho para actuar dentro del mundo.

—Bien lo sé, maestro, mi trabajo es dar forma al metal golpeándolo —añadió el herrero.

—Construimos nuestra vida e irradiamos efectos en los demás a través del actuar. Si lo meditado no entra en acción, si no se inicia un proceso de transformación física del entorno, los pensamientos se evaporan sin dejar rastro. Dado que nuestra vida se manifiesta actuando, nuestro cuerpo está hecho para el movimiento y debemos entrenarlo con el ejercicio adecuado que lo fortalece.

—Comprendo, maestro —dijo el herrero—: Alimento, Mente y Ejercicio, el AME, las tres fuerzas de la salud.

Sin dejar de caminar y en un diálogo que parecía monólogo, el sanador continuó:

—De lo primero, lo primero: se come para vivir sin caer en el vicio de vivir para comer. La comida es un placer, pero debe producir bienestar. Hablaremos de lo que se debe introducir en la boca, pero antes de cómo introducirlo. Bocado a bocado: nada nuevo en la boca si lo anterior no ha sido deglutido totalmente, cada porción de alimento debe ser atendida como huésped único. No contamines el primer bocado con una segunda dosis. La molienda es tu seguro para una buena digestión. Mastica, mastica, mastica, tritura, pulveriza cada trozo de comida, extrayendo todo el sabor del alimento que se recoge en la boca y darás a tu cuerpo un nutriente de fácil asimilación. Come despacio, la prisa es mala compañera de la alimentación.

—Me consta que alimentarse de carrera es robarle el placer a la comida y castigar al estómago con una pesada digestión —añadió el herrero.

—¿Qué debemos comer? —se preguntó el sanador dándose la respuesta a sí mismo—: en primer lugar, cada vez que te sientes a la mesa, toma alimento rico en agua, por lo que debes iniciar toda comida con fruta fresca. Su fácil digestión permite un paso rápido por tu cuerpo; si la tomas al final el alimento anterior la detiene y se fermenta. Las verduras y legumbres son también ricas en agua —continuó citando el sanador—, por lo que deben formar parte diaria de tu alimentación. Come cinco veces al día, introduciendo en tu rutina alimenticia una fruta o legumbre a media mañana y a media tarde. En las tres comidas mayores, ve de más a menos: un desayuno abundante, una comida más ligera y una cena frugal. Poca carne roja; prefiere la blanca, el pescado en particular. Mucha mesura con los dulces, el azúcar puede ser sabrosa, pero su abundancia deformará tu cuerpo agregándole gordura pesada de cargar. Agua o líquidos no son buenos compañeros de la comida, diluyen los jugos que el cuerpo usa para digerir. Sepáralos de los alimentos.

—¿El vino no está permitido? —preguntó el herrero.

—Sólo una copa con las comidas principales. Sé muy parco con el alcohol, parece un amigo festivo, pero se puede convertir en un huésped abusivo que arruina tu vida. Hablar de prohibiciones en la comida es hablar de desencanto —continuó el sanador—, puedes comer de todo, pero ten mesura, especialmente con lo que sólo gratifica al paladar y se convierte en grasa que abulta tu cuerpo, como las frituras, que debes consumir poca y aisladamente. Otro consejo útil: dejar después de cada comida un espacio de hambre alimenta la salud.

"La higiene es la antesala de una comida saludable —dijo enfático el sanador—. Nunca te sientes a la mesa sin haberte lavado las manos y debes aprender a cubrir con el jabón todas las superficies de las manos, las dos caras, entre los dedos, alrededor de los pulgares, y después enjuagar bien. Lavar las manos con frecuencia durante el día, después de defecar u orinar, y no llevarlas a la cara, te mantendrá saludable.

—Es cierto maestro, las manos sirven para tomar las cosas, saludar a las personas, son fuente de contaminación.

—Lava todo tu cuerpo, el baño elimina los desechos indeseables de la piel y la deja libre para transpirar —siguió explicando el sanador.

—Creo que el ejercicio físico es también conveniente, maestro.

—Más que conveniente, indispensable —respondió el sanador—, y como en muchas cosas en la vida lo más sencillo es lo más productivo. Lo que necesitas es caminar, mínimo media hora diario, y la clave es hacerlo a un paso que te resulte ligeramente incómodo por la rapidez.

—Correr es también un ejercicio saludable, ¿no es así? —preguntó el herrero.

—Desde luego, pero requiere más cuidado ya que tus pies y rodillas sufren un golpeteo enérgico y repetido.

Llevándose las manos a la cadera, el sanador del soma se quedó viendo fijamente al herrero al tiempo que le decía:

—Por hoy basta de palabras, lo que se dice y no se hace indigesta al cerebro. Te espero mañana, al despuntar el sol, en este mismo lugar, saldremos a caminar y después me acompañarás en la primera colación del día para que aprendas haciendo, que es la mejor forma de adueñarse del conocimiento.

Diez meses permaneció el herrero en casa del sanador del soma aprendiendo a cuidar la casa donde habita el alma, adueñándose, mediante la práctica, de los hábitos del ejercicio diario y la comida saludable.

Mucha atención puso en las lecciones para respirar:

—El aire es el alimento que el cuerpo requiere en mayor cantidad —le decía su maestro—; aprende a usarlo respirando bien. Inhala y exhala por la nariz; coloca la palma de una mano sobre tu pecho y la otra sobre tu abdomen y toma aire ampliamente: la mano del pecho no debe moverse y la del abdomen debe ser adelantada, lo que significa que estás llenando los pulmones de abajo arriba, como una jarra de agua. Dedica tres periodos al día para hacer treinta respiraciones profundas, sentado, en silencio, con los ojos cerrados; toma aire en cantidad amplia, retenlo breves segundos y suéltalo con lentitud, y tu mente y tu cuerpo se conectarán en pacífica quietud.

El herrero adoptó la disciplina. Con los ojos nublados por las lágrimas, el herrero no paraba de hacer genuflexiones hasta el piso, ya que no encontraba cómo manifestar su agradecimiento al sanador del soma, al despedirse de su maestro.

El sanador lo levantó, lo abrazó, lo besó en las dos mejillas, le dio la media vuelta y le dio una cariñosa palmada en la espalda ordenándole cordialmente que iniciara la marcha sin volver atrás la mirada.

El herrero salió de la casa de su maestro casi como había ingresado: con dos odres de agua, uno a cada lado de la cintura y una bolsa con dátiles y sal, pero ahora llevaba un turbante blanco que el sanador le enseñó a trenzar sobre su cabeza y una manta de lana cardada doblada sobre el hombro. No quiso recibir cabalgadura ya que sabía que sus piernas eran ahora lo suficientemente fuertes para cruzar el desierto.

El día anterior a su partida, el sanador del soma le regaló al herrero un medallón de oro con cuatro grandes perlas incrustadas. A su salida del pueblo, el herrero pasó por la casa de la anciana encorvada que lo recibió el primer día. La encontró sentada en un tosco banco de madera frente a la puerta de su morada, la saludó amablemente, y aunque ella no lo reconoció, porque su porte había cambiado con los meses de entrenamiento con el sanador, le dio un beso en la frente y dejó el medallón en su regazo.

Día y medio tardó caminando por el desierto para llegar al oasis, a la fuente del agua, aquel donde lo acogieron después de rescatarlo de su desmayo.

Se presentó en la tienda del jefe del lugar, el buen hombre que lo proveyó de montura y viandas para llegar a la tierra del sanador del soma y lo encontró sentado, más bien derrumbado sobre varios cojines, con una cara de profunda tristeza y desesperanza.

Tras los saludos, se enteró de que el hijo mayor del jefe se encontraba enfermo, con fuertes dolores de cabeza y una gran postración y los médicos no encontraban cómo sanarlo.

El herrero solicitó ver al joven y se le permitió. Encontró a un muchacho alto y de cuerpo bien formado, como de veinte años de edad, tendido en un catre, con las manos en la cabeza y se figuró que su aspecto físico debía ser similar al que él había tenido cuando lo rescataron del desierto.

El herrero lo saludó, tomó asiento sobre un cojín junto al joven y se quedó viéndolo sin pronunciar palabra. Al poco tiempo, el joven, extrañado, le preguntó si era un médico más, si no le recetaría algún remedio.

—No —respondió el herrero—, sólo estoy aquí para escucharte.

—Pues yo no tengo tiempo ni ganas de conversar. ¿No ves que estoy enfermo?, si no vas a darme medicina, mejor vete —añadió el joven.

—Estaré aquí hasta que quieras hablarme —respondió el herrero.

—Pierdes tu tiempo —dijo el joven volteando la cara y cerrando los ojos.

El herrero pidió permiso para cuidar al joven y el padre se lo concedió. Día y noche el herrero permaneció al lado del chico, dándole de comer, acompañándolo para hacer sus necesidades, sin pronunciar palabra alguna, siempre presente y solícito; siempre callado.

El joven le tomó confianza y empezó a dirigirle la palabra, primero con frases breves, luego con oraciones más largas, y finalmente, unos días después, empezó a explayarse con su custodio.

Finalmente, como río que llega al precipicio de la cascada, el joven abrió su alma y platicó su situación al herrero: su mejor amigo, su compañero de toda la vida, había muerto días atrás con lacerantes dolores de cabeza que nadie le pudo quitar. Todo en la vida lo habían hecho juntos, eran como dos almas gemelas, de modo que si su hermano en la amistad había muerto, él debía seguir el mismo camino, de la misma forma.

—Sólo entendiendo la causa de un mal se puede curar —dijo el herrero—. Has descubierto el porqué de tu padecer, ahora le toca a tu razón buscar el camino para sanar. Tu enfermedad no está en tu cuerpo,
tú has propiciado que tu mente envenene lo que mi maestro llama "la
casa del alma". Tienes dos caminos: continuar con tu flagelo hasta lograr, en efecto, una muerte dolorosa, o reconocer que por muy cercano
que haya sido tu amigo, fue otra persona, otro universo, y que él mismo
no desearía que tú sufras lo que él padeció y que puedes vivir recordán-
dolo con cariño e incluso ofreciendo hacer por los dos lo que él ya no
pudo llevar adelante.

Unos días después, ante el regocijo desbordante de su padre y de
todos los habitantes del oasis, el joven se levantó del lecho y retomó su
vida con denodado entusiasmo.

El jefe hacía toda clase de ofrecimientos al herrero en pago por el
gran servicio recibido, pero el herrero le recordó que había sido él
el primero en aportar, sin buscar nada a cambio, de modo que tenía
suficiente pago en haber sembrado alegría en una familia y en una
comunidad.

Sin aceptar una· negativa, el jefe armó una caravana con cuatro
hombres, cinco camellos jóvenes, viandas y tiendas para pernoctar,
para acompañar al herrero en su camino de regreso a casa.

Los padres del herrero quedaron impresionados al ver a su hijo regresar rozagante, más fornido, saludable y con una enorme alegría por vivir.

Al cumplirse el año, el herrero se encaminó a su cita y su corazón
palpitó emocionado al ver, a lo lejos, al maestro sentado al pie del gran
árbol.

Camino al encuentro con la felicidad
y la trascendencia

*La salud del cuerpo y de la mente es el cimiento
en el que se apoya el disfrute de la vida y la posibilidad
plena del actuar humano. Hay que trabajar para cuidarla.*

IV

*Sólo el que sabe a dónde quiere llegar puede
medir su avance*

Muy cerca de la puerta sur del poblado, por donde el maestro pasaba a menudo, se construía una casa lentamente, con frecuentes cambios: paredes que se levantaban para luego derruirse, total o parcialmente; cambios de ubicación de ventanas y puertas.

El maestro observaba al pasar por ahí el trabajo afanoso del albañil que parecía febril, pero de resultados inciertos.

Una mañana en que el albañil se encontraba descansando, sentado sobre una viga de madera, el maestro se acercó y le dijo:

—He notado que trabajas con empeño aunque tus avances son lentos, pero veo en tu mirada a un hombre honesto y responsable.

—Gracias, buen hombre. Cierto, trabajo con entusiasmo, me gusta lo que hago, pero no soy un buen organizador de mis labores y realizo frecuentes cambios a mi proyecto y la obra se retrasa, lo que irrita a mis patrones.

—Te invito a ser constructor de hombres, tengo una misión encomendada por mi padre celestial para transmitir su mensaje de amor y trascendencia y requiero personas que sean portavoces de esta buena nueva.

—Si has notado que soy lento para un trabajo manual sencillo, no puedo ser candidato a una misión que debe requerir sabiduría de la que yo carezco —añadió el albañil.

—La sabiduría se puede adquirir, yo te la voy a proporcionar, lo que requieres es amor a Dios y a tu prójimo, traducido en un trabajo de entrega total, que tendrá por pago la salvación de tu alma.

—No me lo puedo explicar, pero tu voz, tu mirada, me hacen confiar plenamente en tu palabra, y si me juzgas capaz, estoy dispuesto a seguirte y convertirme en tu pupilo, maestro. ¿Cuándo debo empezar?

—De inmediato.

—Permite, maestro, que llame a mi hermano que es albañil como yo, y que se encuentra sin trabajo, para que se haga cargo de esta obra, porque no puedo abandonar a mis patrones. Estaré a tu disposición mañana.

—Me parece responsable tu actitud, serás un buen discípulo. Te espero mañana bajo el gran roble que se encuentra después de la primera curva del camino que sale de la puerta norte, cuando el sol se encuentre en lo más alto de su viaje por el cielo.

El maestro puso su mano sobre el hombro del albañil y éste se sintió inundado de una gran tranquilidad. Estaba seguro de haber tomado la decisión adecuada.

Con dulces palabras, que no sólo se entendían sino que llenaban el espíritu de paz, el albañil recibió, al siguiente día, la explicación de la misión del maestro y de quienes, como él, ingresaban al círculo de sus discípulos.

—Saber llevar tus trabajos de lo pensado a lo materializado será tu primer aprendizaje —le dijo el maestro—, y para ello sigue el camino del mar y en tres días llegarás al puerto, donde debes encontrar al constructor de templos, para que seas instruido. Yo te espero dentro de un año exacto, aquí, a esta misma hora —le dijo el maestro, posando su mano sobre la cabeza del albañil, que se sintió inundado de una luz interna tan intensa que no podía ver otra cosa; teniendo la sensación de quien es colmado con todo lo que anhela. Cuando la luz se extinguió, el maestro ya no estaba, pero el albañil sentía una dicha inmensa que se había quedado acompañándolo.

El albañil no solo encargó la casa en construcción a su hermano, sino también le pidió que cuidara a su esposa y a su pequeño hijo.

A la esposa le fue difícil entender la misión a la que se dirigía el albañil, pero acostumbrada a verlo partir a trabajos en otros poblados, quedó con la esperanza de su pronto retorno.

El camino parecía empujar al caminante hacia el mar, con su pendiente siempre descendente y los continuos sesgos que movían al sol de la cara a la nuca.

Cuando la luz del día se fue ahogando detrás de las colinas, el albañil encontró a la vera del camino una carreta semidestruida que se convirtió en posada para acomodar el sueño.

Al tercer día, los ojos del albañil se inundaron de agua ante la inmensidad del mar, sólo detenida por el horizonte. El aire se había contagiado de humedad y de olor salitroso. El puerto, la morada de los hombres del mar, se extendía a sus pies.

Las casas, encaladas y apiñadas, aferradas a las pendientes de los cerros que rodeaban la bahía del puerto, mostraban un poblado bullicioso y en expansión, porque se apreciaban muchas edificaciones en construcción. "Aquí me sobraría trabajo", se dijo el albañil.

A medida que sus pasos lo acercaban a la población, la tranquilidad del camino se perdió, y las carretas, los animales de carga, los hombres y las mujeres cabalgando, caminando, cargando, competían por abrirse paso en el angosto camino empedrado.

Pero su vista se posó al extremo opuesto del poblado, en relación con el punto de ingreso al puerto adonde lo llevaba su camino, al contemplar un enorme templo en construcción. "Ese debe ser el lugar para encontrar al hombre que busco", pensó el albañil.

De un extremo a otro, el albañil recorrió la población, serpenteando por las calles que parecían desdeñar la línea recta y que subían y bajaban acomodándose a las ondulaciones del terreno. Zonas habitacionales mezcladas con toda clase de comercios, posadas, comedores, templos, escuelas y mercados se aglutinaban en un hábitat multifacético como todo gran centro de convivencia humana.

Cuando las edificaciones empezaron a escasear y tomar distancia unas de otras, y el bullicio citadino se fue apagando, el albañil se topó visualmente con el enorme templo en construcción.

Aunque faltaba mucho para su terminación, ya se podía distinguir su diseño arquitectónico con tres naves, una central más ancha y más alta, y dos laterales más angostas con techo de un agua y poca altura.

Cuando el albañil llegó a la construcción, preguntó por el constructor de templos y le fue señalado un hombre robusto, de amplia cabellera blanca, esponjada por el viento, que se encontraba en lo alto de un andamio, caminando como si estuviera al ras del piso, dando órdenes e instrucciones con una voz que resonaba por toda la obra.

El albañil tomó asiento en un bloque de piedra sin pulir, y mientras esperaba el descenso del constructor de templos, se quedó pensando que toda su vida había anhelado dirigir la construcción de una gran obra como esa, pero siempre había ahogado su aspiración con la autorrecriminación de carecer de competencia para siquiera construir una casa pequeña, con un proyecto definitivo. "Uno mismo es el carcelero de sus sueños", se dijo.

Una vez que el director de la obra bajó del andamio y despachó las consultas que se le hacían, al verlo solo, el albañil lo abordó, se presentó y solicitó la enseñanza tras narrar la misión que le comisionó el maestro.

Con un poco de indagación, el constructor de templos supo quién le enviaba al albañil y aceptó darle el asesoramiento.

—Dado que eres también un hombre de la construcción —le dijo—, trabajarás en la edificación de este templo y te daré posada en mi casa, donde, por las noches tendremos diarias sesiones de instrucción.

El albañil quedó encantado, trabajaría en la gran obra y sería enseñado por el constructor. No sabiendo cómo demostrar su agradecimiento, le besó la mano y el constructor se talló la mano contra la camisa para quitarse los rastros de saliva del albañil.

—Cumple con tu trabajo y aprende con diligencia, eso te hará un hombre digno ante ti y ante los demás; guarda tus besos para las mujeres. Aunque te consideres albañil —añadió el constructor—, aquí los títulos se ganan, de modo que empezarás como peón. ¿Ves ese lote de piedra cortada? —dijo señalando—, debes subirlo a lo alto del andamio que está junto para que los albañiles sigan elevando los muros. La jornada se acaba con la luz, cuando el sol se guarda detrás de las montañas. Al terminar tu trabajo ve al río y báñate, no importa que el agua esté fría, el cuerpo debe estar limpio. Después, preséntate en mi casa, es aquella con techo de dos aguas —señalando nuevamente—, en medio de los dos árboles grandes. Tendrás dos alimentos al día y camastro para dormir.

Sin esperar respuesta, el constructor dio media vuelta y se encaminó a revisar un cargamento de madera que estaba llegando.

Aquella noche, el albañil compartió por primera vez la cena con la familia del constructor: su suegra, una mujer vieja, gorda, de nariz torcida, de largos y desordenados cabellos blancos, que hablaba sola todo el tiempo, siempre contradiciendo, pero en voz baja, como para no ser oída y a quien nadie tomaba en cuenta; su esposa, una mujer alta y fornida, de tez extremadamente blanca y ojos azules de dulce mirada, de fácil sonrisa y modales finos; las dos hijas del matrimonio, de diez y doce años de edad, muy parecidas entre sí y a su madre, en lo físico y en su comportamiento; una pareja de sirvientes formada por un hombre bajo de estatura, muy delgado, pero muy fuerte, de piel morena, siempre callado, pero siempre atento para servir al constructor a quien parecía adivinar las intenciones, y la esposa del sirviente que fungía como cocinera y ayuda de casa.

La cena, servida por los sirvientes, consistió en un potaje de papas y alubias, un trozo grande de pan y una rebanada de queso fresco, acompañado por una copa de vino diluido con agua.

Terminados los alimentos, el constructor le hizo una seña al albañil para que lo siguiera y lo condujo a un quiosco edificado a veinte pasos fuera de la casa, junto a uno de los dos grandes robles que flanqueaban la finca, y lo invitó a sentarse bajo un techo de palma en una de las cuatro sillas que existían. Una lámpara de aceite colgaba del centro del techo y daba una cálida iluminación al lugar.

En aquella primera conversación, el constructor le pidió al albañil que le hiciera una crónica detallada de su vida, lo que le permitió conocer a un hombre trabajador, honrado, pero poco afortunado en realizaciones porque le faltaba confianza en sí mismo, caminaba por la vida sin brújula, como esperando que la fortuna se le presentara por sí sola, sin objetivos definidos o que se abandonaban ante la primera adversidad, como si la vida tuviera la obligación de franquear el éxito sin escollos, siempre culpando a otros, a la mala suerte, a sus gobernantes, de su falta de realizaciones.

Aquel relato, dirigido por unas cuantas preguntas oportunas del constructor, resultó muy aleccionador para el albañil, que no se había detenido a escuchar la autonarración de su vida.

—Es útil —dijo el constructor— hacer de tiempo en tiempo, y si es frecuente mejor, una evocación de lo que ha sido nuestra vida, preguntarnos: ¿quién soy?, ¿quién quiero ser? Todos sumamos a nuestra vida éxitos y fracasos, anhelos y angustias y lo importante es que unos y otros nos aporten enseñanzas. Si nos detenemos en los juicios, las recriminaciones, las culpabilidades, nos hundimos en un pantano que destruye nuestro potencial. Si aprendemos de lo positivo y de lo negativo, nos capacitamos para escoger en adelante los caminos promisorios y prever las dificultades que todo actuar humano trae aparejado.

—Hoy has aprendido que tú eres tu mejor maestro, que nadie puede enseñarte mejor que tú mismo. Escucha a los demás, escúchate, oye lo que la vida te comunica, valora tus experiencias y pregúntate diario qué has aprendido, no dejes caer tu cuerpo en la cama sin una breve reflexión nocturna que alimente tus sueños con el aprendizaje ganado —dijo el constructor despidiendo al albañil para que fuera a descansar, ya que la jornada siguiente se iniciaba con los primeros rayos del sol.

Acostumbrado al trabajo físico, al albañil no le molestaba subir piedras por el andamio, aunque se sentía capacitado para construir el muro. Pero el trabajo del día no era su prioridad, sino la enseñanza nocturna, y quería empujar al sol tras las montañas para que llegara la hora de su segundo encuentro con el constructor en el quiosco.

—Los pensamientos, las ideas, los planes le son indispensables al ser humano para construir su vida y sus obras —empezó diciéndole el constructor aquella noche—, pero sólo producen resultados cuando son puestos en acción. Los que no salen de la cabeza para cambiar tu mundo son ruidos que alimentan la imaginación y se quedan zumbando como moscas molestas, entretienen tu pensar con vanas esperanzas de que tus problemas o tus anhelos encuentren milagrosas respuestas y te quedas petrificado viendo pasar la vida y las oportunidades sin hacer nada.

—No olvides que es la acción, la transformación de pensamientos en movimientos, lo que hace significativa tu existencia.

—Mi función será enseñarte —siguió diciendo el constructor—, el tránsito de tus intenciones a realizaciones, algo fácil de expresar, pero que es la clave para tu desarrollo humano y lo vamos a englobar en lo que llamo "el camino a casa". Piensa en un día normal de trabajo en tu poblado y dime, ¿qué haces al terminar tu jornada?

—Regreso a mi casa —dijo con prontitud el albañil.

—Para conseguirlo requieres seis pasos que vamos a examinar.

—¿Cuál es el primero? —se le ocurrió preguntar al albañil

—Elemental, pero indispensable —respondió el constructor—: saber con precisión a dónde quieres ir. Tu meta, tu objetivo, está perfectamente claro en tu mente; no sólo sabes si vives al sur o al norte del poblado o cuál es tu barrio; conoces con precisión tu dirección, puedes cerrar los ojos y ver con claridad tu casa y su ubicación.

—De modo que el punto de partida es tener la meta, lo anhelado, tan claramente dibujado en nuestra mente como tenemos la imagen de nuestra casa y su localización —añadió el albañil satisfecho de captar la idea.

—Sin una meta precisa somos granos de arena arrastrados por el aire de un lugar a otro sin ruta ni destino. Imagina que sales una mañana de tu casa sin saber adónde vas. Llegas a la esquina y te encuentras ante la necesidad de tomar a la derecha, a la izquierda, seguir de frente o regresar por donde llegaste. Tomas al azar cualquiera, para toparte en la siguiente esquina con el mismo desafío. Parece ilógico, pero muchos hombres y mujeres caminan por la vida de este modo; no saben lo que quieren, no tienen definidas metas precisas, objetivos concretos, y ruedan por la vida definiendo su actuar según la corazonada del instante. Sólo teniendo una meta concreta, un anhelo de vida, puedes concentrar tus recursos, tu diario actuar, en forma coordinada y efectiva para la consecución de un objetivo deseado.

—Esto me hace pensar en las casas que construyo —expresó el albañil—, tengo una idea vaga del producto terminado, esbozado en unos cuantos trazos en el papel, pero según avanza la obra, voy alterando la construcción, pierdo tiempo, desperdicio dinero y materiales. Si antes de empezar trabajara arduamente en el papel, definiendo con precisión qué quiero y cómo lo quiero, puedo dibujar mis planos definitivos, el objetivo preciso de mi trabajo, y dedicarme a construir, sin modificaciones, en menos tiempo y con un costo menor.

—Me da gusto que has entendido este primer paso —dijo el constructor—, medítalo para que te acostumbres a vivir con objetivos claros y bien definidos, y que tus resultados florezcan. Por hoy ve a descansar.

Durante su jornada matutina del día siguiente, el albañil estuvo pensando que debía poner en práctica lo aprendido para amarrar el conocimiento con el hábito. Necesitaba definir una meta y las preguntas adecuadas pueden ser el camino de encontrarla. Hablando consigo mismo, se dijo: "¿Para qué estoy aquí? ¿Qué busco? ¿Qué quiero lograr?". Contestando sus propias preguntas llegó a la conclusión de que lo fundamental era cumplir con la misión del maestro de ser capacitado por el constructor de templos, de modo que sus lecciones y su debida asimilación era su meta central.

Mientras subía piedras por el andamio, meditó que aunque se tenga un objetivo central de vida o por un tiempo, dada la diversidad de ocupaciones que cada día impone, se pueden tener objetivos secundarios, que nunca deben trabajar en contra del principal, por el contrario, lo deben reforzar. En su situación actual, debía buscar pasar de peón a albañil en la edificación del templo, no porque el trabajo actual no fuera valioso, sino porque sentía tener la experiencia, la capacidad para labores constructivas de importancia, incluso podía buscar ser jefe de cuadrilla. "De esta manera", meditaba, "seré más útil a mi patrón y de alguna manera compensaré la generosidad de su enseñanza y hospedaje." No pensaba en cobrar, sino en aportar.

Con estos pensamientos, la jornada laboral llegó a su fin y el albañil acudió presuroso a bañarse en el río para estar listo para su capacitación nocturna.

Aquella noche, el constructor inició diciendo:

—Conoces ahora el primer paso del camino a casa, tener una meta claramente definida, no un anhelo indeterminado, un sueño vago, un deseo informe, sino un objetivo tan claro en tu mente como la fachada de tu morada. Vamos ahora al segundo escalón: debes querer profundamente alcanzar tu meta, debes tener fe en su obtención.

—Lo que sucede al terminar el trabajo diario es ilustrativo —intervino el albañil—, hay un gran deseo de regresar a casa, a descansar, a ver a la familia, a cenar, pero también hay fe en poder lograrlo, transitar por las calles al caer el día tiene sus peligros, es la hora preferida de los asaltantes, pero dado que es un quehacer cotidiano repetidamente exitoso, hay una sólida esperanza de lograr el propósito.

—¡Bien dicho! —agregó el constructor—, es fundamental que el anhelo y la fe se encadenen: un deseo vehemente con una meta lógica. Querer ser rey del país, en nuestro caso, sería una ilusión sin fundamento, no pertenecemos a la familia real, no tenemos mando militar ni entrenamiento político ni grupo de seguidores, incluso carecemos de habilidades para estos menesteres, sería un anhelo de sueños infantiles. Desde luego que debemos plantearnos metas retadoras, que requieran un arduo trabajo, pero que tengan congruencia con nuestras habilidades y una posibilidad lógica de realización. No debemos vivir anhelando quimeras inalcanzables, sino esforzarnos en logros desafiantes, pero posibles.

—Mi padre decía —intervino el albañil—: "no pretendas cruzar el mar a nado, aprende a construir barcos".

—Eres buen alumno —exclamó el constructor—, noto que atrapas las ideas con prontitud y precisión. Es un gusto enseñar a quien quiere aprender.

—Pienso —respondió el albañil— que aprender requiere, en primer lugar, humildad. Reconocer lo mucho que ignoramos, que siempre hay algo que descubrir, que la vida misma es una escuela diaria. Hay quien piensa que lo sabe todo, especialmente aquel que ha progresado o destacado, que nadie le puede enseñar nada, quien así procede va en la curva descendente de su vida, sólo quien reconoce que hay sobre él mucho que aprender seguirá ascendiendo al darle más altura a la montaña de su existencia.

—Desear es el punto de partida para realizar —dijo el constructor—, y cuando el anhelo está hondamente arraigado en nuestro espíritu, disponemos de un gran potencial de trabajo, de empeño, incluso de sacrificio, para llegar a la meta. Si a esto sumamos la fe en nuestra capacidad para el logro, estamos tomando a la Ventura con una mano y al Ánimo con la otra, como compañeros de viaje.

—Mi madre dice que la fe en Dios prepara la tierra para una buena cosecha —agregó el albañil—, por eso siempre he pensado que las oraciones, además de subir al cielo, se quedan también en la tierra, para recordarnos nuestros anhelos e impulsarnos a conseguirlos.

—Has atrapado la lección de esta noche en tu mente, bájala también a tu corazón, enciérrala en tu memoria, úsala para que compruebes su buen resultado y por hoy dale descanso al cuerpo con un sueño reparador.

Al día siguiente hubo que mudar el andamio de sitio para continuar con el avance de los muros y el desclavar todas sus piezas colmó la mente, el esfuerzo y el tiempo del albañil. Se dio cuenta de la culminación de la jornada cuando la falta de luz dificultaba sus tareas.

Baño y cena, aunque agradables al cuerpo, eran en su mente sólo el preámbulo de lo que consideraba su ocupación primordial: aprender del constructor.

Considerando que su alumno captaba con facilidad los conceptos, el constructor decidió ser directo y conciso, de modo que aquella noche resumió:

—Un objetivo preciso, un deseo vehemente de alcanzarlo y fe en llegar a él son los dos primeros pasos del camino a casa. Vamos hoy al tercero: contar con un plan, un programa, una ruta.

—Antes de iniciar la marcha de mi trabajo a mi casa —intervino el albañil—, necesito decidir el camino que voy a seguir.

—Pero debe ser además —intervino presto el constructor—, el más rápido, el más práctico, para llegar a la meta. Lo que debe requerir un análisis detallado. La mejor solución no suele ser la primera que surge, sino la más pensada, el mejor fruto de nuestra inteligencia —continuó diciendo—. En la construcción hay que usar mucho papel, hay que dibujar mucho, hay que delinear y borrar; dejar que sea el trazo el que se equivoque y rectifique, el que haga y deshaga, el que construya y destruya, para contar con un proyecto final inmaculado. Sólo entonces se puede abrir la primera zanja.

—Yo he obrado en sentido contrario —confesó el albañil—, y he pagado el precio: retardos, costos elevados, disgustos de los patrones...

—Estás aquí para rectificar el camino: reconocer las fallas y aceptar mejores soluciones es lo que nos hace progresar. Quien se encapricha con sus errores y los hospeda en su mente, camina de espaldas y va de tropiezo en tropiezo.

—Mi experiencia —dijo el albañil— es que con frecuencia ubicamos los fracasos fuera de nosotros, la culpa siempre nos es ajena. Cuando derramamos el vino en la mesa, decimos "se cayó", en vez de "perdón, lo tiré".

—Cuando estamos ubicados en el sitio que no queremos, si somos francos —dijo el constructor—, se debe a que hemos equivocado el camino, no hemos planeado bien nuestra ruta, nuestra vida. No llegamos por casualidad al lugar en que estamos, sino que hemos dado un conjunto de pasos que nos tienen ahí, sea un lugar exitoso, sea un lugar indeseado.

—Lo bueno, creo —dijo el albañil—, es que siempre hay espacio para rectificar.

—Si estás donde no quieres, sitúa a dónde quieres llegar y traza un plan inteligente. Si llegaste a casa de tu suegra, ubícate, piensa en el camino que te lleve a tu casa y ponte en marcha.

—Pero, ¿dónde podemos ubicar a la suerte, a la buena o mala fortuna? —preguntó el albañil—. Nadie busca enfermarse y la mala suerte nos puede llevar desde un resfrío pasajero hasta una enfermedad mortal.

—Hay cosas que están fuera de nuestro alcance, pero aún con ellas, nuestra actitud hace la diferencia; a la enfermedad la podemos combatir o consentir y los resultados son diferentes. Estoy convencido de que muchas de nuestras enfermedades viven con nosotros, e incluso nos destruyen, porque nuestra mente les ha dado posada. La gente se enferma de lo que teme enfermarse, tanto pensar en el temor de contraer el mal le abre las puertas al padecimiento. Para tener la buena suerte de la salud hay que ayudar al destino pensando que nuestro cuerpo no tiene por qué enfermarse; si nos moja la lluvia debemos pensar que ya nos secaremos, pero si pensamos que nos hará daño, al día siguiente, tendremos un resfriado; si comimos una fruta verde debemos pensar que el cuerpo la asimilará, pero si le damos permiso a nuestra mente de ubicarse en el daño que hemos recibido, pronto tendremos diarrea.

—Elaborado el plan, ¿cómo saber si dará buen resultado? —preguntó el albañil.

—No existe el plan perfecto, no podemos prever todas las circunstancias que rodearán su desarrollo, pero sí podemos hacer nuestro mayor esfuerzo mental en su concepción. En primer lugar, es útil jugar con los pros y los contras: ninguna acción humana es impecable, de modo que cualquier programa provocará inconvenientes; hay que imaginar los problemas que vamos a enfrentar en el camino y valorarlos contra los beneficios que se obtendrán; si estos últimos son mucho mayores, valdrá la pena tener que sortear las dificultades.

—¿Qué sucede si dañamos a otras personas con nuestro plan? —preguntó de nuevo el albañil.

—Un plan es bueno si es ético, si dentro del beneficio que buscas favoreces también a tu comunidad, a tu familia, a tus socios, a los involucrados en el resultado. En una competencia comercial, desde luego que tu triunfo produce la derrota de tus competidores, pero si la contienda se dio con honestidad, si la ganaste mediante un aprovechamiento eficiente de tus capacidades y recursos para beneficiar mejor al receptor del servicio o producto, sin golpes bajos, sin trampas, si triunfaste en buena lid, tu conciencia no tendrá nada que recriminarte y puedes disfrutar de tu victoria.

—Pienso que antes de llevar a la práctica un plan se puede pedir asesoría —comentó ahora el albañil.

—Si formas parte de una organización, los planes suelen elaborarse en equipo, aunque tiene que haber alguien al frente que, habiendo escuchado con eficacia las propuestas, marque la ruta definitiva. Si tu plan es personal, desde luego que es útil escuchar opiniones, pero es fundamental que estos consejos provengan de personas en quienes puedas confiar, tanto por su calidad moral como por su experiencia. Es un grave error pedirle consejo a tu amigo el zapatero sobre la compra de un lote de joyas. No le preguntas al barrendero como curarte una herida en un brazo, acudes con el médico. Además —agregó el constructor—, los consejos no son más que opiniones que pueden ayudarte a ver tus posibilidades desde diferentes ángulos, pero eres tú y sólo tú el que tiene que definir el rumbo. Ni te precipites ni te eternices en la elaboración de tu plan. Analiza con cuidado, escucha, valora, pondera y define. Una vez escogido el plan, no regreses la mirada para atrás, confía plenamente en lo que tu mejor criterio ha seleccionado, apégate a tu proyecto sin dudas, sin titubeos, enamórate de él, contagia de entusiasmo a todos los que tienen que cooperar contigo. Las grandes realizaciones de la historia las han hecho aquellos hombres que aun teniendo un plan imperfecto lo han defendido y lo han seguido con todas las fuerzas de su mente y su cuerpo.

—Me imagino que es como tener una sola flecha, que una vez lanzada ya no hay manera de rectificar el tiro y hay que confiar en que dará en el blanco.

—Tienes una mente abierta al conocimiento y con capacidad de asimilación. Vamos por buen camino —dijo el constructor—. Por hoy, y por un tiempo, suspenderemos tu entrenamiento. Salgo mañana de viaje tierra adentro. Tengo que comprar muchos materiales para la obra y no sé cuántos días me tome. Quedas de huésped en casa; cuento con tu respeto y protección a mi familia. Mi mayordomo estará al frente de la construcción del templo en mi ausencia y a él deberás obedecer en el trabajo como si fuera yo.

El constructor dio media vuelta y se retiró sin dar espacio para comentarios o despedida alguna de parte del albañil.

"El conocimiento debe ser un huésped trabajador —se dijo al día siguiente el albañil—, hay que alojarlo y ponerlo a laborar porque si no entra en acción se aburre y abandona nuestra mente". De modo que decidió, en la ausencia de su mentor, iniciar su propio camino a casa en el trabajo. Tenía una meta definida: llegar a ser considerado primero albañil y luego maestro, pero dado que los sentimientos de envidia o temor a ser desplazado hace que los demás construyan sus telarañas alrededor del que manifiesta deseos de progreso, tendría que guardarse sus intenciones y ser cauto en exponerlas.

En función de lo que había aprendido, el primer paso estaba dado mediante una meta claramente ubicada. El deseo de alcanzarla y la fe en obtenerla estaban también arraigados en una doble recompensa: saberse reconocido, anhelo de toda vida humana, y retribuir al constructor de templos su enseñanza y apoyo siendo un colaborador eficaz. Faltaba el plan.

¿Cómo demostrar habilidades sin hacerse al mismo tiempo notable? Dedicó varios días a contestarse la pregunta, llegando a la conclusión de que si hacía destacar a los demás por medio de consejos, él quedaba a la sombra, pero bajo el amparo del agradecimiento, lo que le ganaría una popularidad muda, inscrita en la mente de muchos, que en algún momento podía capitalizar.

Buscó la manera de ayudar a cada trabajador de la obra con alguna de sus experiencias como constructor, cuidando de dar el consejo en privado, para ocultar el origen y permitir al beneficiado parecer el creador de la idea.

A uno de los trabajadores, que levantaba muros usando una plomada rústica con una piedra como contrapeso, le enseñó a moldear en plomo un cono invertido para lograr mayor precisión. A otro le enseñó cómo afilar su cincel para devastar mejor y más rápido la piedra. A otro más le indicó cómo reconocer las vetas de las piedras para hacer los cortes angulados con el mínimo desperdicio de material. Diario se enfocaba en un trabajador diferente en busca de un apoyo que aportarle.

Con el paso de los días, la mayoría de los obreros habían contraído con él un secreto agradecimiento.

En la casa decidió también hacerse un ambiente agradable. Había notado el gusto con que la suegra malhumorada devoraba las uvas, de modo que en las noches, antes de llegar a casa, caminaba a un viñedo cercano y tomaba un pequeño racimo que soltaba disimuladamente en el delantal de la anciana. Pronto, la suegra sólo usaba la sonrisa con el albañil.

La esposa del constructor del templo estaba enseñando a sus hijas a bordar sobre la tela y contaban con burdos soportes para detener el tejido que les complicaba la tarea. El albañil ideó un juego de dobles aros de metal y con el auxilio del herrero de la obra construyó tres dispositivos que regaló a las dos niñas y a la madre, quienes quedaron encantadas del progreso que aquel invento aportaba a su labor.

A la sirvienta le fabricó una escoba de varas flexibles y largas que facilitaban su tarea y, finalmente, para el esposo de la sirvienta construyó un banco de cuatro escalones, fácil de transportar, que resultó muy útil para el hombre de baja estatura.

Semanas después, cuando el constructor de templos regresó con una larga caravana de animales y carretas transportando los materiales comprados, avisó al albañil que no tendría tiempo de continuar con las lecciones mientras no concluyera la descarga, acomodo y clasificación de los materiales. Una mañana en que el albañil observó al constructor desocupado, se acercó y le informó que había trabajado arduamente en el templo en su ausencia y sentía que podía ser elevado a la categoría de albañil. Al ser interrogado de las pruebas que mostraran su progreso, el albañil sugirió que preguntara a los demás albañiles si consideraban que estaba capacitado para el ascenso de categoría.

El constructor de templos aceptó la propuesta y quedó sorprendido por la unanimidad de respuestas positivas, lo que lo obligó a cumplir su palabra y otorgar a su alumno la posición de albañil.

Cuando días después el constructor terminó la distribución de sus compras, llamó, como siempre, al albañil después de la cena, para continuar sus lecciones.

—Imagino —inició diciendo el constructor— que has aplicado lo que hemos estudiado, porque la opinión positiva, generalizada de los obreros del templo en relación con tu persona no es producto de la casualidad. Mi propia familia se expresa muy bien de ti.

—He captado que lo aprendido: si es practicado, es retenido —añadió el albañil.

—Esto muestra —respondió el constructor— que te has adelantado a nuestro siguiente punto, lo que me da gusto. Hemos mencionado que el camino a casa tiene seis partes y te he explicado las tres primeras: saber adónde vas con precisión; querer llegar y tener fe en que es posible y trazar un plan que te conduzca de donde te encuentras al destino o meta que te has fijado. El cuarto paso, que considero que estás ejecutando, es entrar en acción.

—Muchos proyectos, maestro, se quedan enterrados en el papel o en la cabeza, porque se planean, se reestructuran, se analizan, se meditan, se reconstruyen y permanecen como planes, como ideas, como intenciones, en espera de tiempos mejores, más propicios, más oportunos, y fallecen, son enterrados en el olvido, quedan archivados para siempre, porque simplemente nunca se dio el primer paso para concretarlos en la realidad.

—Nada se realiza sin un plan —intervino el constructor—, pero nada sucede si el plan no entra en acción. Los hombres vivimos soñando, anhelando, pero si no actuamos la vida se nos convierte en una noche permanente. Somos lo que hacemos. Ningún plan es perfecto, de modo que hay que concebirlo con cuidado, pero sin darle tantas vueltas que se convierta en un círculo cerrado. Pasar de la intención a la acción es lo que nos hace hombres y mujeres de provecho.

—Los malhechores también planean y ejecutan sus fechorías —añadió el albañil.

—Por eso contamos con un juez interno: la conciencia. Si tus planes y acciones te llevan a la paz contigo mismo, quiere decir que estás trabajando por un mundo mejor; si tu conciencia te reclama el daño hecho a los demás, si ganas provocando la ruina de tu prójimo, tu éxito será tu prisión.

—Todo lo inventado por el hombre es un sueño materializado.

—Tienes razón —enfatizó el constructor—, las acciones muestran los sueños de los seres humanos. Lo pensado sólo tú lo sabes, lo actuado es tu participación en la comunidad, es tu aportación al tejido social, a la vida comunitaria en la que nos desenvolvemos.

—Siendo el plan una secuencia de acciones a seguir, todo lo que hay que hacer es ejecutarlo.

—Así es —respondió el constructor—, pero aun siendo tan obvio cuesta trabajo dar el primer paso. El plan no compromete, no comete equivocaciones, porque es sólo tinta sobre el papel, ilusiones en la mente, es cuando se lleva a cabo, cuando se actúa, que se inicia el acercamiento a la meta, pero también se enfrenta a la realidad, a los factores contrarios, a los imponderables y la lucha por avanzar tiene que recurrir al trabajo, al esfuerzo. El templo en que laboramos está transformando los planos en paredes sólidas.

El poeta tiene que escribir las palabras en el papel para darlas a conocer; el pintor tiene que aplicar los colores en el lienzo; el jardinero debe sembrar y regar las flores; nosotros, los albañiles, unimos las piedras para edificar las casas. Es el trabajo, la acción cotidiana de todos, lo que da forma al mundo en el que vivimos.

—Comprendido el punto, la siguiente acción del día será ir a dormir —dijo al constructor de templos—. El suficiente descanso nocturno es una acción revitalizadora para el cuerpo.

Al otro día, el constructor otra vez revisaba las sumas y las restas. Los resultados no cuadraban, de modo que tuvo que llamar al mayordomo de la obra para que le explicara el manejo de los recursos que le había confiado para la construcción mientras emprendía el viaje por materiales.

El mayordomo balbuceaba, su cara iba del rojo encendido, que parecía haría brotar la sangre por la piel, al blanco de la cal, que parecía preludio del desmayo. Era obvio el manejo inapropiado de los dineros. El constructor quiso creer más en la torpeza que en la deshonestidad; de cualquier manera, su hombre de confianza dejaba de ser confiable y había que despedirlo. Quedaba vacante el segundo puesto más importante en la edificación del templo.

Aunque ascendió de categoría, el albañil había continuado su labor de apoyo y consejo privado a sus compañeros de trabajo, de modo que cuando el constructor de templos sondeó entre los trabajadores quién sería el indicado para sustituir al mayordomo, una persona que no despertaba recelo entre unos y otros resultó ser el albañil.

Con la satisfacción de comprobar que sus enseñanzas daban resultado, el constructor nombró al albañil como nuevo mayordomo.

A su vez, el albañil, satisfecho por los resultados de poner en práctica el aprendizaje, reconocía que seguir aprendiendo no sólo era su misión, sino una vocación que había adquirido, de modo que daba primordial importancia a su cita con el constructor por las noches.

—Ya tenemos el plan y ya lo estamos poniendo en práctica —dijo esa noche el constructor—, ahora hay que enfrentar la realidad. Ningún plan es inmaculado porque la vida no es totalmente predecible.

—Creo, maestro —dijo el albañil—, que lejos de ser indeseable, los vaivenes del existir no sólo dan variedad a la vida, sino que obligan al hombre a usar su mente. La música en un mismo tono, aunque pueda ser agradable, pronto resulta aburrida.

—Justamente esto da pie al siguiente punto del camino a casa: las correcciones de ruta para sortear los problemas, los obstáculos. El marino que avizora una tormenta en la ruta trazada originalmente, buscará dar un rodeo, guarecerse en algún puerto esperando a que el mal tiempo se disipe. Esto cambia los tiempos, la ruta del plan original, pero mientras no se pierda de vista la meta final, se llegará al puerto planeado.

—Puede suceder también lo contrario —añadió el albañil—: que durante la acción se descubra un camino no previsto, pero que puede llevar a la meta con mayor facilidad o prontitud.

—Cierto, lo importante es tener en cuenta que muy probablemente habrá que hacer modificaciones al plan de acuerdo con las circunstancias que se presenten, pero que si la meta deseada está fija en nuestra mente, se conseguirá, con diferencia de tiempo o de procedimientos, pero arribando al resultado planeado.

—Los escollos —citó el albañil—, pueden surgir por doquier, las personas pueden responder de modo distinto a lo imaginado, los resultados parciales pueden variar frente a lo calculado, los puentes podrán ser destruidos, pero siempre encontraremos los medios para construir una balsa que nos lleve al otro lado del río para continuar el camino.

—Lo que mencionas es fundamental; muchos planes se llevan a la práctica, pero las personas se amilanan ante las dificultades y frente a la primera curva, la primera cuesta del camino, se desaniman y abandonan el proyecto. Sólo actuando con entusiasmo, sabiendo que todo propósito requiere remontar obstáculos, se alcanza el éxito.

—La ilusión de un plan infalible que no sufrirá desviaciones, que llevará pronto y sin problemas a lo deseado puede ser contraproducente. Todos soñamos con la obtención de mucho sin esfuerzo, pero la vida no responde a las ilusiones, sino que éstas se construyen con trabajo.

—Así es —dijo el constructor de templos—, y esto me lleva al último escalón en nuestro camino a casa: la perseverancia, que suele ser el concepto que separa al competidor del ganador.

—Maestro, esto me recuerda a un corredor, triunfador en muchas carreras, a quien conocí y al que pregunté en una ocasión cómo lograba ganarle a otros atletas que parecían más corpulentos que él y su respuesta fue: "simplemente entreno más que ellos".

—En la cima de los quehaceres humanos —citó el constructor— encontrarás siempre a las mujeres y a los hombres que no necesariamente son los más talentosos, los mejor dotados, sino los más perseverantes.

—Tienes razón —dijo el albañil recordando al corredor que citaba—, me comentaba que no le eran agradables los entrenamientos, que le significaban una carga pesada, pero que sabía que sólo por medio de ellos podría triunfar.

—Los hábitos positivos, la sustitución de los negativos, se logra mediante la repetición, que no siempre es placentera, pero sí indispensable.

—Veo en este punto final, maestro, una relación muy cercana al anterior porque al tener que acomodar el plan a las circunstancias es muy probable que se tenga que ser perseverante. Los obstáculos no suelen ser aislados, sino variados e incluso repetitivos y seguir caminando hacia la meta por encima de ellos requiere constancia, aferrarse a la consecución del resultado deseado.

—Es difícil encontrar una obra humana de gran proporción en donde la perseverancia no haya sido su impulsora.

—He visto, maestro, a la débil gota de agua atravesar la roca con su perseverancia.

—Hemos terminado el camino a casa —citó el constructor de templos—. Comienzas por ubicar con precisión la meta anhelada; sumas el deseo profundo de alcanzarla a la fe en su realización; trazas un plan para llegar a ella mediante el mejor empleo de tu capacidad intelectual y el estudio de los pasos requeridos; pones en acción tu plan; estás consciente de que no existe el plan perfecto y que tendrás que sortear las dificultades que surjan reubicando tu ruta; no cejarás en tu empeño siendo perseverante y la secuencia ordenada de estos pasos te llevará al éxito.

—Las grandes enseñanzas, lejos de ser conceptos rebuscados, sólo comprensibles a las mentes altamente educadas, tienen la sencillez de lo que me has enseñado, maestro, un camino que permite llevar a buen término cualquier tarea humana, mediante pasos fáciles de entender y ejecutar, requiriendo, desde luego, esfuerzo, trabajo, dedicación, pero disponibles a todos. Yo te agradezco este valioso conocimiento que he puesto en práctica y que me ha permitido escalar la posición de ser tu brazo derecho en la construcción del templo, partiendo de la condición más humilde como peón.

—Has sido un buen alumno y te has ganado tu puesto usando con inteligencia los conocimientos que te he transferido. Además, sé que eres también un maestro para los demás y esta es la ley provechosa de la vida: enseñar lo que has aprendido es el camino de la trascendencia; quien guarda sólo para sí lo que conoce, rompe el círculo virtuoso de la vida y convierte su existencia en un freno egoísta e improductivo en el camino del ser humano sobre la tierra.

El constructor de templos y el albañil se dieron un abrazo que sin palabras expresaba el mutuo aprecio que se había dado entre ellos. El año señalado estaba por cumplirse y el albañil debía emprender el camino de regreso, dotado de una valiosa enseñanza que cambiaba para bien su existencia.

Camino al encuentro con la felicidad
y la trascendencia

*Las metas claramente ubicadas y anheladas
permiten construir el camino y gozar
la lucha para alcanzarlas*

V

Si sabemos, pero no sabemos comunicar
lo que sabemos, es como si no supiéramos

El maestro tomó asiento sobre una piedra que sobresalía de los cimientos de un muro en la calle angosta y torcida del mercado, en medio del bullicio y el transitar de mercaderes, compradores y animales que circulaban como torrente impetuoso de agua. A su derecha, frente a la puerta del alfarero, se mostraban platos, ollas y jarras de barro cocido; a su izquierda, colgados de una varilla bajo el dintel de la puerta, se exhibían cojines y telas, y el vendedor pregonaba la calidad del lino que ofrecía.

Frente a él se encontraba el taller del cestero con canastas de diferentes tamaños y formas colgadas de las jambas y el dintel de acceso al local. En el umbral de la puerta estaba sentado, sobre un pequeño cajón de madera, un hombre enjuto de rostro moreno, con negros y brillantes ojos, tejiendo con diligencia y habilidad las tiras de palma, formando una cesta honda y ovalada.

El maestro fijó su mirada en aquel hombre que al sentirse observado, suspendió el tejido, levantó la vista y la dirigió al maestro. Los ojos se hablaron y el tejedor de palma sintió una gran inquietud y bajó la vista. El maestro se puso de pie, cruzó la angosta calle y saludó al hombre:

—Veo que eres hábil de manos.

—Si desea comprar pase al taller y el patrón lo atenderá.

—No estoy interesado en las cestas, sino en tu espíritu —respondió el maestro.

—Yo no debo conversar, hable con el amo.

—Tú eres el amo de tu persona.

—Yo soy un obrero y lo mío es tejer y no la plática.

—Yo haré de ti un tejedor de ideas.

—La palma tejida se vende, las ideas se enredan en las palabras y causan más problema que beneficio.

—Por eso debes aprender a expresarte, para que tus palabras sean la llave que abrirá la mente de tus oyentes y tengas acceso a su corazón.

—Eso ha de funcionar para quien es letrado, no para quienes, como yo, sólo tenemos un barniz de entendimiento.

—Dios ha regalado inteligencia a todos los hombres, pero si no se usa con propiedad, se vuelve floja, indolente. Yo te voy a enseñar a darle alas a tus palabras para que seas heraldo de la buena nueva que el Señor quiere regalar a los hombres, de modo que deja tu trabajo y sígueme —dijo el maestro iniciando la marcha sin volver la mirada hacia atrás.

El tejedor de palma se quedó anonadado. Sabía que era una locura dejar su trabajo por el llamado de un desconocido, pero desde que cruzó la mirada con el maestro su corazón le dijo que aquel hombre era un faro que le iluminaría un camino nuevo, de plenitud. Soltó su trabajo, se puso de pie y corrió en pos del maestro que se perdía frente a él en el barullo de la calle del mercado.

El cestero seguía al maestro, con cierto apuro, por el paso constante y rápido que debía mantener, y por la congoja interna que llevaba a cuestas ante un futuro incierto, producto de una decisión que le dictaba el corazón y le recriminaba la mente.

Una legua adelante, llegaron al enorme roble y tomaron asiento. El maestro explicó el llamado de Dios y ofreció al cestero unirse a él.

—Yo soy tejedor de palma, el patrón me indica el tamaño y la forma que desea y yo produzco el artículo que me pide porque en mi mente tengo la imagen con claridad. Pero tú hablas con enigmas y no sé si tengo la capacidad de lograr lo que quieres.

—Sé que en tu espíritu anidan las condiciones para unirte a mi llamado.

—Maestro, ¿cómo pretendes que un humilde cestero, con mi pobreza intelectual y material, pueda ser candidato a tan elevado mandato?

—No son tus bienes materiales ni intelectuales los que requiero; son el corazón dispuesto y la honestidad de vida que has llevado lo que te acredita.

—Pero se requieren capacidades que no tengo.

—La disposición y el compromiso son lo que se necesita, las aptitudes se harán tuyas con un entrenamiento al que debes someterte.

—Como el dinero se multiplica para el rico, los conocimientos se adquieren por el docto; los pobres y los ignorantes siempre nos quedamos atrás en la carrera de la vida.

—El mensaje que yo traigo hará cambiar estos conceptos, porque dará igualdad de oportunidades a todos y será la actitud de cada quien la que otorgue los premios. Tú serás una prueba viviente de estas posibilidades.

—Creo en ti, maestro, y voy a silenciar a mi intelecto que clama lo imposible de la transformación que me ofreces. Mi corazón está contigo y estoy presto a obedecer tu instrucción.

Recibió el mandato del maestro: tendrían una nueva cita en ese mismo lugar, bajo el mismo árbol, dentro de un año exacto. Mientras tanto, debía caminar tres jornadas en dirección al oriente, marcando su camino a partir de la salida del sol, fuera de todo sendero o camino, alimentándose de los frutos de la tierra o los árboles con que topara, bebiendo agua de un odre que le entregó y el cual encontraría dónde recargar cuando se agotara. En la cuarta jornada, debía encaminar sus pasos en busca del poblado más cercano y, al llegar, iniciar la búsqueda del vendedor de palabras al que necesitaba comprar su sabiduría porque era su primera y principal carencia a resolver. "Aprende palabras, esta es tu misión de este año", le dijo el maestro depositando un beso en su frente, como despedida.

El atardecer había incendiado el firmamento y la noche caería pronto devorando los colores. El cestero decidió pasar la noche en aquel lugar: Su casa, si puede llamarse así a un pequeño cuarto que rentaba al lado opuesto del poblado, contenía tan pocas cosas que no valía la pena recogerlas; además, no le era extraño pasar la noche a cielo abierto; el clima cálido y la ausencia de lluvia en aquella época le permitiría hacer de la hierba un lecho, inundando su vista con las estrellas engarzadas en la cúpula celeste.

Las primeras luces del día le abrieron los ojos. Se estiró sobre la hierba para quitarle al cuerpo la rigidez que le había impuesto la poco mullida cama en que pasó la noche; se incorporó, tomó un poco de agua y esperó la salida del sol para marcar en el horizonte el rumbo del Oriente, y cuando lo tuvo localizado, emprendió la marcha en línea recta haciendo camino con sus pasos, fuera de toda vereda.

"Cuando se busca confiado, se encuentra", se dijo el cestero en la cuarta jornada al atisbar desde un pequeño cerro un poblado a sus pies. Descendiendo en línea recta pronto se encontró en la puerta norte de la muralla que rodeaba al pueblo. Había agregado a su bagaje una amplia bolsa de palma que tejió en el camino, y donde guardaba algunos frutos, dátiles y tiras de palma recogidos durante su andar. Sabía que podía tejer algunas cestas para intercambiarlas por comida y posada.

La mañana conservaba un poco del frescor de la noche, pero el cielo despejado y el sol radiante vaticinaban un día caluroso. El cestero decidió iniciar su búsqueda en el mercado; si se trataba de un mercader, ese debía ser su paradero.

Pronto descubrió que la tarea no sería fácil. De hecho, en su primer intento fue víctima de acres burlas, cuando en la carpintería preguntó por el vendedor de palabras el propietario le dijo, ante dos clientes, que él le vendía las palabras que quisiera, una por cada moneda de plata, ante la risa generalizada.

Con resultados similares, recorrió todos los comercios e interrogó a las personas en el mercado y el tal vendedor de palabras ni quien lo conociera y a muchos les hacía gracia el término.

Cuando la tarde iniciaba su tránsito a la noche, tomó asiento en un conjunto de piedras grandes al final de una calle y empezó a tejer una cesta. Sabía que necesitaba algo que ofrecer a un posadero para pasar la noche a resguardo.

Su buen trabajo le valió alojamiento en un dormitorio común e incluso la cena con una copa de vino. Cuando terminó de comer, se armó de valor para preguntar de nuevo al viejo posadero, quien, como si le respondiera a un niño pequeño, le dijo que si quería encontrar a un vendedor de algo que todos tenían gratis, podía obtener infinidad de respuestas recorriendo a sus clientes, particularmente a los que estuvieran borrachos, que le venderían grandes negocios y ofertas fabulosas a cambio de su dinero y acabaría vaciando su talega y llenándola de aire.

Cuando el posadero se retiró moviendo la cabeza como alguien que acaba de tratar con un necio, el cestero sintió un tirón en su ropa y contempló a un viejo sentado en el piso, con una extensa cabellera blanca que se le enredaba en la profusa barba del mismo color, desaliñado, con la ropa sucia y deshilachada, que le sujetaba el vestido con una mano de delgados y torcidos dedos. El cestero pensó que se trataba de un pordiosero que le pedía dinero, pero el hombre le indicó con el índice de su otra mano que se acercara. Tal vez por compasión, el cestero se arrodilló al lado de aquel hombre, quien le dijo que buscara a los hermanos Verbal en el próximo poblado que encontraría a dos jornadas de distancia por el camino que salía de la puerta sur. Incapaz de darle dinero, el cestero le besó la frente.

Los días secos y calurosos, por un camino yermo, carente de sombra alguna para refugiarse del sol inclemente, hicieron pesado el trayecto, pero por fin a la distancia se apreciaba el perfil del poblado.

Más que un poblado en toda forma, se trataba de un caserío, sin el trazo de calles para circulación común, pero en donde, a diferencia del camino, crecían los pastos y los árboles al amparo de un venero de agua.

Pronto ubicó la taberna del poblado, el sitio que le pareció más a propósito para su indagación, acertando en la selección porque el propietario le indicó que los hermanos Verbal vivían fuera del poblado, a tres estadios al norte, en una casa que habían construido junto a un peñasco.

Como un agregado a la base de la cara vertical de una peña de gran tamaño, los hermanos Verbal se habían ahorrado la pared del fondo de su casa, recargando la construcción en el macizo de piedra.

Cuando llegó a la propiedad, el cestero encontró a un hombre trabajando en la huerta frente a la casa y preguntó por los hermanos Verbal.

—Soy uno de ellos —respondió, y sin dar tiempo a más comentarios, solicitó, casi como una orden, que el recién llegado le acercara un costal de tierra.

El cestero, sin comprender muy bien la orden, señalando el espacio alrededor de una higuera tierna en que trabajaba el hombre, preguntó:

—¿Quieres que agregue la tierra ahí?

—No —respondió impaciente el hombre—, no puedes agregar más tierra a la tierra. Lo que te he solicitado es que añadas esa tierra aquí. Lo que se añade forma parte integral de aquello a lo que se incorpora; lo que se agrega conserva su individualidad aunque forme parte de un nuevo conjunto. Las palabras tienen su personalidad, su significado, su distinción y la comunicación se entorpece cuando se deshonra a las palabras con un mal uso.

A pesar del tono de regaño de aquel hombre, el cestero se sintió feliz. Sabía que había llegado a la casa de los vendedores de palabras.

El cestero le habló del maestro que lo había comisionado para buscar a un vendedor de palabras y la necesidad que tenía de aprender a comunicarse.

El hermano Verbal, aunque denotaba su cultura en la expresión, era un hombre ríspido en su trato y rápidamente aclaró que no estaba dispuesto a recibir huéspedes ni a otorgar enseñanza alguna que no fuera bien remunerada. Sin ambages, le indicó que debía buscar alojamiento en otro lado y que por sus lecciones de bien hablar le exigiría dos monedas de plata a la semana, por una hora diaria de instrucción, y sin admitir réplica despidió al cestero advirtiendo que no volviera hasta que pudiera pagar la primera semana por adelantado y que en esta forma debía cubrir las demás lecciones.

Apesadumbrado, el cestero regresó a la taberna en donde el dueño, en la actitud inversa, y una vez enterado de las intenciones del tejedor de palma, le ofreció rentarle un cuarto de trebejos al lado de la taberna y darle dos alimentos frugales al día a cambio de tres cestas panaderas a la semana. Al mismo tiempo, le hizo ver que podía obtener el dinero para sus lecciones vendiendo cestas en el mercado del poblado que se encontraba a tres horas de caminata más al sur, ya que por ser un cruce de caminos de caravanas encontraría muchos posibles compradores.

El cestero aceptó la posada y después del pan, la media cebolla y una rebanada transparente de queso de cabra, buscó un rincón entre los trastos del tabernero para tirar una frazada que había encontrado, con más agujeros que tela, que le serviría de cama. No podía dormirse pensando cómo resolver su problema económico. No había caminado tanto para nada, no podía fallarle a su maestro, ahora que había encontrado donde comprar palabras.

Calculó cuántas cestas y de qué tamaño debía tejer para obtener las dos monedas de plata, agregando las piezas para el tabernero. Estimó que lograría su propósito tejiendo doce horas al día durante seis días y el séptimo viajaría al poblado del sur, saliendo temprano por la mañana, con el alba, para llegar al mercado cuando la concurrencia de compradores tomaba auge; dispondría de ocho horas para ofrecer su mercancía y regresar cuando la tarde perdía la luz y la gente dejaba de mercar. Tendría que correr el peligro de tomar el camino de retorno por la noche, pero no había otra solución. Perdería una lección a la semana y tal vez el hermano Verbal le pudiera hacer una rebaja por esta circunstancia.

Verbal fue tajante, con el tono agrio que solía emplear ante cualquier acoso a su conveniencia, ni una pizca de descuento y si se perdía una lección por su viaje a otro poblado no habría reposición. Al cestero no le quedó más remedio que aceptar.

Las tres primeras semanas, aunque el esfuerzo era grande, el plan del cestero se cumplía: estaba recibiendo su lección con Verbal durante seis días y descubría un mundo inacabable, en donde le parecía que había tantas palabras disponibles como gotas de agua en el mar. Al séptimo día viajaba al poblado del sur, y como su técnica de tejer y sus diseños eran diferentes a lo que se conocía en el poblado, vendía con éxito su mercancía y recibía el dinero que necesitaba, en ocasiones hasta con un pequeño excedente.

A la cuarta semana llegó al poblado del sur con su cargamento de cesta, y, como solía hacerlo, se quedó a la entrada del mercado para disponer de más espacio para mostrar sus productos dado que carecía de un local.

Tres hombres fornidos se le acercaron y le dijeron que su amo había conocido su trabajo y deseaba comprarle varias piezas, e incluso encargarle un pedido especial, por lo que le pedían que los acompañase a la casa del amo. El cestero aceptó la invitación con gusto agradeciendo que los hombres le ayudaran a cargar sus cestas.

Caminaron hacia la salida del pueblo y torcieron por un callejón cerrado, indicándole que la casa del amo estaba al término de la calle. Al llegar al fondo se abría una pequeña plazoleta, sin gente, pero también sin puerta de casa alguna. De pronto, los amables cargadores tiraron al piso las cestas, dos de ellos sujetaron al cestero por los brazos y el más grande de los tres empezó a golpearlo con descomunal fuerza. Una y otra vez recibió puñetazos en la cara y el cuerpo, y cuando sangraba profusamente del rostro, los otros dos lo soltaron, cayendo inerme al piso, donde entre los tres le propinaron severas patadas en todo el cuerpo al tiempo que le decían que se fuera a otro lado con sus mugrosas cestas, que en el pueblo no había lugar para más cesteros que los dos que ya estaban establecidos.

Cuando el cestero abrió los ojos, lo poco que los párpados amoratados le permitieron, se descubrió en una mullida cama, soportada por cuatro columnas de madera bellamente labradas, cubierto con una sábana de lino, en una amplia recámara con relucientes muebles de madera laqueada y un hermoso tapete persa sobre las baldosas del piso. En las cuatro esquinas colgaban del techo sendos candelabros con sus lámparas de aceite. Una gran ventana cubierta por cortinas de seda dejaba entrar la luminosidad del sol. Pensó que había muerto y que aquello podía ser el paraíso prometido.

Trató de incorporarse, pero no pudo y descubrió que lo habían vendado con lienzos de tela blanca porque seguramente tendría varios huesos rotos. De pronto se abrió la puerta de la recámara y penetró un hombre alto y apuesto, tocado con un turbante blanco y reluciente vestimenta verde con bordados en oro, seguido de dos criados, y al ver que el cestero recobraba la conciencia lo saludó con amabilidad.

—Veo, mi amigo, que regresas al mundo de los vivos después de haber tocado las puertas del panteón —dijo con voz sonora.

—Supongo, señor, que eres el salvador de mi vida y lamento poder corresponder sólo con humildes palabras a tanta generosidad.

—Nadie está exento de momentos de desgracia ni deja de ser hombre de bien quien no socorre al desvalido pudiendo hacerlo.

—Se requiere un corazón generoso como el tuyo, señor, porque los hombres se enconchan es sus intereses y no gustan de sacar la cabeza para ayudar a los demás.

—Lo importante ahora es tu recuperación, serás mi huésped el tiempo que requieras para reponerte, nada te faltará y ya platicaremos del futuro cuando estés en condiciones.

El hombre ordenó a los criados que le trajeran caldo y frutas al herido, y se despidió con gentiles palabras.

El cestero se enteró de que estaba en casa de un rico mercader que, a diferencia de sus agresores, había enviado a un criado para hablar con él, pero éste llegó cuando los tres hombres fornidos lo escoltaban. Temiendo algo malo, el sirviente los siguió a distancia y cuando observó el daño que le causaban al cestero, empezó a gritar a distancia y luego emprendió veloz carrera para no ser la siguiente víctima. Aquellos gritos asustaron a los malhechores y decidieron huir, suspendiendo la golpiza. Cuando el sirviente estuvo seguro de que los golpeadores habían desaparecido, se acercó a socorrer al herido, y como su amo le había ordenado que lo llevara a casa, se buscó otra ayuda y entre los dos llevaron a la víctima a casa del mercader, conociendo la generosidad del amo.

Cuidado y servido como nunca imaginó, el cestero, de suyo fuerte y saludable, se recuperó en un mes, lamentando ahora que su buen estado diera por terminada su idílica estancia en aquella casa.

El rico mercader tuvo una provechosa conversación con él, al manifestarle que consideraba su trabajo de cestería de la mejor calidad, razón por la cual le podía comprar su producción para colocarla en las caravanas que atravesaban el pueblo. Además, le indicó el número y cantidad de piezas que le compraría cada semana, y lo mejor de todo: le ofreció pagarle un precio muy favorable. Tendría que trabajar mucho menos de lo que había estado haciendo y ganaría más.

Ante la posibilidad de enfrentar de nuevo a los esbirros de los cesteros locales, el rico mercader le ofreció otro trato provechoso: enviaría un carro a recoger el trabajo a la mitad del camino entre los dos pueblos, de modo que el cestero tendría que caminar la mitad, recibiría su pago contra entrega de la mercancía y no tendría que perder el tiempo, dado que se convino una hora para el encuentro, lo que le permitiría tomar todas sus lecciones semanales de bien hablar.

Por si todo lo anterior no fuera suficiente, el mercader le donó la fina ropa que le habían dado en aquella casa para vestirse, le obsequió un manto de lana cardada y la paga equivalente a dos semanas para que recuperara parte de lo perdido por su inactividad durante su convalecencia.

El cestero quería besarle los pies, pero no supo si era un proceder apropiado, por lo que simplemente se hincó en el piso, inclinando la cabeza hasta el suelo, para dar a conocer la inmensa gratitud que sentía.

De regreso al pueblo donde se alojaba, pensó que el Señor compensa las aflicciones con misericordia, y que bien había valido la paliza recibida, a cambio de haber conocido a un hombre de la bonhomía del rico mercader. Ya tendría tiempo para que el maestro le explicara los caminos que Dios escoge para ayudar a sus siervos. Por lo pronto disponía ahora de mayores oportunidades para dedicarse a la misión que se le encomendó: la compra de palabras para enriquecer su expresión.

El cuarto de trebejos de la taberna, como polo opuesto a la recámara en casa del mercader, le recordó que el llamado del maestro estaba encaminado a enriquecer su espíritu más que su entorno material.

Al día siguiente se presentó en casa del hermano Verbal a una hora inusual y lo encontró de pésimo humor. Sin respuesta a su saludo, el hermano le dirigió furiosa filípica por su ausencia, haciéndole ver que había concertado compromisos en función del acuerdo económico acordado, y que, sin aviso previo, se había largado, por lo que no estaba dispuesto a seguir siendo su burla, y que su inconstancia mostraba que no tenía tamaños para cultivarse.

Un chico pequeño que le servía, trajo al hermano Verbal una taza de té que le había ordenado. El hermano, en medio de su queja cada vez más procaz contra el cestero, bebió un amplio trago sufriendo una fuerte quemadura por la temperatura del líquido y, en su furia, le propinó un bofetón al jovencito que fue a dar al suelo. El hermano Verbal dio media vuelta y salió de la casa mientras el cestero consolaba al pequeño.

El cestero salió también de la casa, caminó un trecho y tomó asiento en un tronco tirado en el piso. Estaba comisionado para aprender palabras, para saber expresarse, pero no era posible contar con la instrucción de un hombre tan iracundo y desconsiderado. Se aprende tanto de la sabiduría como del comportamiento del maestro y no quería absorber los medios para dejarse llevar por la ira sin antes escuchar razones.

Se encontraba en estas meditaciones cuando vio regresar a la casa al hermano Verbal. Sintió la necesidad de expresarle su opinión, de modo que encarándolo le dijo que él tampoco estaba dispuesto a seguir aprendiendo de una sabiduría usada para maltratar; que ningún hombre tiene derecho a lastimar ni de palabra ni de hecho, a un pequeño. Que lamentaba que su sabiduría le hubiera envenenado el corazón.

El hombre se le quedó viendo sorprendido, como quien no entiende lo que le dicen, pero pronto reaccionó y le dijo que seguramente lo estaba confundiendo con su hermano gemelo. Él había estado un tiempo fuera del pueblo y no tenía el gusto de conocerlo, pero que por medio de sus palabras infería que había sido aleccionado por su hermano y que se disculpaba porque, en efecto, su hermano tenía un temperamento impulsivo y en ocasiones incluso irrazonable. Que la confusión era frecuente porque como desde niños fueron vestidos iguales, habían conservado esa costumbre.

Fue ahora el cestero el que se disculpó, recordando que como se mencionaba a los hermanos Verbal, una vez le preguntó a su maestro por su hermano, recibiendo simplemente la respuesta de que estaba de viaje, pero que no sabía que fueran gemelos, y tan parecidos; tal vez, añadió, ya analizando con detalle, una pequeña diferencia en estatura era la única variante. Usted es un poco más alto.

Dada su necesidad, el cestero inmediatamente indagó si el hermano alto enseñaba también palabras, y la tranquilidad lo invadió cuando se enteró de que hablaba con el creador del sistema de enseñanza del buen uso de la lengua, que su hermano había aprendido de él.

El cestero narró su vida desde el encuentro con el maestro en el mercado hasta los sucesos recién vividos y el hermano alto lo escuchó con interés y le ofreció hacerse cargo de su enseñanza, y para mayor sorpresa, a mitad de precio.

Con los excedentes económicos de que disfrutaba, el cestero compró materiales y construyó un cuarto de trebejos en la taberna, para disponer de una recámara, chica, pero apropiada para vivir, e incluso la dotó de un mobiliario económico y funcional, lo que incrementó su amistad con el dueño, que sabía la ganancia que adquiría su propiedad.

Sus lecciones de bien decir llenaban el espíritu del cestero gracias a la paciencia y buen modo con el que el hermano alto le enseñaba.

Ante el comentario del cestero sobre el mal carácter del otro hermano Verbal, su nuevo maestro aprovechó para comentar que las palabras tienen diversos ropajes según son pronunciadas y que el mismo conjunto de letras tiene diferente significado según la entonación con que son expresadas y le hizo descubrir que la expresión "no quiero" tenía muchos significados, según si se pronunciaba de corrido, si separaba las palabras; si recargaba la voz en el no o en el quiero; si se utilizaba un tono suave o uno agresivo.

—Los hombres, como sucede en mi familia —dijo el hermano—, usualmente tenemos un gemelo que vive dentro de nosotros y podemos ser amables y corteses, pero en un momento brota en nosotros el gemelo agresivo y descortés, y nuestro vocabulario, aunque siga siendo el mismo, envía otro mensaje. El control del gemelo agresivo que llevamos dentro es el éxito en la convivencia humana.

El cestero comprometía todo su ser en el aprendizaje, concentraba su atención en las lecciones y disfrutaba practicando lo aprendido para enraizarlo en su mente y en su corazón, por lo que recibía con frecuencia las felicitaciones del hermano alto y el círculo virtuoso se unía porque el refuerzo de confianza del maestro redoblaba su empeño en aprender.

El hermano alto le recordaba con frecuencia que pensamos con palabras, de modo que crecer nuestro acervo lingüístico no sólo mejora la comunicación con los demás, sino que aumenta nuestra sapiencia interna porque nos dota de más palabras para hablar con nosotros mismos, para explicarnos mejor lo que nos sucede, para pensar con más inteligencia.

—En el antiguo Egipto —le dijo una vez el hermano alto—, los sacerdotes eran los guardianes de las palabras, porque la sabiduría y el liderazgo son consecuencias del conocimiento de los vocablos que sirven al hombre como los sirvientes más eficaces y tienen más fuerza que las armas. Los necios que olvidan esto podrán tener algunas victorias parciales, pero acaban siempre atravesados por las mismas armas que esgrimieron. Quienes conquistan con las palabras hacen hermanos a los hombres y no esclavos, de modo que son amados y no temidos, sus triunfos son permanentes porque se han hospedado en los corazones.

El cestero había entendido ahora la instrucción del maestro: se requiere saber comunicarse con los demás, como punto de partida para construir un plan de vida, para poder ser heraldo en la sociedad, para disfrutar de la interrelación humana que se sustenta en el diálogo con las personas.

Pero también se percató de que es por medio del buen uso de las palabras como se comunica uno conisgo mismo, para ganarse la amistad y la admiración sana que debe uno tener por su propia persona.

Había logrado hacer crecer su vocabulario en forma espectacular, pero lo que consideraba más importante: había descubierto lo mucho que le faltaba y entendía ahora que el proceso de aprendizaje nunca termina. Se había adueñado del deleite de aprender.

De ese momento en adelante no podría dejar de leer. Podría salir de camino sin ropa, pero no sin material de lectura y aprendizaje. Era el mismo hombre en lo físico, pero había comprado un nuevo espíritu.

El año estaba por cumplirse, de modo que el cestero visitó al rico mercader para despedirse y agradecer su apoyo, como lo hizo también con los sirvientes de aquella casa. Compró regalos y los entregó al tabernero y a muchas de las personas del poblado con quienes había trabado amigable relación, y a su maestro, el hermano alto, le obsequió dos libros de pergamino que había encargado tiempo atrás al mercader. Al otro hermano Verbal le regaló un tintero.

A los dos días de camino, en su viaje de regreso, hizo un alto en la posada donde pernoctó la primera que vez que estuvo por ahí. No le fue difícil volver a encontrar al viejo de blanca cabellera y profusa barba, que seguía desaliñado, sentado en un rincón. Lo besó de nuevo en la frente y le dejó en el regazo una bolsa pesada, con las monedas que le quedaban.

Días después, los ojos del cestero se llenaron de alegría al contemplar, a lo lejos, la figura del roble imponente, y a su maestro sentado.

Camino al encuentro con la felicidad
y la trascendencia

*Comunicarnos con eficiencia, con nosotros y con los demás,
nos permite conocernos y hacernos conocidos:
por ello, aprendamos a usar el lenguaje apropiado*

VI

*Acostumbrarse a repetir las conductas benéficas,
hace beneficiosa nuestra vida*

Al salir el sol y al ponerse, el maestro se detenía junto al pozo de agua contiguo a la muralla norte del pueblo, de ida y regreso de sus meditaciones. Por la mañana, había muchas personas, entre aguadores y mujeres que acudían por su dotación de líquido; por la tarde el lugar tenía escasa concurrencia.

Advirtió la presencia de una joven robusta, pero con un cuerpo bien torneado y un rostro en el que destacaban dos bellos y penetrantes ojos negros. A diferencia de las demás mujeres, acudía unos días por las mañanas y otros por la tarde al pozo, cargando en ocasiones tres cántaros pequeños; en otras, uno solo grande, e incluso, en algunos casos, dos cántaros de mediano tamaño y diferente forma.

Una tarde, en la que el maestro se encontraba sentado en el brocal del pozo, se presentó aquella mujer. El maestro le pidió que le diera de beber y accedió gustosa.

—¿A qué te dedicas? —le preguntó el maestro.

—Soy bordadora en los talleres de costura del príncipe —respondió la mujer.

—¿Disfrutas de tu trabajo?

—El trabajo es una ocupación no una diversión.

—Debería ser las dos cosas.

—Bordar es un arte que me deleita, pero no apegarme a las rutinas de trabajo me hace lenta, con menor rendimiento que las demás, y estoy siempre en la lengua de la supervisora con reclamos sobre la cantidad de mi producción. No me ubico en el mundo de los trabajos en equipo, soy torpe para las normas aun reconociendo su utilidad.

—Careces de buenos hábitos, eso es todo —aseveró el maestro—. Para los quehaceres repetitivos de nuestra vida da resultado encontrar la mejor manera para su realización y repetirla.

—¿No detenemos nuestro progreso haciendo siempre las cosas de igual forma?

—Al contrario, en actividades repetitivas, si encontramos los mejores caminos, ganamos tiempo y eficacia en nuestra vida y esto incluye a los procesos intelectuales. Además, debemos analizar periódicamente nuestros hábitos para continuar perfeccionándolos.

—Parece tan complicado como detenernos en cada puntada del bordado de nuestra vida para analizarla.

—El Señor nos dotó de alma y pensamiento como compañeros de vida con los que debemos dialogar con frecuencia; sólo necesitamos recurrir a ellos y usar sus consejos. En ti encuentro sabiduría y prudencia que bien encaminadas te permitirían unirte a un grupo de alumnos que estoy formando para diseminar la buena nueva que el Señor me ha pedido pregonar para dar a los hombres y las mujeres un camino santo de trascendencia.

—Yo sólo estoy capacitada en el manejo del hilo y la aguja, tú requieres de personas dotadas de sabiduría y capacidad de expresión.

—Tu disposición es lo que cuenta, yo puedo proveerte de lo que te falte.

—Probablemente el mundo limitado en el que he vivido me impide entender tu proyecto, pero lo que sí comprendo es que hay en ti un alma excepcional y ese sentir que surge de nuestro interior, que la mente no puede explicar, me dice que debo seguirte, de manera que si me juzgas digna soy desde ahora tu servidora.

—Bien, me gusta tu determinación. Lo primero será que te capacites con el instaurador del arregosto, un ermitaño que vive en una cueva en la ladera opuesta a la que vemos del peñón alto, el que se encuentra a una jornada del camino del norte, donde se bifurca, tomando el sendero del oriente. Le dirás que el maestro te envía y te veré nuevamente bajo el gran roble, a la salida del pueblo, de hoy en un año, al medio día.

El maestro se levantó, puso sus manos sobre la cabeza de la bordadora externando una oración, y se retiró caminado con paso firme.

Al día siguiente, la bordadora se presentó en los talleres del príncipe y avisó a la supervisora que se retiraría un año del trabajo. Obtuvo por respuesta que desperdiciaba un buen trabajo y que no le estarían guardando su puesto si lo abandonaba por tanto tiempo. No le sorprendió porque anticipaba una contestación similar, agradeció de cualquier manera el empleo que le habían dado, sintiendo que era su obligación dejarlo dando aviso y no con la simple desaparición.

La bordadora vivía sola en una habitación que formaba parte de un conjunto habitacional en el centro del pueblo. Dejó la casa cerrada y después de encargarla a dos vecinas, con las que había entablado cordial amistad, emprendió el camino.

Una jornada después se hallaba al pie del peñón e inició su rodeo para encontrar la cara posterior. A diferencia del frente, donde la gran peña mostraba orgullosa una enorme cara lisa de roca, como un muro vertical, la parte posterior parecía carcomida por el tiempo, con múltiples cortes y un talud prolongado.

En las muchas hendiduras de la roca se formaban cavernas, aprovechadas para vivienda, dando origen a un pueblo incrustado en el cerro, con peligrosas conexiones entre las moradas por medio de pasajes a manera de angostas ménsulas, en ocasiones no más anchas que el largo de un pie, sin pretil alguno hacia el precipicio.

En este hábitat, más propio de cabras que de personas, la bordadora inició el ascenso en busca de su tutor. Al preguntar por el instaurador del arregosto, en las viviendas que iba encontrando, la respuesta era siempre la misma: una señal hacia arriba.

El día empezaba a agotar su luz y la bordadora seguía ascendiendo en caminos que a mayor altura se hacían más angostos, como desanimando a los viajeros a continuar. Lo que no variaba era la respuesta a su pregunta con un constante señalamiento hacia arriba.

La luz tenue, el camino angosto e inclinado, el cansancio del ascenso, lo amedrentador de la altura, hacían mella en el ánimo de la bordadora, pero comprendiendo que descender sería más peligroso y alentada por su compromiso con el maestro, decidió seguir hacia arriba. Si era necesario llegar a la punta de la roca, lo haría.

No hubo necesidad de llegar a la cúspide, pero sí cerca de ella. En una de las cuevas más altas, donde la parte final del camino había que recorrerla de espaldas al voladero para anclarse al muro de piedra con las uñas y deslizar los pies sobre el angosto sendero, con el miedo y el viento como única compañía, llegó a la entrada de un túnel de piedra, en donde fue recibida por un joven de cara sonriente y vestiduras blancas que sostenía una lámpara de aceite. Al preguntar por el instaurador del arregosto se le indicó que esperara sentada en una piedra tallada con forma de silla.

Minutos después se presentó un hombre, de mediana estatura y mediana edad, con una cabeza que parecía un cubo simétrico, con ojos negros saltones y una gran facilidad para sonreír, luciendo una toga azul brillante y una cinta bordada sobre la frente, del mismo color de la vestimenta.

—Soy el instaurador del arregosto —dijo con una voz bien timbrada.

La bordadora le mencionó que el maestro la mandaba; sin requerir más explicación, el instaurador la llevó al interior de la vivienda, que se ramificaba en múltiples pasajes, y llegaron a un salón horadado en la roca, de forma esférica, en cuyo centro había una mesa surtida de ricas viandas sobre la cual colgaba del techo una gran lámpara de aceite que daba una espléndida luz. Fue invitada a sentarse en una de las sillas, el sirviente que la recibió le ofreció agua para limpiarse las manos, y el instaurador, que se había sentado en otra de las sillas, le pidió que dispusiera de los alimentos colocados en la mesa, lo que la bordadora agradeció y procedió a saciar el hambre que el ascenso le había provocado.

Terminada la colación, el instaurador le pidió que le narrara su vida, aclarándole que todas las personas tenemos dos historias: la que vivimos hacia afuera y la que vivimos hacia adentro; lo que los demás oyen y ven y lo que nosotros pensamos y sentimos. La segunda es la que me interesa, aclaró el anfitrión.

La bordadora le narró la feliz niñez que vivió al lado de sus padres que sucumbió en un instante, como descarga de rayo, cuando a los diez años quedó huérfana, producto de infelices bandidos que atacaron y mataron a los integrantes de la caravana en que sus padres viajaban a visitar a un pariente. Quedó a cargo de una tía, que mientras duró el dinero que su padre había logrado ahorrar, recibió un trato condescendiente. La impericia económica de la tía, mujer entrada en años que había vivido en estrechez económica y que cuando se vio con dinero lo despilfarró a manos llenas, agotándolo en sólo dos años, acabó con el supuesto cariño a la sobrina para proceder a tratar a la niña como criada y terminar obligándola a trabajar en un taller de costura, confiscando el salario que recibía y dándole una vida miserable. Cuatro años se prolongó aquella situación y el final fue provocado por una gripe mal cuidada que se complicó y terminó llevando a la tumba a la tía. Había adquirido el oficio, primero de costurera y luego de bordadora, de modo que pudo sostenerse, e incluso vivir en mejores condiciones, cuando quedó sola.

—Los primeros años de la vida fabrican los moldes para nuestro desarrollo intelectual y espiritual —dijo el instaurador del arregosto—, de modo que tu niñez feliz, al lado de tus padres, aunque se truncó penosamente, dio tiempo para dotarte de suficiente fuerza interna y por ello deberás guardar siempre un recuerdo de agradecimiento a tus progenitores. Platícame de tu vida actual —le pidió a la bordadora.

—Diría que he caminado por la vida sin rumbo fijo, dejándome llevar por las circunstancias, sin buscarlas ni resistirlas, gozando y sufriendo. Pensé que había descubierto mi camino cuando encontré a un hombre del que me enamoré. Cuando habíamos convenido casarnos fue reclutado por el ejército del rey, enviado a combatir a la guerra del norte, en donde murió al poco tiempo. Ganar y perder, como en el juego de dados, cuando parece que has ganado una fortuna, la siguiente jugada te lo quita todo.

—Los escollos de la vida deben tensar el espíritu —intervino el instaurador.

—O desmoronarlo, como tal vez me sucedió a mí —añadió la mujer—. Convencida de que la felicidad plena no está a mi alcance, he optado por seguir caminando en la vida sin un plan, sin una meta, añadiendo un eslabón a mi existencia con cada día sin esperar ni buscar nada concreto para el siguiente paso. Realizo mi trabajo lo mejor que puedo sin apegarme a rutinas ni procedimientos, sin anhelos y sin pesares, por lo que no me agradan las cuotas de trabajo ni los procedimientos repetitivos. Diría que vivo sin pedirle nada a la existencia, pero sin preocuparme tampoco por aportarle.

—Cuando se hace el balance de la vida, la negligencia suele llevarse la mayor partida —agregó el instaurador—. Muchas personas viven como tú y veo que el maestro te ha enviado conmigo porque me ocupo en ayudar a hombres y mujeres a instaurar en su vida el arregosto o sea el gusto por hacer las cosas. La vida, aunque tiene tramos cuesta arriba y cuesta abajo, no deja de ser un camino y requerimos, para sacar provecho de nuestro caminar, el empleo de las poderosas herramientas que son los hábitos. El mejor ejemplo de ello lo tenemos en nuestro propio cuerpo que es un intrincado y maravilloso complejo de órganos cuyo funcionamiento depende de procedimientos rutinarios que nos permiten respirar, comer, caminar, dormir, pensar, imaginar y miles de procesos más de los que ni nos damos cuenta, pero que son responsables de mantenernos vivos. La muerte no es otra cosa que la interrupción de este maravilloso equilibrio. En nuestra vida exterior, en nuestro actuar en el mundo con nuestros prójimos es necesario también contar con hábitos que nos permitan la convivencia y la satisfacción personal, porque la alegría de vivir se encuentra al dar resultados positivos, que los demás pueden ver y valorar. Yo no podría vivir con los demás, si en el momento en que siento la necesidad, empiezo a orinar frente a las personas que me rodean, incluso mojándolas; necesito tener el hábito del decoro de hacer mis necesidades en privado, y aunque este ejemplo puede parecer muy burdo, ilustra lo ingente de contar con hábitos apropiados.

—Los ejemplos más sencillos suelen ser los más ilustrativos y por ello los de más fácil comprensión —dijo la bordadora—, pero una norma de conducta, de convivencia social, me parece diferente a un hábito.

—Las normas sociales, los caminos para interactuar con las personas, se inculcan desde pequeños como hábitos. El hábito es una conducta repetida, es un proceder automático, es la respuesta que guía nuestros actos cuando no tenemos tiempo o deseo de analizar nuestro proceder y dejamos a la conducta preestablecida que entre en acción.

—Esto hace casi infinita la lista de hábitos —citó la bordadora.

—Cierto, pero hay algunos que son fundamentales, que integran los cimientos de nuestra personalidad y que si los sabemos arraigar en nuestra vida nos harán hombres y mujeres de bien.

—¿Qué es una persona de bien?

—Es quien tiene la conciencia tranquila porque ha procedido con rectitud haciendo el bien a los demás, lo que redunda necesariamente en hacerse el bien a sí mismo.

—¿Es el hombre rico, adinerado, un hombre de bien?

—Si su fortuna proviene de un proceder recto, de un trabajo honrado, de negocios justos en donde no se ha dañado a otros con engaños, con mentiras, desde luego que un rico puede ser hombre o mujer de bien. Cabe mencionar que el poder y el dinero acaban con la hermandad y, entre mayor es el botín, mayor es el encono.

—¿Qué hábitos debo tener? ¿Cuáles desecho? ¿Cómo adquiero los adecuados?

—Vamos paso por paso.

El instaurador explicó a la bordadora que existían básicamente dos tipos de hábitos, los de acción y los de pensamiento: los que conducen a la realización física de una tarea y los que norman la manera de usar nuestro intelecto.

—Estos últimos —argumentó— son los más importantes y los primeros que debemos adquirir. Para no abrumarte con un exceso de información, que suele bloquear el entendimiento —continuó— de los hábitos de pensamiento te citaré los que considero más útiles y en los que nos centraremos inicialmente: congruencia, honestidad, responsabilidad, respeto y perseverancia. Te voy a contar una historia —dijo el instaurador del arregosto—: Había un rey que tenía tres hijos y era costumbre en aquel reinado que el monarca, cuando cumpliera sesenta años, debía nombrar a uno de sus hijos como sucesor para cuando muriese, sin importar el orden de nacimiento, sino tomando en cuenta las habilidades para el gobierno que detectara entre su prole.

Este rey estaba dudoso porque sus tres hijos eran jóvenes competentes, de modo que ideó una competencia velada para tomar su decisión.

Les pidió a sus hijos que cada uno se hiciera cargo de un grupo en la escuela más pobre de la capital del reino durante un mes y que enseñara a los niños durante ese periodo lo que considerara lo más apropiado, pidiendo previamente a los maestros titulares de esos grupos que, sin intervenir, observaran el desempeño del grupo durante ese mes y le rindieran un informe.

El hijo mayor era un gran atleta, competía en diversas pruebas y obtenía siempre los primeros lugares, de modo que decidió dedicar el mes a enseñar a los niños la importancia del fortalecimiento del cuerpo por medio del ejercicio e ideó un programa de entrenamiento diario que permitiera el desarrollo físico de los niños.

El segundo hijo tenía una gran facilidad y gusto por las matemáticas y consideraba que esta materia era esencial en el desarrollo intelectual de las personas, de modo que planeó un curso intensivo de la materia para que los niños de su grupo conocieran y apreciaran los números y sus interacciones.

El más chico de los hijos del rey era muy aficionado a la lectura y pensaba que mediante ella se obtenía un gran disfrute, pero al mismo tiempo un acervo cultural valioso, de modo que su interés era impulsar la lectura entre los niños de su grupo. Sin embargo, pensó que imponer la lectura como una disciplina no haría de los niños lectores, de modo que primero platicó con cada uno de sus alumnos para averiguar sus gustos e intereses y a continuación fue entregando a cada niño un libro en donde se cubrían aspectos correspondientes con los intereses del pupilo y les pidió que buscaran en su libro lo que les había gustado y se lo narrasen después. Los niños disfrutaron tanto de la experiencia que pronto pidieron, por propia iniciativa, un nuevo libro al hijo del rey.

El rey nombró al más pequeño de sus hijos como su heredero.

—Te pido —dijo el instaurador a la bordadora— que analices este relato y relacionándolo con lo que hemos hablado me indiques lo que consideras que fueron los factores que llevaron al rey a su decisión, pero no quiero una respuesta veloz sino meditada, porque suelen ser las más inteligentes, de modo que piénsalo y lo platicamos en una semana —finalizó el instaurador, dejando sola a la bordadora.

En su siguiente reunión, la bordadora manifestó que la decisión del rey se había basado en la habilidad del hijo menor para dotar a sus alumnos de caminos de autoaprendizaje, previa investigación de los intereses de cada uno. Si los gobernantes analizan primero las necesidades e intereses de su pueblo y proveen los medios para alcanzar estos deseos, en vez de imponer la voluntad de quien manda, logran la cooperación y el respeto de sus súbditos, añadió.

Ante la pregunta del instaurador de los hábitos de pensamiento que se manifestaban en el actuar del hijo menor del rey, la bordadora citó que se observaban congruencia y honestidad porque sus acciones correspondían con su pensar y su decir; había respeto por sus alumnos porque no les impuso su voluntad, sino que les permitió descubrir la utilidad de la lectura; fue un maestro responsable, añadió, porque logró enseñar lo que se propuso; mostró perseverancia en entrevistar a cada uno de sus pupilos.

El instaurador quedó satisfecho con los avances de su propia alumna y mencionó a la bordadora que deseaba que realizara las compras semanales de la casa en el mercado que se instalaba al pie del peñón al día siguiente y que debía observar, en cada comerciante, los hábitos de pensamiento que utilizaba en su quehacer mercantil.

La bordadora aceptó la tarea no sin citar que lo difícil no era la compra, sino encaramar los víveres a la vivienda, quedando tranquila cuando el instaurador le indicó que sería su sirviente el encargado de acarrear las viandas y hacer los pagos.

El mercado al pie del peñón era, como los centros de comercio humano, un lugar en que la vida transcurría con efervescencia: elevación de la voz para hacerse oír en el bullicio; caminar apretujado en callejones estrechos, peleando el paso en medio de personas cargadas de bultos; regateo de precios por necesidad o por gusto de discutir; mosaico de colores, olores, texturas, producto de una interminable oferta de mercancías; vendedores pregonando la calidad de sus productos o la oferta de sus precios; compradores indecisos o exigentes, queriendo mostrar desdén por lo que anhelan adquirir; dinero cambiando de manos; productos entrando y saliendo; un caos aparente dentro de un esquema bien organizado; encuentro de la oferta y la demanda en donde todos ganan pensando que perdieron por no haber ganado más.

La bordadora, como toda persona que alimenta una casa, conocía el ambiente del mercado, pero esta vez era diferente: no sólo se trataba de comprar las viandas, había que analizar el proceso del mercadeo y a las personas que intervienen en él. Sentía que se le había solicitado la misión de introducirse en la mente de los demás para intentar comprender sus actitudes. Nunca se había interrelacionado con otras personas con esta intención. Se preguntaba: ¿sería capaz de hacer compras apropiadas, pagando lo justo, cuando su atención tenía que centrarse más en el vendedor que en la mercancía?

Frente a sí tenía el primer reto: un puesto de frutas en el que había que adquirir dos docenas de manzanas rojas, primera anotación en la lista que el sirviente le proporcionó. El hombre que despachaba cobraba a un cliente, pero sin dejar de vigilar a cada persona frente a su expendio, incluso alabando la calidad de sus productos o invitando a los mirones a comprar, mientras contaba las monedas recibidas.

La bordadora decidió tomar una manzana y girarla en su mano detectando la firmeza en toda la redondez del fruto para asegurarse de su buen estado. La protesta del vendedor no se hizo esperar, el producto tocado había que pagarlo, pero la bordadora no era compradora novata, de modo que rebatió de inmediato que no compraría si no podía constatar el buen estado de las manzanas, es más, ante el fastidio del vendedor, le dio una mordida, lo que exasperó aún más al tendero, pero antes de darle tiempo a una protesta mayor, la bordadora advirtió que también era necesario probar el sabor para verificar la frescura.

El vendedor advirtió que no daba pruebas gratis, de modo que la manzana mordida había que pagarla, a lo que la bordadora indicó que sin prueba no había compra.

La bordadora desvió la conversación al precio del producto y al recibir respuesta respondió lo que solía decir sin importar el valor citado:

—Solicité el precio de las manzanas no de la cadena que te cuelga del cuello.

—Estas manzanas vienen de las tierras del sur, no son los frutos baratos y desabridos que se cultivan en los enclenques manzanos de estas tierras, si quieres calidad tienes que pagar el precio.

—Como me voy a llevar dos docenas —intervino ahora la bordadora—, te daré la mitad del precio que pides.

Mujer, no me hagas perder el tiempo, si no tienes dinero busca en otro lado, pero como me has simpatizado, te haré un descuento más que razonable.

Finalmente, llegaron a un acuerdo de precio y cuando el vendedor había colocado veintitrés manzanas en la canasta de la bordadora y extendió la mano para cobrar, la bordadora le dio el dinero, pero agregó:

—Falta otra manzana.

—La que te estás comiendo —respondió el vendedor—, que me hubieras tenido que pagar aun sin hacer la compra de las demás.

—Sólo porque está sabrosa te compré, si no hubieras perdido tu fruta —citó la bordadora despidiéndose.

Como el instaurador gustaba mucho de las papas, preparadas en diversas formas, la lista exigía este producto. La vendedora era una mujer grande, gorda y fea, de toscos modales, de voz ronca, casi masculina y de largos y fornidos brazos. La bordadora tuvo que responder con prontitud retirando su mano cuando al pretender tocar las papas estuvo a punto de recibir un fuerte manotazo de la gruesa despachadora. "Sólo podrás tocar la mercancía si yo toco primero tu dinero en mi mano", fue la advertencia. La bordadora replicó de inmediato aduciendo que sin poder tocar primero las papas no sabría de su buen estado, a lo que la vendedora le dijo que si no sabía distinguir una buena papa con verla no sabía comprar, añadiendo que ella sólo vendía producto de primera.

—Sólo la calidad hace regresar a los clientes —señaló—, y únicamente con clientes repetitivos subsiste un comercio, de modo que aquí sólo encontrarás producto de óptima calidad, no me interesan los compradores esporádicos, no vendo productos, sino que compro clientes.

—Todo vendedor alaba su producto aunque esté podrido —dijo contraatacando la bordadora—, escondida detrás de halagadoras palabras se encuentra siempre la ganancia que predomina en el comerciante como razón de vida.

—Estás equivocada, mujer —replicó la vendedora—, el dinero se queda en las manos de quien lo ha ganado en buena ley. El engaño, la mentira, la falsedad producen efecto una vez, pero al ser descubierto se vuelve contra ti como serpiente venenosa. Es la repetición de actos justos lo que llena la alcancía y la conserva así. Gana reputación y ganarás amigos, un buen nombre y finalmente dinero.

—El ladrón se siente honrado porque siempre tiene justificación para sus hurtos —dijo ahora la bordadora—, y las grandes fortunas tienen un tufo a fraude. No se amontona mucho dinero sin varios pecados en el camino.

Dios sostiene una balanza en la vida de cada persona. El que amontona riqueza mal habida pagará las consecuencias y pasará grandes penurias en campos que el dinero no puede remediar. Y a todo esto —dijo la bordadora—, ¿cuánto valen las papas?

La vendedora sonrió y pronto llegaron a un acuerdo: papas en la canasta de la bordadora y dinero en la bolsa de la expendedora.

El día transcurrió de puesto en puesto, agotando la lista del instaurador, y cuando quedó completa, la bordadora despachó al sirviente a casa y tomó asiento en la primera terraza del peñón, comiendo de una parte del mandado que se había reservado para sí, y observando cómo el mercado perdía dinámica, la clientela disminuía, los tenderos empezaban a recoger su mercancía. Como rescoldo de leños en la chimenea, el fuego matutino del mercado se fue apagando, el griterío se convertía en murmullo.

La bordadora inició su ascenso a la casa del instaurador, recordando los acontecimientos del día para valorarlos en función de los hábitos, ya que sabía que tenía que dar cuentas a su tutor de los intangibles de la jornada. Cerca de su arribo, se detuvo un momento a ver al sol guardarse tras las montañas como moneda de oro entrando en la alcancía.

Según su costumbre, el instaurador dejó que pasaran unos días para que la bordadora pudiera digerir sus pensamientos, antes de abordarla para discutir los conceptos.

—¿Qué observaste en los vendedores con los que comerciaste en el mercado? —preguntó el instaurador sin preámbulos.

—En primer lugar, un estado de alerta —respondió la bordadora—, el comerciante en el mercado está en lo suyo, muy concentrado en su labor. Sabe que si se distrae perderá clientes o dinero.

—A eso le podríamos llamar responsabilidad. Quien está física y mentalmente en su tarea, obtiene los mejores resultados. Uno de los errores más frecuentes es estar en el trabajo pensando en la casa o estar en la casa pensando en el trabajo. Ser responsable es darle a tu trabajo toda la importancia y entregarle plenamente tu tiempo y tu capacidad física e intelectual, y al llegar a tu hogar, darle a tu familia toda tu atención, todo tu interés.

—Es cierto. En el taller de bordado es frecuente toparse con mujeres que están todo el tiempo platicando chismes y vaciedades, y el resultado es que se equivocan con frecuencia y tienen que repetir parte del trabajo o su avance es muy lento.

—Cuida lo que haces para que tu hacer cuide de ti. ¿Qué más te llamó la atención?

—Los vendedores conocen su mercancía, saben su origen, su calidad, lo que otros ofrecen, la diferenciación de su producto con otros similares, los niveles de precio que se manejan en el mercado.

—Esta es otra prueba de responsabilidad, pero también de congruencia. Si vendes una mercancía debes conocerla a fondo, sus beneficios y sus limitaciones, su comparativo en calidad y precio con las ofertas de la competencia.

—Esto lleva a cierta uniformidad de precios, entre productos iguales y de calidad similar no hay gran diferencia en lo que se paga en un puesto o en otro —añadió la bordadora.

—Muestra de un respeto mutuo, aun entre competidores, y propicia que la gente visite el lugar con la confianza de que no debe recorrerlo todo minuciosamente porque está frente a comerciantes serios. A final de cuentas todos ganan porque la mayor afluencia de compradores beneficia a todos los participantes.

—Pero los acuerdos entre comerciantes generalmente van en contra de los compradores.

—El comercio es como una competencia atlética: todos quieren llegar a la meta en primer lugar, pero si hay normas que se respetan habrá juego limpio.

—Cuando hay dinero de por medio los hombres pierden toda compostura. Las monedas alimentan la parte salvaje del humano.

—El juego de la avaricia y la integridad sólo tiene soluciones personales. Si el hábito de la honestidad está arraigado en la persona, habrá un freno para la ganancia ilegal o abusiva.

—¿La honestidad no pone en desventaja al comerciante que la practica?

—Hay dos éxitos en la vida que se complementan: el triunfo personal y el público. Todos tenemos oportunidades de abusar de otros, de sacar provecho personal a costa de lastimar con alevosía a algunas personas, esto nos puede producir triunfos públicos, económicos, pero nuestra conciencia siempre nos recordará la derrota personal que sufrimos. Cuando logramos el triunfo público habiendo alcanzado antes el éxito personal, la ganancia no tiene remordimientos y su disfrute es pleno.

—¿Por qué existen entonces malhechores, asesinos, sicarios? ¿Qué pasa con ellos?

—Los seres humanos somos animales con inteligencia desarrollada, pero nunca perdemos nuestra animalidad y el combate entre nuestra mente y nuestros instintos bestiales está siempre presente. Gracias a Dios, en la mayoría de los casos, la razón domina. Los malhechores son los que han perdido la batalla interna.

—Pero existe también la crueldad en personas que incluso ocupan posiciones prominentes: príncipes, reyes, supuestos sabios, patriarcas, religiosos.

—En la guerra interna entre nuestra inteligencia y nuestra bestialidad hay derrotas parciales en todos los hombres y las mujeres. En las personas destacadas estas derrotas se consignan en la historia, en la memoria de los pueblos, pero todos tenemos cola que nos pisen.

—Supongo que los buenos hábitos nos mantienen en el camino correcto.

—Son los guardianes para que hagamos una correcta donación de nuestros talentos al mundo, a los demás y a nosotros mismos —añadió el instaurador del arregosto—. Vamos avanzando, por lo que te asignaré una nueva tarea: el primer día de la próxima semana se reúne el tribunal de justicia, en la gran sala anexa al mercado, y los tres jueces escuchan alegatos y emiten juicios. Debes acudir a observar y después comentaremos tus opiniones. Por hoy hemos terminado.

La gran sala era un edificio de gruesas paredes con techo de dos aguas, largo y angosto, mal ventilado y con poca luz porque sólo contaba con aisladas perforaciones cuadradas en los muros para alumbrar y cambiar el aire. Los días en que se presentaban los jueces, para dirimir disputas o sentenciar a malhechores, se reunían en el lugar muchas personas, entre acusadores y acusados con sus correspondientes defensores, testigos y principalmente curiosos. Ante los pocos entretenimientos en el poblado, la presentación de casos y personas, y el suspenso ante el dictamen de los jueces, resultaba un espectáculo al que todos querían asistir. La bordadora se sumaba a los observadores, sin mucho gusto porque el calor, el mal olor y el hacinamiento no eran de su agrado.

En cuanto los jueces aparecieron por la puerta, se hizo un gran silencio y se abrió un pasillo central entre la concurrencia para dejarlos pasar hasta el fondo del salón, donde se había instalado una tarima de madera de un metro de alto con una mesa rectangular con tres sillas para los jueces y dos mesas cuadradas con una silla para los escribanos.

Los jueces vestían elegantes túnicas rojas con bordados en blanco y parecían disfrutar de la deferencia de los asistentes que casi se inclinaban a su paso como si se tratara de un monarca. Los tres parecían hijos de los mismos padres: delgados, altos, con el pelo cano y más bien escaso.

Una vez que los jueces ocuparon sus asientos, uno de los escribanos tocó una campana para anunciar el inicio del primer juicio, el otro escribano leyó la causa: se trataba de una disputa por la herencia de un terreno entre dos hermanos. El mayor señalaba que por mayorazgo le correspondía el bien; el hermano menor presentaba una carta, supuestamente escrita por el padre, donde le donaba la propiedad. La tradición del poblado establecía que cada demandante tenía derecho a exponer personalmente y de viva voz su caso ante los jueces, disponiendo el tiempo que tardaba la arena de un pequeño reloj de arena de pasar su contenido de una parte del recipiente al otro, algo así como un cuarto de hora.

Los dos hermanos se habían colocado al frente del estrado tiempo antes de iniciada la sesión, sabiendo que su caso sería el primero, cada uno reunido con su grupo de amigos y asesores, con los que habían departido un rato.

La bordadora se había ubicado en una posición lateral a la tarima, pero muy al frente, de manera que tuvo tiempo para observar a los dos hermanos. Antes de que ninguno de los dos pasara a exponer sus argumentos, la bordadora ya había emitido su juicio: ganará el hermano menor. Así fue.

El escribano leyó la segunda causa: un hombre acusaba a su mayordomo de haberle robado diez monedas de oro que tenía guardadas en un pequeño cofre cuyo escondite sólo conocía el mayordomo. El sirviente negaba el delito.

La bordadora había encontrado más interesante observar a los participantes en las disputas, antes de que intervinieran, que atender a los discursos que se daban sobre la tarima frente a los jueces. De modo que mientras los dos hermanos anteriores hacían uso de la palabra, la atención de la bordadora se concentró en los dos nuevos participantes del segundo juicio, que se habían acercado a la tarima. Después de observarlos un rato y habiendo escuchado la presentación del caso hecha por el escribano, se dijo: el mayordomo es culpable, pero convencerá a los jueces de su inocencia. En efecto, el mayordomo fue exonerado del cargo.

Siguiendo el mismo proceder, la bordadora colocó su atención en un hombre que fue llevado a la orilla de la tarima, atado de las manos y sujeto del cuello por un grueso cordel que sostenía el alguacil. Cuando se leyó su causa, se enteró que estaba acusado de asesinar a dos mujeres. La bordadora ya tenía su dictamen: era culpable y sería enviado al cadalso, tal y como sucedió.

Con observar tres juicios, la bordadora consideró que había cumplido la encomienda, de modo que abandonó aquella sala calurosa y mal oliente.

Al día siguiente fue convocada por el instaurador del arregosto y una vez descrito lo sucedido, la pregunta no se hizo esperar:

—¿Cómo supiste qué hermano ganaría el juicio?

—Los hombres hablan sin palabras —respondió la bordadora—. El hermano mayor se veía nervioso, hacía muecas expresando dudas en los comentarios que externaba a quienes lo rodeaban, su parado no era firme, se tallaba las manos, pienso que tenía más interés en salir corriendo que en tener que hablar frente al público y los jueces. El hermano menor, por el contrario, era todo sonrisas, se mostraba ganador antes de empezar, enseñaba el documento, que traía como prueba, con evidente satisfacción y seguridad; estaba muy bien parado, erecto; sus ademanes eran amplios y comunicativos y se notaba deseoso de pasar a exponer sus argumentos.

—Tener la razón es una cosa; convencer, otra —añadió el instaurador.

—Ante un público dice más lo que se siente que lo que se piensa. El hermano mayor, por medio de sus titubeos en la tribuna, pareció mentiroso y perdió el juicio.

—¿Qué hábitos podrías deducir que estaban presentes en los hermanos?

—Atendiendo a que la historia sólo consigna a los ganadores, puedo deducir que el hermano menor llegó bien preparado para el juicio, la seguridad que mostraba requiere trabajo previo, lo que nos dice que es un hombre responsable. Se expresó además con fluidez y lógica; pienso que debió ensayar su discurso varias veces, y esto significa perseverancia. Su pensar, su decir y su hacer se notaron en un mismo cauce de donde deduzco que es congruente.

—Tus palabras confirman que los buenos hábitos conducen al éxito. Pasemos al segundo juicio, solicitó el instaurador.

—En este caso —respondió la bordadora—, nos encontramos con una situación compleja, ya que, a mi manera de ver, estamos frente a un cínico, que puede usar en su provecho sus habilidades y que es una persona inmoral. ¿Es válido el mal uso de buenos hábitos?

—No creo que el mayordomo contara con buenos hábitos de pensamiento. Empezando por la honestidad que, de acuerdo con tu juicio, no estaba presente. No existe respeto donde alguien se apropia ilegítimamente de lo que pertenece a otro; tampoco existe la responsabilidad en quien utiliza su posición para dañar a quien lo emplea. No hay congruencia donde tus palabras y tus acciones difieren. Tenemos simplemente a un embustero habilidoso, no a un hombre de buenos hábitos.

—Pero este tipo de personas hacen daño y obtienen éxito.

—Depende de lo que consideremos éxito. Los verdaderos triunfos dejan satisfecha a tu conciencia y puedes compartirlos con los demás. Un robo no descubierto es un logro para el ladrón que mantendrá la acusación en su conciencia y que necesita esconder en silencio.

—O sea que la conciencia es el fiel de nuestra balanza entre el bien y el mal.

—Y a todo esto —dijo el instaurador—, ¿por qué consideras que el mayordomo perpetuó el robo?

—Porque el vocabulario de los gestos es más preciso que el de las palabras. Cuando veía a su patrón, tenía una sonrisa burlona que manifestaba que le ganaría el juicio y le había birlado el dinero. Es la sonrisa del niño que hizo la travesura, pero cuando se descubre, sabe que pude negarlo con tranquilidad, porque no hay manera de probar su culpabilidad.

—Pasemos al tercer caso. El asesino culpable.

—Aunque su esposa y su suegra se habían confabulado para hacerle la vida desgraciada, y despojarlo de todo dinero que ingresaba, no hay justificación en las leyes humanas para matar a las mujeres. Pero en la mente de este hombre no sólo se dio el permiso para asesinar, sino la satisfacción de lograr su venganza. Sabía que le esperaba la condena y la muerte, y no intentó siquiera defenderse. Admitió su culpabilidad y no dijo más.

—Tú sabías que eso haría...

—No al detalle, pero sí pude leer en su cara que se consideraba culpable y lo confesaría. Pensé que tal vez presentaría argumentos en busca de un perdón que le salvara la vida, pero no lo hizo.

—Tienes talento para recoger en los gestos de las personas su pensar y debes usarlo para bien —dijo el instaurador—, una habilidad que no se usa se convierte en una rémora en nuestra vida. Debemos conocer nuestras habilidades y ponerlas en juego para servir a los demás, lo que incluso redunda en el bien propio.

—Hablando de hábitos, creo que simplemente he adquirido el de observación —añadió la bordadora—, que además está al alcance de todos. Yo no era muy observadora, pero siendo joven empecé a descubrir en el rostro y los ademanes de mi tía lo que pensaba, y me di cuenta de que esto me daba oportunidad de protegerme de su trato abusivo. A partir de entonces me aficioné a leer la comunicación que el rostro y otras partes del cuerpo expresan, lo que me ha sido muy útil. Como todo hábito, es cuestión de interesarse por adquirir la habilidad y practicarla reiteradamente, y como arte de magia, en un momento dado, eres dueña de la capacidad y la puedes utilizar de ahí en adelante sin mayor esfuerzo y con gran provecho.

—Tus palabras me dejan muy satisfecho —dijo el instaurador del arregosto—, has entendido la utilidad de los buenos hábitos y cómo, mediante la repetición de la conducta deseada, te adueñas del hábito que se convertirá en tu aliado permanente. Me resta pedirte que hagas una última tarea, pero la más importante de todas: toma una hoja, anota como encabezado "Mis hábitos", divídela en dos y a una columna la denominas "Malos" y a la otra "Buenos". Dedica amplio y concienzudo tiempo para anotar en cada columna los hábitos negativos que tienes y los positivos que consideras que te hacen falta. Clasifica cada columna por orden de importancia, los negativos en función del daño que te producen y los positivos por el beneficio que calculas que te aportarán. Terminada y ordenada tu lista, empieza por los que encabezan cada columna, abordándolos con decisión. Al negativo lo tendrás que combatir, para desterrarlo, mediante la supresión reiterada de su acción: si quieres eliminar, por ejemplo, el hábito del pesimismo, cada vez que tu mente reaccione pensando negativamente ante una circunstancia, oblígate a suprimir dicho pensar y sustitúyelo por el contrario, imagina lo bueno que la circunstancia puede traer. Para hacerte del hábito positivo, tendrás que provocar la acción deseada cada vez que sea oportuna, una y otra vez, como lo has hecho con la observación. Felicítate cada vez que has tenido éxito con uno de ellos y alcanzado el primer par de la lista, sigue en orden con los demás. Trabaja de dos en dos, no quieras adueñarte de todo el botín desde el principio, ve de poco en poco, pero no te detengas.

—Puede ser una actividad de por vida, ya que la lista resultará grande.

—Nos construimos como personas desde que nacemos y mejorarnos debe ser una tarea permanente. Cuando se termina de construir una casa, se inicia el proceso de mantenimiento, que será continuo si deseamos vivir en un sitio agradable. Empieza a trabajar en este programa desde mañana, yo estaré a tu lado para apoyarte y supervisarte, y cuando se termine el año y debas regresar con el maestro, estoy seguro que habrás subido los escalones más valiosos, pero sobre todo, serás dueña de tu proceso continuo de automejora.

Meses después, la bordadora caminaba feliz al encuentro con el maestro; deseaba agradecerle haberla inducido a un proceso tan enriquecedor de su persona; quería narrarle sus progresos en la valoración de los hábitos, combatiendo los negativos y adquiriendo los positivos, y dispuesta a ponerse a sus órdenes para la tarea que le quisiera encomendar.

Camino al encuentro con la felicidad
y la trascendencia

Dotarse de hábitos provechosos es adquirir las herramientas que nos hacen productivos y agradables y nos llevan al encuentro con la amistad y el éxito. Hay que hacerlo.

VII

*La primera persona en la que necesitamos
confiar es en nosotros mismos*

—¿Le puedo vender unas sandalias nuevas? —dijo enseñando los pares que cargaba.

—Gracias, no las necesito.

—Las que trae se ven desgastadas.

—Pero me acomodan y me pueden servir por un buen tiempo más.

—¿Entonces, no...?

—No, gracias.

El zapatero se alejó cabizbajo.

El maestro se le quedó viendo y lo llamó:

—Te diste por vencido muy pronto, ¿por qué?

—Creo que no le gustó mi producto; además, a lo mejor tiene razón, si su calzado le acomoda para qué comprar uno nuevo.

El maestro tomó varios de los pares de sandalias que cargaba el zapatero y los examinó:

—¿Tú los fabricas o sólo comercias con el calzado?

—Soy zapatero, señor, yo los fabrico y luego salgo a venderlos. No sólo hago sandalias, sino también zapatos cerrados y botas.

—Fabricas zapatos de muy buena calidad, no sólo están bien hechos, sino que la piel y las suelas son materiales de primera.

—Así es, señor, tengo experiencia, conozco mi oficio y utilizo materiales de alta calidad, pero pocas personas como usted reconocen que mi trabajo está bien hecho.

—La gente no suele alabar el producto que va a comprar para poder regatear el precio.

—Ahí es donde fallo. Me da pena discutirle el precio al comprador y termino dando mi producto por muy poco dinero.

—El precio justo es el gran debate desde que se creó el dinero. Vendedor y comprador ven la misma mercancía, pero desde un ángulo diferente y cuando las monedas entran en juego, el ansia del beneficio personal atropella a la justicia, y habrá un perdedor en el más necesitado de los involucrados.

—Creo que yo soy del grupo de los perdedores —añadió el zapatero.

—Veo en ti a un hombre de valía que no sabe reconocer su valor —dijo el maestro—, pero que te podrás revaluar cuando el dinero deje de ser tu medida. El Señor, mi Dios, me ha conferido la misión de propagar su mensaje, de invitar a los hombres a trascender poniendo al servicio de sus prójimos sus capacidades. Estoy formando un equipo de discípulos para esparcir la buena nueva. Te invito a ingresar a este proyecto.

—Maestro, tú debes ser un iluminado, desde que inicié plática contigo, un remanso de paz se apoderó de mí; sentí la confianza de abrirte mis pensamientos, siendo un desconocido, y tu invitación me honra, pero no estoy a la altura de lo que requieres, soy un zapatero que no sirve para vender zapatos.

—Eres un hombre de bien y eso es lo único que cuenta. La preparación que te falte, te la daré; sólo requiero tu voluntad, yo me encargo de lo demás.

—Tu espíritu me ha colmado, por voluntad puedes disponer de mí, pero te arrepentirás de haberme invitado cuando te des plena cuenta de mis limitaciones.

—Yo veo el espíritu que está dentro de ti, la envoltura externa la podemos modelar.

—Digamos que me tomas a prueba, para que no me ilusione demasiado y tú no te apenes si tienes que despedirme.

—Si eso te tranquiliza, considerémoslo así —dijo enfático el maestro—. Es un trabajo que no tiene paga en dinero, pero no te faltará lo necesario para una vida decorosa.

—Así pensé que sería tu oferta y la acepto.

—Deberás viajar a la isla larga a buscar a la promotora de fiducia, ella se encargará de prepararte para que recuperes tu estima personal. Tu viaje y preparación tendrán una duración de un año. ¿Cuándo podrás partir?

—Te pido que me des tres días. Tengo dos hijos jóvenes que trabajan conmigo, el mayor aprendió el oficio con facilidad y hace trabajos de similar calidad a los míos; el otro es un comerciante nato que sabe vender mucho mejor que yo. Quiero organizarlos para que a mi familia no le falte lo necesario para vivir mientras los dejo. Además, necesito despedirme de mi esposa.

—Muy bien. En tres días nos veremos a medio día bajo el gran roble, a la salida norte del pueblo, para darte las indicaciones finales.

El zapatero recibió la bendición del maestro, después de las instrucciones para encontrar a la promotora de la fiducia e inició el viaje de inmediato.

Se había provisto de un viejo burro de carga para llevar varios atados de zapatos con la finalidad de irlos vendiendo durante el viaje para proveerse de recursos. También cargaba sus herramientas para seguir ejerciendo su oficio cuando la dotación de su mercancía se terminara.

Tres días de largas caminatas lo llevaron al puerto donde debía embarcarse rumbo a la isla. Dado que arribó cuando la noche había caído sobre la población, encontró la posada repleta, sin posibilidad de quedarse en el patio porque las puertas se habían cerrado, con el aviso del cupo lleno.

Caminó a la orilla de la población, donde las casas estaban dispersas, pero aún dentro del recinto fortificado, y decidió pasar la noche al pie de un frondoso árbol. Amarró el burro al tronco, pero tuvo la precaución de atar el extremo de la cuerda a la muñeca de su brazo. Se arropó con una frazada y a los pocos minutos el cansancio del viaje lo sumió en un sueño profundo.

Los primeros rayos del sol le abrieron los ojos. Como un resorte se puso de pie. Paseó la mirada por todos lados, le dio la vuelta al árbol, y el burro con su cargamento no se veía por lado alguno. De su muñeca colgaba un trozo de cordel, cercenado con precisión. Coraje, recriminación, impotencia, angustia, los sentimientos le recorrían el cuerpo de la cabeza a los pies. Daba unos pasos hacia un lado y luego hacia el otro, sin poder organizar sus pensamientos.

Tal vez el animal se había soltado, pero el corte del cordón de su brazo no dejaba duda: había sido robado.

¿Quién? ¿Por qué? ¿Qué clase de personas vivían en aquel lugar? Buscaría al alguacil para presentar su queja, aunque conocía que las posibilidades de recuperar a su animal y su mercancía eran prácticamente nulas.

Analizando su situación, sintió alivio al darse cuenta que el bulto donde cargaba sus herramientas se había salvado por haberlo utilizado como almohada en la noche. No tenía producto, pero al menos tenía con que trabajar.

La oficina del alguacil estaba repleta: personas detenidas en separos enrejados, acusadores irritados, defensores argumentando, vigilantes públicos aburridos, escribanos, mendigos y vendedores de ¡anta cosa, todos agolpados en un local largo y angosto. Casi tres hora¡ ¡¡vo que esperar el zapatero para que un escribano indiferente tomara nota de su queja y prometiera, por decir algo, que buscarían al culpable y procurarían restituirle sus bienes.

El zapatero conocía a un comerciante de pieles al que había comprado en algunas ocasiones material para el calzado, y decidió visitarlo.

El comerciante lo recibió con gran amabilidad, pero en cuanto fue escuchando la narración del zapatero y se dio cuenta de que no se trataba de una venta, sino de hacer un favor económico, fue transformando su semblante, haciéndolo cada vez más adusto, y a manifestar claros deseos de terminar la entrevista.

Ante la solicitud de ayuda económica, arguyendo que los negocios pasaban por un mal momento, prestó al zapatero el diez por ciento de lo que le solicitó, casi como una limosna, pero para mostrarse generoso, sabiendo el interés del zapatero de viajar a la isla larga, le dijo que conocía al capitán de uno de los barcos que estaban anclados en el puerto y que le pediría que lo recibiera como pasajero dispuesto a pagar su boleto con trabajo, lo que, según el comerciante, era una concesión muy difícil.

El zapatero, al comprender que el robado, además de ultrajado, parece apestado, y la gente más que compadecerse lo evitaba, decidió dejar en el olvido el incidente y reiniciar el viaje con una visión diferente.

Después de mucho indagar, el zapatero encontró al capitán del barco, acompañado de dos compinches de su tripulación, en un bar de mala muerte, a punto de beber la copa de transición entre la alegría festiva y la borrachera.

En cuanto el zapatero le presentó su solicitud, el capitán, un hombre enormemente grande, con una barba rojiza que se unía a un largo bigote, con la visión algo descompuesta, le dijo que el comerciante le había pedido que lo recibiera como marino sin sueldo para viajar a la isla larga, y le indicó que se presentara, al amanecer del día siguiente, en la goleta roja de velas azules, que levaría ancla en las primeras horas del día, si la mar lo aconsejaba.

Hombre de tierra, el zapatero que no se había embarcado antes, sentía estar parado en un temblor de suelo permanente; su vista bailaba al son de las olas y caminaba por cubierta como si el capitán le hubiera traspasado su borrachera. Había descargado el estómago por la boca varias veces y pensaba que, si había ofendido a Dios a lo largo de su vida, había pagado toda su penitencia, y apenas culminaba el primer día de navegación. Quedaban cinco más. "Si llego vivo a la isla", razonaba, "será porque el maestro enviará a sus ángeles a cuidarme y además querrá decir que tengo una misión importante que cumplir".

Pero no era un pasajero con posibilidad de recostarse a lamentar su mala salud, era un grumete bajo el mando tiránico de un capitán mal hablado y exigente. Tal vez fue la obligación de tener que realizar en todo momento una tarea, lo que ocupó su mente y su cuerpo, logrando que el zapatero dejara atrás el mareo al segundo día. De hecho, cuando desembarcó en la isla, sentía ser un marinero competente, aunque todavía no podía ubicar con precisión los nombres de los aparejos marinos.

El puerto en que desembarcó no era sino un conjunto de unas cuantas casuchas con techo de palma y un muelle de madera desvencijado.

Con acarreos en lancha, desembarcaron y cargaron unos cuantos bultos y la goleta emprendió de nuevo su travesía, perdiéndose en el horizonte, como si el mar se la hubiera tragado, mientras el zapatero la contemplaba, sintiendo que se desconectaba del mundo que conocía, para quedar aislado en lo desconocido, como huérfano de su civilización.

Indagando sobre el paradero de la promotora de fiducia, se enteró que la encontraría en la ciudad, como denominaban los moradores de la playa al poblado ubicado al centro de la ínsula.

Aquella isla debía su mote a ser un trozo de tierra estrecho y largo. Desde los promontorios de la isla se podían apreciar dos lados del mar; en cambio, a lo largo se requerían dos jornadas de caminata, a buen paso, para recorrerla.

En el centro, adonde llegó después de seis horas de caminata, se encontraba un pueblo que se adaptaba a la forma de la isla: contaba con sólo tres calles, pero muy extensas, dando a la población la apariencia de un rectángulo largo y angosto.

Por si no hubiera caminado suficiente, la morada de la promotora de fiducia se encontraba al final del poblado, al extremo opuesto de su lugar de arribo.

La puerta de la casa contaba con un grueso y oxidado arillo de fierro como aldaba y a pesar de reiterados toques no había respuesta. La vecina, tal vez molesta por los repiques en la puerta, salió a informar que la dueña de la casa no estaba, que tardaría unas horas en regresar.

El zapatero se acomodó, sentándose en el umbral de la puerta, y el cansancio de la caminata se encargó de dormirlo en poco tiempo.

Zarandeado por dos hombres, el zapatero fue súbitamente arrojado de su sueño a la vigilia. Frente a él, además de sus despertadores, se encontraba una mujer bastante gruesa, morena, con robustos brazos rematados en finas manos que apoyaba en la cadera en posición de reto, que confirmaba su parado con el compás de las piernas abierto.

—Y usted, ¿quién diablos es?, ¿qué hace en la puerta de mi casa? —preguntó la promotora de fiducia.

Poniéndose de pie y estirando lentamente los brazos para acabar de tirar el sueño, el zapatero narró su encuentro con el maestro y la misión encomendada, ante la mirada inquisitoria de los dos hombres que acompañaban a la dueña de la casa.

La promotora planteó algunas preguntas respecto al aspecto del maestro y, cuando quedó convencida de la veracidad del zapatero, despidió a los dos hombres, que resultaron ser unos vecinos que acudieron a respaldarla ante la presencia del extraño frente a la casa.

La promotora dio de beber y comer al cansado viajero, para proceder a continuación a interrogarlo sobre su vida. Le quedó claro que el maestro había sido, como siempre, atinado en enviarle al hombre.

—Te será útil entender que la autoconfianza nace de saberse capaz de hacer bien lo que se quiere emprender —dijo la promotora de fiducia—. Dado que llegamos al mundo con la mente casi en blanco para las tareas externas a nuestro cuerpo, todo lo que queremos hacer lo tenemos que aprender antes. Por lo tanto, el primer paso es aprender y aprender bien.

—Pero no siempre hay quien nos enseñe, muchas veces tenemos que aprender echando a perder.

—El agua no va a brotar a nuestros pies, tenemos que ir por ella, tenemos que hacerla llegar a nuestro sembradío si queremos cosechar.

—Cuando niños puede ser una tarea fácil, porque estamos rodeados de personas dispuestas a ayudarnos, pero como adultos es más difícil. De hecho, muchas personas son renuentes a enseñar, temen perder su posición, les atemoriza alimentar a posibles competidores.

—Se aprende también viendo, haciendo las preguntas correctas, buscando a la persona indicada. Siempre hay medios de aprender para quien está decidido a adueñarse del conocimiento. La voluntad encuentra la solución si persevera.

—No todos tenemos el temple heroico.

—El héroe es un hombre normal decidido a llegar a donde los demás no se atreven.

—Pero siempre está presente la posibilidad del fracaso.

—Si eliminas esa posibilidad de tu mente verás los problemas como obstáculos removibles y no como murallas infranqueables.

—Lo que no elimina los imponderables.

—Tu muerte puede llegar en cualquier minuto, pero si vives pensando en ella te quedarás tirado en la cama esperándola y te perderás el maravilloso espectáculo de la vida.

—La lección, entonces, es que hay que atreverse.

—Pero con inteligencia, con conocimiento. Primero aprende y luego haz.

—El punto es que la confianza parte del conocimiento.

—Así es. Cuando dejaste el puerto para encaminarte para acá, ¿dudaste poder llegar?

—No, sabía que era una caminata larga, pero es algo a lo que estoy acostumbrado.

—Sabías que sabes caminar y que es lo que requerías para llegar. Estuviste siempre confiado en arribar y lo conseguiste. Te tuviste confianza para esa tarea porque implicaba algo que sabes hacer.

Ante los golpes que se escuchaban en la puerta, la promotora de fiducia se paró para abrir. Era un matrimonio joven que trabajaba al servicio de la casa y que se disculparon por llegar tarde. La promotora les ordenó que prepararan la habitación de visitas y le recomendó al zapatero que se fuera a descansar.

A la mañana siguiente, después de compartir fruta y leche de cabra con pan con su anfitriona, el zapatero fue invitado a realizar una visita.

—Iremos a saludar a mi hermano —dijo la promotora—, es el comerciante más próspero del poblado.

Tuvieron que salir del pueblo, cabalgando como media hora, para toparse en lo alto de una colina con un palacio, rodeado de una muralla con almenas. Entre el muro y la casa se extendían amplios jardines con árboles frutales y flores de los más diversos colores.

El hermano los recibió en una sala amplia con pisos y paredes recubiertas de mármol, con hermosos muebles de madera laqueada sobre los cuales se podían admirar variados adornos de oro y plata.

Los hermanos se abrazaron cariñosamente y la promotora de fiducia presentó al zapatero. El hermano ordenó a los sirvientes que les trajeran vino y una vez provistos de sendas copas y de platillos con dátiles y nueces, la promotora pidió a su hermano que narrara la historia de su vida, que sería muy ilustrativa para el visitante.

—Me vi precisado a iniciarme en el comercio sin buscarlo —empezó diciendo el hermano—. Mi mejor amigo, en mi juventud, era hijo único y vivía con su padre, un hombre de edad avanzada que había quedado viudo y que comerciaba con telas y contaba con un gran almacén. Yo frecuentaba mucho la casa de mi amigo y su padre me tomó mucho cariño, al que correspondí. Inesperadamente, mi amigo contrajo una fiebre que en unos cuantos días lo llevó a la tumba sin que los médicos pudieran hacer nada por él. Su padre entristeció tanto, que dejó de comer y prácticamente perdió interés por vivir. En su lecho de muerte, el anciano me nombró como único heredero de su comercio, de modo que sin proponérmelo ni quererlo, de pronto me vi dueño del almacén de telas. Lejos de sentir gozo por la herencia, estaba muy asustado, no tenía experiencia alguna en el comercio y además consideraba que no tenía facilidad para vender ni telas ni cosa alguna.

El zapatero aprovechó para citar que él tenía el mismo sentimiento en su persona.

Sin dar mayor importancia al comentario del zapatero, el hermano continuó:

—... Para complicar más las cosas, el encargado del almacén de te-las, que había sido un empleado cumplido con el dueño original, sin-tió desagradable mi presencia en el negocio, tal vez esperando que la herencia debía ser para él, notando en mi persona la ignorancia y la in-competencia para el trabajo, de manera que se convirtió en indolente y hasta irrespetuoso conmigo.

—Podrás notar —intervino la promotora de fiducia—, que el inicio de sus labores comerciales no fue nada fácil para mi hermano.

—Yo me sentía cada vez más insignificante en el negocio y el encar-gado se pavoneaba frente a clientes y empleados como si él fuera el due-ño y yo el empleado —continuó narrando el hermano—. Mi autoestima estaba en el suelo. En ese tiempo, cortejaba a quien ahora es mi esposa y ella se dio cuenta de mi situación y me hizo ver la necesidad de capa-citarme como vendedor y administrador de un negocio y me aconsejó dejar en manos del altivo encargado el almacén de telas e irme a un po-blado, a tres jornadas de distancia, donde vivía un tío de ella que era un comerciante exitoso en muebles y enseres para la casa. "Tu encargado jamás te enseñará los secretos del negocio, —dijo ella—, pero mi tío si lo hará". Me entregó una carta para el tío y partí siguiendo su consejo.

El zapatero, que se había interesado en la narración, preguntó sobre la acogida que le dio el tío de su novia.

—Fue un hombre formidable, como un padre para mí. Nuestros padres —dijo el hermano señalando a la promotora—, habían muerto de una peste que se dio en la población unos años atrás, y el tío se convirtió en mi preceptor y mi tutor. Era, en efecto, un excelente comerciante, pero además resultó un estupendo maestro que me enseñó todo lo necesario para el manejo de una empresa; sobre todo, le aprendí los medios para ser un vendedor exitoso. Todo esto me dotó de una gran confianza interna.

El zapatero, cada vez más interesado en la narración, preguntó si el encargado del almacén de telas sabía del entrenamiento que estaba recibiendo.

—Me cuidé de que no lo supiera —respondió el hermano—, simplemente le dije que tenía que hacer un viaje, de modo que cuando regresé, casi dos años después, lo encontré más soberbio que nunca. Le pedí que me mostrara los libros del negocio para verlos. Pensando que continuaba con la ignorancia anterior, me los entregó sin reserva, incluso burlonamente me preguntó si los podía entender. En un par de días descubrí lo que ya sospechaba: el encargado se embolsaba una buena parte de las ganancias, de modo que lo cité una mañana y le dije simplemente que estaba despedido y le advertí que no le daría gratificación alguna porque ya se había robado más de lo que merecía y le hice ver que había sido tan torpe que sus propios asientos en los libros lo condenaban, de modo que se diera por bien servido con el hecho de que no lo llevara a juicio.

El zapatero preguntó por la reacción del encargado.

—Quedó sorprendido, pero ante las evidencias que le mostré en los libros, no tenía alternativa, aunque, todavía con pedantería, me advirtió que en unos meses lo tendría que llamar para evitar la quiebra. No he vuelto a saber de él y el negocio es ahora cuando menos veinte veces más grande que cuando él lo atendía.

—Veo la razón de esta visita —le dijo el zapatero a la promotora de fiducia—. Ojalá yo tuviera un tío como el vuestro —dijo ahora al hermano.

—Mi hermano será ese tío —respondió la promotora—, te quedarás a vivir con él para que le aprendas todo lo que puedas, pero además yo estaré visitándote con frecuencia para asesorarte y constatar tus avances.

—Será un gusto ser tu tutor —añadió el hermano—, me encanta transmitir mis conocimientos, mis experiencias. El saber que se queda dentro de la persona la estanca, el que se comparte le da vida.

El zapatero se convirtió en la sombra del hermano, lo acompañaba todo el día observando cómo manejaba el negocio que contaba con varias sucursales, incluso en otros países.

—Aprendí a comprar donde se producen los artículos, así evito intermediarios y obtengo mejores costos, lo que me permite ofrecer a mi clientela los mejores productos al menor precio —le indicaba en una ocasión el hermano, añadiendo—: y estando en aquellos lugares me di cuenta de que podía establecer en ellos un comercio y así fui creando nuevas sucursales que son tiendas y al mismo tiempo centrales de compras para todos mis comercios.

—Envidio tu facilidad para vender —le dijo el zapatero en una ocasión—, yo me pongo nervioso, me enredo en mis palabras y vendo poco.

La respuesta del hermano fue:

—No necesitas vender, sino que tus clientes te compren. Por ello necesitas seleccionar primero a tus prospectos de acuerdo con la mercancía o el servicio que ofreces. Por ejemplo, yo manejo brocados muy costosos y tapetes de la más alta calidad, a los que familias enteras han dedicado años de trabajo para confeccionarlos, este es un material que sólo puede ser comprado por personas muy ricas. Pero también manejo telas de algodón muy sencillas, de un solo color, que son durables y de buena calidad, pero de precio reducido. Si ofrezco estas telas a un hombre rico se ofenderá, de igual manera que si a una persona de recursos limitados le ofrezco el costoso tapete.

—Veo que la venta inicia con la adecuada selección de prospectos —intervino el zapatero.

—Una vez escogido el prospecto adecuado dirígete más a su corazón que a su intelecto —continuó el hermano—. Al hombre rico, menciónale un cliente importante que te haya comprado un producto similar, la gente gusta seguir las tendencias de personas de su medio. Te van a comprar ya sea por el deseo de poseer algo de lo que carecen o para no perder la posición que tienen. Lo segundo les resulta más importante, porque nadie quiere bajar un escalón en el rango social.

—Muchas veces compramos para ser envidiados —dijo el zapatero, añadiendo—: creo que si se sabe uno envidiado se sabe uno triunfador.

—Entender los resortes que mueven a la compra es el camino para convertirse en vendedor exitoso. Te felicito por tus conclusiones —dijo el hermano—, palmeando en la espalda al zapatero.

Una tarde en que el sol había sido devorado por las nubes y soplaba un viento húmedo que presagiaba lluvia, la promotora de fiducia se presentó a platicar con el zapatero.

—Mi hermano está muy satisfecho de tu desempeño, dice que aprendes pronto y bien.

—Gracias —respondió el zapatero—, cuando el maestro hace apetecible el conocimiento dan ganas de devorarlo y saborearlo.

—Pero es importante investigar qué tanto se ha quedado contigo. La información nos llega, juguetea en nuestra mente, pero mucha nos abandona sin dejar rastro. Sólo el conocimiento que se queda a vivir contigo es útil.

—Yo noto lo que se ha quedado conmigo cuando ante un nuevo problema puedo hacer uso de lo aprendido para resolverlo. Si recuerdo el conocimiento y al aplicarlo da resultado, sé que mi patrimonio intelectual ha crecido.

—¿Crece también tu confianza?

—Desde luego. Admito que la desconfianza y la ignorancia son hermanas.

—Pero debes provocar el empleo frecuente del conocimiento. Si no aplicas lo que sabes, se desmorona lo aprendido y el pan se vuelve migajas.

—He descubierto —citó el zapatero— que es útil anotar lo aprendido. No todo lo que hemos estudiado tiene uso cotidiano; hay conocimientos que se emplean ocasionalmente y que se han dormido en la memoria, cuando se requieren se pueden recabar en el apunte.

—Los libros son también fuente de enseñanza que maestros ausentes pueden impartirnos.

—El libro es una escuela que vive con nosotros. Tu hermano me ha impuesto la costumbre de un periodo fijo de lectura diaria y me ha dotado de valioso material. He adquirido así el hábito más provechoso.

—Veo una transformación positiva en tu persona —dijo la promotora—. Has cambiado el espejo en el que ves tu interior y cuando crece nuestra autoestima nuestro actuar en el mundo es más positivo. No se trata de sobrevaluarse y caer en una vana presunción, que no teniendo sustento será una casa sin cimientos barrida por el viento, lo que se requiere es descubrir lo valioso que hay en cada uno de nosotros, conocer nuestras habilidades, reforzarlas con el estudio, y dedicarnos a ponerlas en práctica al servicio de los demás y, por añadidura, la felicidad se instalará a nuestro lado y seremos promotores del desarrollo de nuestros prójimos y del bienestar social.

—Estoy de acuerdo contigo —dijo ahora el zapatero—, pero la vida tampoco es un cuento feliz en donde todo se alcanza con una actuación confiada e inteligente.

—La vida tiene sol y luna, cielo azul y viento fresco, pero también huracanes y temblores, enfermedad y muerte, e incluso, desgraciadamente, hombres maliciosos que pisotean los derechos de los demás para encumbrarse y dominar, pero una ciudad se construye casa por casa, cada uno tenemos un entorno primario que cuidar y es nuestra persona. Si empiezas por ti y te construyes, y reconstruyes en una permanente lucha por ser mejor para ti mismo, y dotado de ética, amor y confianza, estás sembrando tu parcela para dar los mejores frutos que te sea posible. Ordenada tu casa, convive con tus vecinos, sé ejemplo, colabora con ellos para que embellezcan también su casa, lo que producirá un vecindario agradable. Si tus posibilidades y alcances son mayores, sal ahora a tu poblado y promueve tus principios para que la mayoría de las casas que lo conforman cuenten con belleza interna y externa, y así, según tus fuerzas y tu interés, puedes seguir ampliando tu círculo de influencia positiva, pero todo empieza contigo.

—Además, pienso —intervino el zapatero— que nuestros grandes logros son la suma de pequeños éxitos; llegamos a un lugar sumando pasos. La hora es una adición de minutos; el río es un conjunto de gotas de agua; la acumulación de piedras hacen la montaña y nuestra historia es el resultado de nuestro diario actuar.

—Por ello —se apuró a intervenir la promotora de fiducia—, debes construir una cadena de éxitos para forjar tu autoconfianza. Empieza con una tarea pequeña y llévala a feliz término; felicítate y gana confianza para plantearte ahora una tarea un poco mayor que la anterior, obtén el resultado esperado y nuevamente congratúlate, gana más confianza para emprender un reto mayor. Así, escalón por escalón, puedes seguir ascendiendo tanto como quieras.

—He descubierto —dijo el zapatero— que sólo logro aquello de lo que primero estuve convencido que podía lograr.

—Por ello debes vigilar lo que piensas. Todo pensamiento negativo es un freno en tu vida. Los sentimientos de odio, de venganza, de rencor envenenan tu vida entera y suelen pasarle inadvertidos a los destinatarios. El daño que quieres para ellos te lo haces a ti. Reparte optimismo, alegría, esperanza positiva y tú te quedarás con los mejores frutos de tus deseos.

—Hay personas a las que es fácil querer, pero otras tienen el alma envenenada y buscan dañarte a toda costa.

—Aprender a rodearte de personas buenas, positivas y honestas es como sembrar flores alrededor de tu casa. Las personas que escoges para acompañarte en la vida hacen la gran diferencia porque hábitos, intereses y maneras de actuar y de pensar se contagian entre quienes conviven con frecuencia.

—Los amigos encauzan o desbocan nuestra vida.

—Y para continuar siendo los amigos que buscamos tu bien —dijo la promotora de fiducia—, mi hermano y yo pensamos que debes poner en juego lo que has aprendido y la confianza ganada. Para ello queremos que te hagas cargo de la sucursal del negocio en el poblado de la punta norte de la isla. Es una tienda pequeña y queda a una jornada de distancia de donde estamos, por lo que puedes acudir a nosotros en poco tiempo si requieres algo o surge algún problema.

—He progresado en el conocimiento del manejo del negocio y en mi autoconfianza —respondió el zapatero—, pero no soy experto en telas ni en su venta y no quiero dañar su patrimonio con mis errores.

—Llevarás la administración, la tienda tiene dos vendedores con experiencia, que seguirán manejando la venta directa. Necesitas desprenderte de nuestra tutela para probarte y refrendar tu confianza pasando del aprendizaje a la aplicación.

—Confieso que me da temor la tarea, pero tienes razón, mientras no ponga en práctica por mí mismo lo que me han enseñado no sabré si lo he aprendido. Acepto y gracias por la oportunidad.

El zapatero emprendió camino al norte de la isla al día siguiente y, tras una tranquila jornada en la que sus ojos se llenaron de azul, entre las vistas marinas y el cielo despejado, llegó a un poblado pequeño, pero limpio y tranquilo. Todas las casas estaban encaladas y ubicadas en desorden provocando calles torcidas que como serpientes reptaban hacia la plaza central, el único sitio ordenado en un cuadrado amplio, pavimentado con losetas de piedra, teniendo por único adorno una fuente grande al centro.

La tienda se ubicaba a unos metros de la plaza, en una edificación de dos pisos, donde la planta baja estaba ocupada por la tienda y una bodega en la parte de atrás; en el segundo nivel se encontraba el área habitacional con dos recámaras, un baño y una estancia que servía de cocina, comedor y sala. Una de las recámaras, la mayor, estaba reservada para el encargado de la tienda y estaba preparada para recibir al zapatero.

En la otra recámara vivían los dos vendedores y contaban con la asistencia de una mujer mayor y refunfuñona que se encargaba de la limpieza, tanto de la casa como de la tienda, preparaba la comida y dormía en la bodega en un pequeño catre.

El zapatero fue recibido por sus compañeros de vivienda con amabilidad, pero con frialdad; diríase que con desconfianza. El encargado anterior llevaba varios años al frente de la tienda y acababa de ser transferido a una tienda mayor en tierra firme, ante el fallecimiento del encargado de aquel negocio. Se habían acostumbrado al anterior jefe, particularmente los vendedores habían hecho amistad con él, y además de resentir su ausencia, dado que las personas nos apegamos a nuestros afectos y a la rutina en los estilos de mando, les molestaba tener que asimilar lo que sería necesariamente un nuevo modo de autoridad, además de sentir, ambos, que merecían la oportunidad de heredar ellos la jefatura que venía a ejercer el zapatero.

El zapatero enfrentaba dos retos: establecer la autoridad de encargado de la tienda sabiendo que sus empleados conocían los materiales que se comercializaban mucho mejor que él e integrar con ellos un equipo de trabajo productivo que, en corto plazo, permitiera mejorar la rentabilidad del negocio, lo que sentía debía ser su meta para responder a la confianza depositada en él y como un logro personal. Todo esto debía hacerse pronto porque le quedaban unos meses para regresar con el maestro a cumplir la cita establecida, y también cumplir con la misión que los hermanos le habían encargado, de seleccionar a uno de los dos vendedores para que fuera el siguiente encargado de la tienda cuando él terminara.

Había decidido no avisar a los vendedores ni de su corta estancia ni menos que uno de ellos lo sucedería, porque calculaba que en vez de lograr un grupo de trabajo coordinado, establecería una pugna entre los dos empleados para conseguir el puesto directivo.

Lo primero que solicitó el zapatero fue ver los libros que registraban las ventas y las compras. El hermano le había enseñado que los negocios se manejan con números; éstos, a diferencia de las personas, le había dicho, no saben mentir y son fiel reflejo de los resultados. Además indican, si no cuadran bien, el dolo o incompetencia en el manejo del negocio. Cuando las explicaciones son verbales, decía el hermano, es fácil encubrir las faltas de eficiencia o de honestidad, pero los números carecen de palabras y explican los sucesos sin sentimientos ni ocultamientos.

El zapatero dedicó dos días a revisar los resultados numéricos del negocio en los últimos años y llegó a la conclusión de que se había manejado la tienda con honestidad, pero que se había caído en un conformismo produciendo utilidades moderadas, a un mismo ritmo, año tras año. No se notaba ningún signo de crecimiento, de superación; se trabajaba bajo la ley del mínimo esfuerzo.

Revisó a continuación las compras e hizo un inventario del almacén y de la tienda, y pudo ubicar las telas que tenían mayor o menor venta. Descubrió incluso materiales en el almacén que llevaban largo tiempo guardados sin movimiento.

Con estos elementos a la mano, citó a los dos vendedores a una reunión una noche, después de cerrada la tienda. Les reveló lo que su análisis de los libros y las existencias mostraban y les manifestó su deseo de emprender una campaña para mejorar los resultados de la tienda: quería incrementar las ventas en cuando menos un veinte por ciento en tres meses y tenía la intención de acabar en ese periodo con las existencias que habían permanecido estacionadas en la bodega por largo tiempo.

Los vendedores escucharon aquello con una mezcla de sorpresa e incredulidad. No estaban acostumbrados a recibir este tipo de información ni a ser presionados a resultados concretos de superación en un tiempo específico.

Al vendedor más joven le gustó el cambio y sintió agradable el reto de aumentar las ventas, de hecho, presentó al zapatero su idea de ofrecer a mitad de precio las mercancías sin movimiento en la compra de un producto nuevo.

El vendedor mayor respondió con escepticismo. No le gustó que le fijaran una cuota de aumento, aunque reconoció el estancamiento de las ventas en años anteriores. Pensando en la validez de eliminar las mercancías estacionadas, propuso que una parte del almacén se abriera al público, como trastienda, y se vendieran ahí las telas sin movimiento con una utilidad marginal del cinco por ciento. Más vale salir de ellas sacrificando utilidades que conservar una inversión detenida, dijo. Es más, propuso explicitar que eran telas en oferta. La sola mención de que una mercancía está a precio reducido atrae compradores, que a veces se llevan lo que no necesitan.

Al zapatero le dio gusto el resultado, cada uno con su estilo, con entusiasmo o a regañadientes, pero se habían involucrado en la búsqueda de mejoras mediante sugerencias. Para no desanimar a nadie, el zapatero aceptó las dos propuestas, haciendo ver que se analizaría en la práctica lo que daba mejor resultado, provocando con ello una competencia entre los vendedores para mostrar que su propuesta era mejor que la otra, obteniendo lo deseado: mayor compromiso de los vendedores y mayores ingresos para la tienda.

Aunque las dos ideas cumplieron el objetivo, a fin de cuentas resultó mejor la trastienda, básicamente por cuestión de actitud: mientras el vendedor joven acometió, en un inicio, con mucho entusiasmo su proyecto, a medida que pasó el tiempo aflojó el paso y perdió terreno, mientras que el vendedor mayor, que no parecía muy entusiasmado al principio con las nuevas políticas, tomó su idea con gran perseverancia y trabajó incansablemente para que la trastienda fuera un lugar agradable, recibiendo continuas visitas de los clientes, logrando vender todas las mercancías rezagadas, y después, como la clientela se había habituado a visitar el almacén, estableció que sería el lugar donde ubicar los productos en oferta.

Todo este proceso, además de la satisfacción de superar su propuesta de incremento de ventas, le fue muy provechoso al zapatero: se dio cuenta de que no sólo había conquistado la autoconfianza, sino que incluso era ahora capaz de transmitir un camino de superación para otros.

Meses después, el zapatero regresó a entregar muy buenas cuentas de la tienda a la promotora de fiducia y a su hermano, recomendó al vendedor mayor para dirigir la tienda, agradeció la valiosa ayuda de superación personal que le habían aportado y se despidió: había llegado el tiempo de emprender el viaje de regreso para encontrarse de nuevo con el maestro. Sabía que no regresaría a fabricar o vender zapatos, ya que se sentía capaz de seguir el nuevo camino al que había sido convocado.

Camino al encuentro con la felicidad
y la trascendencia

*Aunque como hombres y mujeres somos seres falibles
y limitados, también tenemos un enorme potencial
por desarrollar, pero necesitamos partir de creer
en nuestra capacidad, de tenernos fe*

VIII

Todo lo que sucede en nuestra existencia cobra vida
según nuestra interpretación mental

Cuando el maestro pasó frente al taller del alfarero, contempló una escena que había visto en ocasiones anteriores: el hombre se quedó viendo la vasija que había terminado de moldear, apretó los labios y entrecerró los ojos, creando una cara de fastidio. Con furia cerró los puños sobre el barro húmedo deshaciendo la pieza y arrojó al suelo la masa informe. Tomó asiento en un banco, estiró los brazos al frente, en medio de sus piernas, las manos unidas y la vista clavada en el piso.

Aprovechando que la puerta estaba abierta, el maestro se introdujo al taller y se paró enfrente del alfarero, que tardó un momento en darse cuenta de su presencia. Sin darle tiempo para reaccionar, el maestro le dijo que necesitaba un cambio de actitud, que sus trabajos terminados avalaban una calidad artística, pero que peleaba mucho consigo mismo y que esto encarcelaba su goce de la vida.

Curiosamente, el alfarero que hubiera respondido de manera agresiva a una observación así, con mayor razón de una persona extraña, sintió que la voz del maestro penetraba con suavidad en su ánimo y eran del todo ciertas sus consideraciones. Recordó las cariñosas observaciones de su abuelo que sabía recomendar, incluso regañar, a manera de un consejo aceptable. Pero además, la mirada del maestro llenaba su ánimo de paz y, lejos de iniciar una polémica, sintió la necesidad de abrir su espíritu y confesar sus frustraciones.

—¡Qué trabajo me cuesta dejar de ser mi peor crítico! —comentó el alfarero—, aunque sepa que estoy trabajando en mi contra. Parezco atado con las cadenas que yo solo me amarré y que las he torcido tanto que ya no encuentro cómo soltarlas. De hecho, aunque reconozco que me sentiría mejor sin ellas, me da flojera trabajar para desanudarlas.

—La apatía de pensamiento y de acción es el mayor freno en el desarrollo humano —agregó ahora el maestro.

—Me exijo demasiado, me enojo cuando no es perfecto lo que hago, pero en otros casos me consiento la indolencia. Me entusiasmo con un proyecto y a medio camino me desanimo con facilidad. Creo en mí, pero en otros momentos dudo de mis capacidades —señaló el alfarero.

—Requieres tranquilidad mental, paz en tu espíritu —le indicó el maestro—, y te puedo ofrecer el medio para alcanzarlas. Nuestro Dios y Padre me ha encargado dar a conocer una buena nueva, un camino para la trascendencia en el amor al prójimo y el feliz encuentro con nosotros mismos. Estoy formando un equipo de discípulos para propagar esta enseñanza y te invito a participar.

—No soy hombre religioso —respondió el alfarero—, y no puedo convencer a los demás de lo que yo ignoro.

—El conocimiento se adquiere y yo te lo proporcionaré. Es tu ánimo, tu disposición, lo que debes aportar. Tu vida requiere una transformación profunda ya que no estás satisfecho con lo que eres. Entierra el pasado y renace a una nueva existencia, yo seré tu guía.

El alfarero quedó meditabundo, no había concebido un cambio radical en su vida como el que le ofrecían, aunque su espíritu lo deseaba ardientemente. Además, el maestro irradiaba paz y confianza a plenitud. Intuyó que se abría frente a él una oportunidad única, pero su cuerpo estaba incrustado en un bloque pedroso del que no sentía poder salir. Tras un rato en silencio, le pidió al maestro una semana para tomar su decisión.

El maestro, que conocía el dilema que vivía el alfarero, le concedió el tiempo:

—Si tu decisión es favorable, como lo espero —le dijo—, encuéntrame bajo el gran roble delante de la salida norte de la ciudad, dentro de ocho días, al medio día.

El alfarero no pudo dormir aquella noche, se levantó del camastro y salió a cielo abierto. Las estrellas brillaban luminosas en la ausencia de la luna, mientras la oscuridad borraba todos los objetos del paisaje.

Se ubicaba como un barco anclado al muelle, seguro pero inmóvil, temeroso de salir al océano a descubrir nuevas tierras, a intercambiar mercancías, a sentir el impulso del viento y el vaivén de las olas, porque ahí también estaban las tormentas, la calma chicha que paraliza, los días y las noches que se suceden sin tierra a la vista pensando que se ha perdido el rumbo. Pero si todos los barcos se quedan atados a tierra, se decía, no habría comercio, no habría relación entre los hombres de distintas tierras. Gracias a capitanes y marineros que levan anclas el mundo queda comunicado.

El alfarero tuvo una idea: al llegar la luz del día se escribiría una carta a sí mismo. Al escribir, se dijo, las ideas brotan más despacio, hay que acomodar las palabras, escogerlas con cuidado, anotarlas con claridad, los conceptos se pulen y se vuelven comprensibles. Con la tranquilidad de un propósito definido pudo regresar a dormir relajadamente.

Como era día de asueto, el alfarero tomó una hoja, una pluma y un tintero, y salió al campo a caminar. Después de un rato, encontró una higuera que proporcionaba agradable sombra, tomó asiento, recargó la espalda en el tronco del árbol y empezó a escribir:

La vida es un alquiler de espacio para construirnos. Como todos, yo soy mi escultor; al igual que los demás, cuento con marro, cincel y una pieza de mármol en bruto a la que queriendo, o sin querer, golpeo a diario para darle forma. Desgraciadamente, las más de las veces, he cincelado sin un propósito, sin un proyecto, haciendo brotar una figura que ni yo mismo entiendo. En ocasiones, imagino una figura grandiosa y me siento inspirado para esculpirla, pero me encuentro con que se requiere mucho trabajo, mucha dedicación, mucho compromiso, que el avance es lento y me desespero o me aburro ante la negativa de la piedra de ofrecer pronto los resultados esperados, y aunque logro mejorar la escultura, abandono el esfuerzo y mi auto-escultura sigue informe.

Reconozco que necesito crear primero el modelo mental de lo que quiero esculpir, hacer un boceto detallado al que debo remitirme con frecuencia para constatar que estoy produciendo lo que he planeado; saber que me voy a equivocar, que mi cincel dará golpes fallidos, que no es un trabajo lento, sino que es permanente, que nunca conseguiré un producto perfecto, que moriré sin acabar la obra, pero que si me afano, si persevero, si logro convencerme de la valía de lo

que hago, entregaré todo lo que hay en mí con alegría y entusiasmo y
sentiré en todo momento la satisfacción de estar haciendo mi mayor
esfuerzo, sirviendo a Dios, a mis semejantes y a mí mismo.

Cuando terminó su carta, el alfarero había tomado una decisión: seguiría al maestro. Guardó su carta en la talega y fue al poblado a buscar al maestro; no podía esperar más días para comunicarle su resolución.

El maestro terminó de exponer al alfarero la misión que el Señor le había encomendado y la razón para reunir un grupo de discípulos y luego le indicó:

—Dado que somos lo que pensamos y tú requieres sembrar en tu persona una mentalidad positiva, una higiene en el pensar, debes encontrar al mentor de mayéutica, en la ciudad de las dos riberas, en donde el río ancho acerca más sus orillas. Toma el camino del norte y en todas sus bifurcaciones usa la izquierda, hasta llegar al río; bordéalo siguiendo la corriente y encontrarás la ciudad. Dile que vas de mi parte y sabrá ayudarte. Yo te espero aquí, justo en un año, al medio día.

El alfarero recibió la bendición del maestro, sintiéndose con ello dueño de una gran alegría y una paz interior. Emprendió de inmediato el camino ya que estaba listo para hacerlo: había empacado un poco de ropa, algo de comida y su torno de alfarero sobre una pequeña carretilla con dos ruedas de madera que usaba para trasladar sus enseres de trabajo. No dejaba atrás más que unas cuantas amistades. Era originario de tierras muy lejanas; había llegado a la ciudad hacía dos años, después de un largo viaje por barco y por tierra, huyendo de una guerra feroz que había arrasado a su ciudad natal dejándolo sin familia.

En el camino fue encontrando poblados y sabía ganarse el sustento y el alojamiento. Fabricaba algunas piezas de barro y las llevaba a los talleres locales, vendiéndolas para que las cocieran y a su vez comerciaran con ellas. Como hacía piezas originales, poco comunes en la región, llamaban la atención y obtenía una paga razonable.

El río ancho jugaba con sus márgenes: en época de crecidas, se salía de madre y bañaba sus riveras dejando tierra fértil para los cultivos cuando se contraía. Cuando el alfarero llegó al río, encontró grandes sembradíos en sus orillas, a punto de entregar una generosa cosecha, que regalaba prosperidad a la región. La ciudad de las dos riberas era el centro poblacional más importante de aquella zona, lugar de comercio agrícola, bullicioso y próspero. Debía su nombre a que se asentaba en las dos riberas del río, unidas por dos grandes puentes de piedra.

El alfarero quedó sorprendido por el gran tamaño de la población, por la dinámica vida que se notaba. La gente se movía, hablaba con rapidez. Todo era prisa, aceleración, movimiento. Los forasteros que, como él, llegaban de poblados más pequeños, más tranquilos, se sentían desubicados, acorralados por un ritmo ajeno a sus costumbres. La gente parecía no tener tiempo para charlar: resolvían, actuaban, se comunicaban con prontitud. Caminaban por la calle sin detenerse a saludar, no había tiempo para ello, además eran desconocidos los unos para los otros.

El alfarero se alejó del centro de la población, notando que el bullicio perdía fuerza entre más caminaba. Tardó un tiempo en llegar a una de las orillas, donde encontró un jardín tranquilo que le permitió trabajar sus piezas de barro como lo venía haciendo. Provisto de ellas, regresó al centro y encontró un taller de alfareros para ofrecer sus trabajos, pero el personal estaba muy ocupado atendiendo a la clientela y no le prestaban atención. Esperó todo el día y cuando la tarde avanzó, ahogando el ajetreo del día, habiendo identificado al hombre que mandaba en el taller, se acercó a él para ofrecer su trabajo. El hombre atendió su propuesta con displicencia y señalando dos o tres piezas hizo una oferta baja en precio. Cuando el alfarero trató de negociar, el patrón se dio media vuelta y no le quedó más remedio que aceptar la oferta porque se había quedado corto de dinero.

Con los trabajadores del comercio, indagó sobre una posada cercana, y pudo descansar en un galerón de camas enfiladas, mal ventilado, mal iluminado y caro.

Al día siguiente, preguntó al dueño del establecimiento por el mentor de mayéutica, recibiendo por respuesta un encogimiento de hombros y la mención de que era la primera vez que escuchaba ese término.

En los dos días siguientes, aunque cambió de lugares y personas, los resultados fueron muy similares: en otros dos talleres de alfarería recibió un trato similar y pernoctó en otras dos posadas también caras e igualmente poco agradables y donde tampoco nadie sabía del mentor de mayéutica.

Recordó que en su camino a la ciudad, como a una hora de camino, había visto una posada que se veía agradable, de modo que decidió probar suerte ahí. Salió de la ciudad y caminó el trecho de regreso, y en efecto, encontró un lugar grato, donde el dueño se preocupaba por sus huéspedes, el alquiler era más económico, la comida mucho mejor y si bien no tenía un cuarto privado, los dormitorios eran de cuatro camas con algunas divisiones que daban cierta privacidad. Decidió acomodarse ahí, aunque tuviera que caminar una hora de ida y otra de regreso para ir a vender sus productos y tener con que sostenerse mientras encontraba al mentor.

Supo que la madre del dueño de la posada era una anciana que había vivido desde niña en la ciudad y obtuvo su domicilio. Al día siguiente, fue a verla y se encontró a una mujer encorvada por los años, de pelo blanco cuidadosamente peinado, que si bien caminaba con lentitud, pensaba con la frescura de una joven.

En cuanto el alfarero preguntó por el mentor de mayéutica, la anciana le respondió que era su sobrino y que vivía fuera de la ciudad, de hecho, muy cerca de la posada. El alfarero le vio a la anciana cara de ángel y, agradeciendo las señas, se despidió dándole un beso en la mano.

Casi calvo, salvo por un pequeño rodete de pelo blanco de sien a sien, bajo de estatura, más que gordo era de barriga prominente, de piel tan blanca que parecía de papel y con unos grandes ojos verdes, el mentor de mayéutica recibió al alfarero en un cuarto repleto de libros, pergaminos, papeles sueltos, tinteros y plumas por doquier. Sobre distintas mesas se acumulaban legajos, salvo una mesa al fondo del cuarto que estaba libre de papeles, con una cubierta de piel color café y detrás de la cual se encontraba sentado el mentor sobre una pesada silla de madera, con un respaldo alto y profusamente labrado, que parecía un trono.

El alfarero fue invitado a tomar asiento en un banco frente a la mesa y en respuesta a la razón de su visita explicó el encuentro con el maestro y las instrucciones que había recibido.

El mentor de mayéutica escuchó con atención y sin rodeos explicó sus condiciones:

—Con gusto te instruiré. Vendrás cada tercer día cuando el reloj marque una hora después de la salida del sol —dijo señalando un reloj solar que estaba colocado en el alféizar de la ventana—, y trabajaremos una o dos horas. No habrá cargo por mis servicios, pero tendrás que ayudar en algunas tareas que te asignaré. No hay posada ni servicio de comida en esta casa, de modo que tu manutención y hospedaje serán asuntos tuyos. Te espero pasado mañana para que empecemos a trabajar —le dijo señalando la puerta de salida.

El alfarero encontró un pequeño taller donde le permitieron quemar sus trabajos para poder vender un producto terminado. De cada cuatro piezas que producía, una era para el dueño del taller. En el mercado encontró un local de chucherías donde le permitían vender sus productos, con un tercio de la venta para el dueño del local. A pesar de las comisiones, el arreglo le dejaba una utilidad mucho mayor que vender a bajo precio sus piezas en bruto. Con cinco horas de trabajo, seis días a la semana, el alfarero reunía lo suficiente para vivir y en ocasiones incluso le quedaba un pequeño excedente.

Con toda puntualidad, el alfarero se presentó en la casa del mentor de mayéutica para iniciar su entrenamiento y fue recibido en el mismo cuarto:

—Para iniciar —dijo el mentor—, necesito que me contestes dos preguntas: ¿Quién eres?, y ¿quién quieres ser? Aunque las respuestas pueden requerir días y hasta meses para ser analizadas, me conformo, por ahora, con las contestaciones que puedas darme tras una hora de meditación. Toma papel y pluma, por si quieres hacer anotaciones, y sal al jardín: el aire de la mañana y la contemplación de la naturaleza son buenos consejeros.

El alfarero razonó que una autobiografía no era la respuesta esperada para la primera pregunta. La invitación era sumergirse en su interior para buscarse y poderse definir, hasta donde las palabras pudieran hacerlo. Podía empezar reconociendo que era un hombre con más dudas que definiciones, poco paciente consigo mismo y en muchos casos con los demás. Tal vez rencoroso porque la vida no lo había premiado suficiente, tanto cuanto al menos sentía merecer, y envidioso de que otros, en muchos casos personas que desde su punto de vista eran menos merecedores que él, tuvieran lo que él no tenía.

El ejercicio de autosincerarse, que había practicado muy poco, no resultaba cómodo. Era más fácil pensar que las circunstancias, los demás, el gobierno, el mismo Dios, lo tenían donde estaba, alejando de sí toda culpabilidad, pero asumiendo todo el mérito de lo positivo en su vida.

Pero ese entrometido de la mente, al que llaman conciencia, no era fácil de sobornar. Ahí estaba pidiendo cuentas y necio en esclarecer razones, aunque éstas fueran desagradables. No pudiendo sustraerse a este llamado, tuvo que reconocer que había sido pesimista, estacionado más en el *por qué no* que en el *por qué sí*.

La falta de constancia apareció en escena. Se trazaba metas que en ocasiones se evaporaban antes de dar a luz la primera acción; otras se abandonaban ante el menor inconveniente y le era difícil mantener el entusiasmo por una tarea tiempo suficiente para brincar los escollos y llegar a feliz término.

La ley del menor esfuerzo lo había gobernado: pronta satisfacción con el mínimo de trabajo o a buscar otra cosa. Muchos inicios y pocas conclusiones.

"Estoy pensando con la misma morbosidad de siempre", se dijo el alfarero, "con preponderancia para lo negativo y devaluación u olvido de lo positivo, como quien vive de noche y duerme de día.

"Si estoy aquí en busca de un cambio, debo invertir los parámetros y valorar lo bueno en mí. Sin caer en el extremo de la vanagloria personal, que algunos practican como hábito, pero tampoco permitir que el infierno borre al cielo.

"Tal vez como reacción a los horrores de la guerra que desmembraron mi familia, odio la violencia, soy pacífico, siendo honesto, hasta cobarde para luchar con los demás y menos con armas en la mano.

"Soy hábil con las manos, realizo mi trabajo de alfarero con gusto y con habilidad. Creo piezas originales porque tengo creatividad, aunque muchas veces me exijo demasiado.

"Me considero trabajador; no acostumbro ni sé emplear el ocio. Con las personas suelo ser amable, creo que soy bien aceptado. Me gusta la relación con los amigos y sé cómo tratar a las mujeres, diría que soy bueno para conquistarlas y he tenido muchas novias, aunque temo a una relación permanente; me asusta comprometerme en matrimonio, por lo que he preferido terminar las relaciones cuando se encaminan a algo inmutable".

El alfarero hizo un resumen escrito para ofrecer una respuesta a la primera pregunta.

Si ver al pasado para definirse le fue difícil, su mirada hacia el futuro había sido casi ciega, sólo veía dónde colocar el pie para el siguiente paso. La acumulación de anhelos sin satisfacción lo había llevado a pensar que había que vivir el día y dejar que el porvenir se armara solo, aunque reconocía que la poca constancia y dedicación a sus planes debía ser una razón para frustrar los resultados.

El porvenir le parecía como caminar en la oscuridad, no sabiendo qué buscar ni dónde encontrar. Tal vez esa fuera la respuesta más sincera para la segunda pregunta.

Después de que el mentor de mayéutica escuchó las respuestas del alfarero, le dijo:

—La vida es un ejercicio de imaginar la realidad. Los hechos se dan y tú decides qué sucedió y no hay dos hombres que viendo la misma figura formulen el mismo pensamiento, de modo que eres lo que piensas y por ende único y diferente a todos los demás. Según pienses, según serás.

—¿Si no podemos coincidir, como podemos convivir con los demás? —preguntó el alfarero.

—Porque nos necesitamos los unos a los otros —respondió el mentor—. Piensa en la unidad social más pequeña, aunque de capital importancia para la marcha del mundo: el matrimonio de un hombre y una mujer. Son dos personas distintas, dos mentalidades diferentes, pero se han unido en una causa común: formar una familia y apoyarse mutuamente porque se aman.

Toda relación con otra persona es una negociación y los matrimonios que perduran han aprendido que el verdadero amor es ceder parte de los anhelos personales para hacer realidad los anhelos del cónyuge y trabajar en la construcción de metas mutuamente deseadas para minimizar las renuncias personales. Las amistades, las relaciones de trabajo, la convivencia vecinal, la hermandad religiosa, la armonía citadina, la conjunción para integrar un país son procesos tanto más exitosos cuanto más se asemejen al modelo matrimonial que te he mencionado.

—Pero existen los enemigos, las personas que nos odian, que buscan deliberadamente nuestro mal, los malhechores, los asesinos, aquí no caben los procesos de armonía —arremetió el alfarero.

—Ponte a pensar cómo interactuar con ellos, es tu tarea para pasado mañana. Por hoy, hemos terminado —sentenció el mentor.

Esa noche llegaron a la posada donde se alojaba el alfarero dos hermanos, comentando que habían sido asaltados en el camino y lógicamente se veían muy alterados, pero de diferente manera: mientras que el menor estaba fúrico, manoteaba, pateaba todo lo que podía y tenía el rostro solferino y los dientes apretados en rabiosa actitud, el mayor se le veía abatido, contrariado, pero al mismo tiempo tranquilo.

Durante la cena, el alfarero pudo escuchar la narración que los hermanos hacían del incidente a otro huésped. Mientras el menor profería cuanta maldición tenía a mano para calificar a los asaltantes y juraba que nunca olvidaría el rostro de los seis bandidos y que si los llegaba a encontrar se encargaría de darles muerte con sus propias manos, lamentando no portar armas para haberse defendido, el mayor, más tranquilo, le hacía ver que fue una bendición no haber tenido armas en el momento del asalto, porque si hubieran tenido con qué defenderse, probablemente lo hubieran hecho, y no sólo habrían perdido el dinero, sino incluso la vida o al menos quedar mal heridos. "El dinero se puede reponer, la vida no", concluyó el mayor, sin lograr calmar la furia de su hermano.

A la mañana siguiente, el hermano menor amaneció postrado en cama con fiebre, devolviendo bilis y sin fuerza ni para caminar. El alfarero se quedó pensando que es mejor soltar las iras amarradas, porque al guardarlas, al recrearlas en la mente, se convierten en perros rabiosos que se vuelven contra su dueño y lo muerden.

Cuando el alfarero se reunió de nuevo con el mentor de mayéutica le narró lo acontecido con los hermanos asaltados y recibió el comentario de que la salud se gobierna con la mente, cada pensamiento negativo, de rencor, de venganza que albergues en tu mente, es una cucharada de veneno que tu organismo recibe; cada pensamiento positivo, de alegría, de felicidad que alojas en tu pensamiento, es un tónico que fortifica tu cuerpo y la salud.

—¿Qué piensas de la idea de poner la otra mejilla si alguien te abofetea? —terminó preguntando.

—Yo he sido educado en la ley del Talión —respondió el alfarero—, "ojo por ojo, diente por diente", que me parece justo porque no marca una venganza desmedida, sino que sólo te cobras el mismo daño que te produjeron.

—Cuando la venganza domina tu ánimo, alojas en tu casa al enemigo —intervino el mentor—, duermes con él y transformas tus sueños en pesadillas, tu contrario se convierte en tu amo, le entregas tu paz para que la convierta en intranquilidad. Poner la otra mejilla no es un acto de sumisión o cobardía, es un acto de inteligencia y de autoprotección; la violencia sólo se puede combatir con sosiego. Si das rienda suelta a la rabia, te has tragado una víbora que te comerá las entrañas. Por tu bien, por tu salud, deshazte de tus rencores lo antes que puedas, no los alimentes, haz que se mueran al dejarlos de nutrir con tu pensamiento.

—Pero el provocador, mentor —dijo al alfarero—, buscará llevarte al pleito y pocas cosas calan más el ánimo que ser llamado cobarde por rehuir la pelea.

—Las cárceles están llenas de supuestos valientes que contestaron el reto. El inteligente pelea con las palabras; el tonto, con los puños. Si accedes al pleito es porque aceptas que eres cobarde. Debes ser suficientemente listo para no dejarte intimidar por las palabras y para contestar con la calma que te da el no sentirte aludido. Puedes golpear con más contundencia al agresor con el sarcasmo que con un puñetazo; lo dañarás en forma más permanente.

—Se necesita facilidad de palabra y agilidad mental para contenerse y contestar como propones.

—Es algo que puedes adquirir. Todos los días, de preferencia antes de acostarte a dormir, dedica tiempo a la meditación, cuando menos un cuarto de hora, pero si puedes incrementa ese tiempo. Siéntate en silencio, cierra los ojos e inicia con varios minutos de respiración profunda, sintiendo que al inhalar tu vientre se expande y tu pecho no se mueve; retén el aire contando despacio hasta el cinco y exhala lentamente. Concéntrate sólo en la respiración para que tu mente se olvide de lo demás. Dedica unos momentos para agradecer a Dios que te conserva la vida y agradece los dones que tienes, sean muchos, sean pocos. Piensa en algún problema que tengas y cómo solucionarlo, e imagina que llevas a cabo con éxito las tareas necesarias para alcanzar la solución. Piensa en una meta, un deseo que anhelas realizar e imagina de igual manera que desarrollas los pasos que requieres para alcanzarla. Regresa a varias respiraciones lentas y profundas y estarás listo para dormir tranquilamente o reiniciar tus tareas si no lo haces por la noche. Habrás anidado en tu mente pensamientos positivos, soluciones, visiones de realización, que son el alimento más nutritivo que existe para mantener la salud, la paz interna, la autoconfianza, el entusiasmo por la existencia y en forma casi automática tu vida irá tomando el rumbo productivo que deseas.

—Ahora que lo mencionas, mentor, he realizado en parte lo que propones. Cuando quiero elaborar una pieza diferente, novedosa, dedico tiempo a imaginarla terminada, pero además me veo con los ojos de mi mente moldeando la arcilla paso por paso, construyendo la pieza. Después de este ejercicio mental, me pongo a trabajar y la pieza se realiza como lo soñé. Tus comentarios me animan para usar este procedimiento en forma más amplia para construir mi vida.

—La existencia es un reto a la capacidad creadora del hombre. Establece un fin, adhiere a él confianza, entusiasmo, ilusión y perseverancia y los medios para lograrlo concurrirán a ti.

—Si la fórmula está a la mano, ¿por qué tantos hombres pasamos por la vida como quien traza una raya en el agua? —preguntó el alfarero.

—Por la falta de compromiso con Dios, con los semejantes y con uno mismo. La trascendencia, a la que todos estamos obligados, requiere la ardua labor de encontrar nuestros dones personales, desarrollarlos y ponerlos a trabajar, con amor, al servicio de los demás. Pero es más fácil sentarse en la carreta de la vida buscando que alguien nos jale por el rumbo que quiera, con tal de que no nos exija mayor esfuerzo y nos provea de lo necesario para irla pasando. Ese alguien puede ser un patrón, una iglesia, un gobierno, un gremio, alguien que se ocupe de nosotros para que nosotros no tengamos que preocuparnos de nosotros mismos. El conformismo ahoga nuestro desarrollo como persona.

—Pero supongo que ese alguien se encargará de que seamos obreros de su causa, sin crecimiento personal, como dóciles bestias de carga.

—Si vendes tu mente, tu existencia deja de tener significado —señaló el mentor—, sólo con libertad de pensamiento tendrás oportunidad de discernir ante las dos opciones que te presenta la vida a cada paso: el camino de las soluciones o el de las culpas. En el primero analizas los sucesos en busca de las opciones de crecimiento, de aprendizaje, donde los problemas son retos, donde asumes responsabilidades, con una mentalidad realista, positiva y optimista. En el segundo camino tu mente se dedica a buscar culpables, usualmente los demás, pero incluso en algunos casos reconoces tu falla con sentimientos de frustración, derrotistas. Recuerda que en tu mente albergas tu cielo y tu infierno y tú decides cuál puerta abrir.

—¿Es cierto que en nuestra manera de ser, de pensar, influye mucho la herencia que recibimos de nuestros padres, de nuestros ancestros? —preguntó el alfarero.

—Desde luego que estamos formados tanto de la materia de nuestro padre como de nuestra madre y ellos a su vez de nuestros abuelos. Por eso adquirimos rasgos, actitudes y hasta enfermedades que vienen de ellos, pero nuestra mente, nuestra espiritualidad, son únicos, por ello no hay dos hombres, dos mujeres, iguales en el mundo ni entre hermanos de los mismos padres. Es como una carrera de relevos, cada generación recorre su trecho y entrega la estafeta a la siguiente, a la que ha preparado, ha educado, pero cada quien tiene que correr su camino con sus propias piernas. En tu inteligencia vive tu padre, vive tu madre, incluso tus abuelos, pero tú eres el dueño, tú eres el conductor y nadie del pasado o del presente tiene el mando de tu mente. Desde luego que sucede en mentalidades flojas, pusilánimes, que se rinden ante las circunstancias, que deciden ser una copia de alguno de sus antepasados para no molestarse en autocrearse, que se entregan a una enfermedad para buscar la protección de otros.

—¿Existen, mentor, problemas que no son reales y que nosotros fabricamos en nuestra mente?

—Es una de las actitudes negativas en la vida a la que todos nos acogemos en mayor o menor medida, con poca o mucha frecuencia. Imaginar circunstancias negativas a las que nos podemos ver enfrentados es un juego mental casi cotidiano. La mayoría de los problemas, las enfermedades, las desilusiones, los fracasos que construimos en nuestra mente para el porvenir, no existen, nunca se darán, pero nos mantienen angustiados en el presente. Para evitar esto, el entrenamiento de nuestra mente es la asignatura más importante de la vida. Aprender a dimensionar los problemas, las circunstancias de la vida, con inteligencia, sin imaginar triunfalismos cándidos, pero tampoco inventar derrotismos infundados, ponderando los hechos, con fe en Dios y en nuestras capacidades, con ánimo, con optimismo y con disposición al trabajo, al esfuerzo, dará a nuestra vida un ambiente de paz, de tranquilidad.

—El exceso de trabajo, el compromiso de cumplir con muchas tareas a corto plazo, es también causa de angustia —agregó el alfarero.

—La solución está en una buena organización mental. Queremos hacer muchas cosas al mismo tiempo y no terminamos ninguna y la suma de pendientes se convierte en una carga insoportable. Cada día debemos anotar las tareas pendientes, jerarquizarlas por orden de importancia, no de urgencia, y atender una por una. Tomar la primera y dedicarle nuestra atención y esfuerzo como si fuera lo único existente. Terminarla o avanzarla hasta donde las circunstancias del momento nos permitan hacerlo. Tomar ahora la segunda y proceder de igual manera. Nos sorprenderá lo mucho que avanzamos con esta sencilla medida. Analiza cuántas veces tomas un papel o un objeto y lo único que haces es cambiarlo de lugar. Cada cosa que tomes en la mano procura llevarla hasta el lugar o circunstancia que te hizo tomarla y no tendrás que volver a ella, ya se le dio curso. Si no puedes resolver algo, si no es su turno, no tomes en la mano el papel o el objeto, no desperdicies tiempo, energía y atención innecesarios.

—Veo la importancia de administrar nuestro esfuerzo y nuestro tiempo, mentor. Sólo Dios puede prescindir del tiempo.

—Guarda esto en tu mente y úsalo. Aprender cómo y hacerlo es la única forma de adueñarse del conocimiento. Ha llegado al puerto un circo y en una carpa roja atiende una adivina. Dile que eres mi alumno y que quieres observarla trabajando, si está de humor te lo permitirá. Me dirás después tu apreciación de su labor —concluyó el mentor despachando al alfarero.

A las afueras del puerto, en un promontorio plano y extenso se había instalado un circo. En diversas carpas, unas pequeñas y otras más grandes, se invitaba a diversos espectáculos: cómicos, de animales amaestrados, gimnastas, teatro de marionetas, magos y trovadores. El alfarero había llegado temprano, antes que el público, cuando los cirqueros se estaban vistiendo con atuendos llamativos, multicolores; se maquillaban. Después de caminar un trecho se topó con la carpa roja en la que se invitaba a conocer el futuro, la suerte.

No habiendo manera de anunciarse, entreabrió el cortinaje que servía de puerta y asomó la cabeza llamando a la adivina. Como no obtenía respuesta, fue subiendo la voz, hasta que al tercer intento le contestó una voz, que era difícil determinar si era de hombre o de mujer, avisando que tenía que esperar, que todavía no era hora de atención al público. El alfarero se introdujo de cuerpo completo en la carpa y mencionó que no venía a consultar a la adivina, sino que lo enviaba el mentor de mayéutica. Recibió por respuesta que esperara.

Era esa hora que ni es de día ni es de noche, y como el lugar no estaba aún iluminado, el alfarero no veía con claridad el mobiliario. A medida que sus ojos se fueron adaptando a la poca luz empezó a distinguir una mesa redonda, un poco más alta de lo normal, cubierta por un vidrio circular de diámetro pequeño flanqueada por dos sillas, una más amplia, con respaldo y brazos de madera y otra más sencilla enfrente. Del techo colgaba, justo encima de la mesa, una lámpara de aceite grande, que en ese momento estaba apagada. El piso estaba cubierto en su mayoría por una alfombra circular en las que se apreciaban las constelaciones del zodiaco. Alrededor de los lienzos de tela que formaban las paredes del local colgaban todo tipo de adornos extraños, algunos de madera, otros de metal, algunos más de cerámica o de tela.

Del lado contrario a la cortina de entrada, se abrió de pronto otra cortina y apareció una mujer bastante gorda con el pelo largo, rizado y pintado de colores ocre y castaño, con una boca grande pintada de rojo esmeralda. Era una mujer que había dejado la juventud tiempo atrás, pero que todavía no se incorporaba a la ancianidad. Con una voz casi masculina le preguntó qué deseaba.

El alfarero le narró el entrenamiento que recibía del mentor de mayéutica y la petición de su maestro para que la observara trabajando.

Aunque la solicitud no pareció del agrado de la adivina, el alfarero pensó que tal vez debiera un favor a su maestro porque accedió a conceder el permiso. Sólo sería con los tres primeros clientes de cada día. Debía llegar media hora antes de abrir al público, se debía vestir igual que el criado que tenía a la entrada de la tienda recibiendo a los clientes y cobrando la entrada. Tendría que permanecer sentado y totalmente silencioso en el pequeño vestidor anexo a la carpa. Podría ver y escuchar lo que sucedía a través de una pequeña ventana, de no más de cinco por cinco dedos, que estaba cubierta por un tul del mismo color de la cortina trasera por lo que pasaba casi inadvertida.

El criado de la adivina le facilitó su atuendo de reserva, que curiosamente le quedó a la medida, y cuando el público empezó a deambular por las carpas, tomó asiento en un pequeño banco que le permitía tener la pequeña ventana de tul a la altura de los ojos y los oídos.

Unos minutos después, una mujer joven entró tímidamente en la carpa y la adivina la invitó a tomar asiento frente a ella, separadas por la pequeña mesa con cubierta de cristal. La adivina preguntó si quería que usara las cartas y, ante un leve encogimiento de hombros de la joven, la adivina tomó un mazo de cartas, las barajeó, sopló sobre ellas y le pidió a la joven que dividiera las cartas en dos. Volteando uno de los grupos de cartas, la adivina colocó varias cartas cara arriba sobre la mesa. Se quedó pensativa un momento y luego tomó una carta con la figura de un joven ricamente vestido, se la mostró a la joven y se quedó observando con detenimiento el rostro de la chica.

—El problema es un hombre —dijo mientras clavaba la vista en la muchacha. Ella asintió con un pequeño movimiento de cabeza y la mirada en el piso—. Te ha dejado —aseveró la adivina sin retirar la mirada inquisitiva sobre la chica, quien asintió nuevamente—. Pero además —continuó la adivina— no te ha dejado sola —advirtió. La joven, llevando las manos a la cara para ocultar las incipientes lágrimas, asintió otra vez.

—Tus amigas te han ofrecido pócimas para que pierdas al bebé porque tu madre sentirá gran vergüenza porque has sido deshonrada —la joven no pudo contenerse y soltó el llanto aceptando lo expresado por la adivina.

—Te ayudaré para que conserves a tu bebé y seas aceptada por tu familia —la joven suspendió el llanto y abrió ampliamente los ojos húmedos—. Te diré qué hacer: en la guerra del norte han sido heridos de muerte los dos príncipes menores del Reino de las Cien Islas. Sé de buena fuente que morirán en los próximos días, pero la noticia se guarda en secreto para no desanimar a las tropas. Encuentra el pretexto para apartarte unos días de tu casa y ve al puerto pesquero del norte, al barquero que cruza de noche la desembocadura del río, pídele que te lleve con el joyero de la casa alta. Dile a este joyero que yo te envío y solicita que te haga una copia del anillo real de cualquiera de los dos príncipes. No hay nadie en el mundo que sea mejor imitador de joyas que él y conoce todas las alhajas reales. Te costará caro, pero una vez que lo tengas, regresa a casa, muestra el anillo como prueba que el príncipe se enamoró de ti y te pediría en matrimonio, pero por las premuras del combate decidieron casarse en secreto, única manera de recibir el anillo real. Tus padres sentirán ser abuelos de un príncipe y recibirás su bendición.

La joven echó rodillas en tierra, besó las manos de la adivina, sacó de un bolso un atado de monedas, las dejó sobre la mesa y salió de prisa.

La adivina advirtió a gritos a su criado que no dejara entrar a nadie y le hizo una seña al alfarero para que saliera de su escondite y tomara asiento frente a ella.

—Has urdido una gran mentira para ocultar un desatino de esa joven —le dijo el alfarero.

—Teníamos a una joven con su vida deshecha por un galán sinvergüenza que seguramente le prometió matrimonio a cambio de adelantar los placeres. Pertenece a las familias del lago sur que son muy rígidas en sus costumbres y que sentirían una gran deshonra por lo sucedido y que la rechazarían o la mantendrían oculta y la vida de toda la familia se vería ensombrecida. Cuando cumpla mis recomendaciones, es probable que haya concordia y perdón.

—Pero, además, ¿cómo supiste lo que sucedía con la joven?

—Aprende a observar a las personas y te dirán lo que no quieren confesarle a nadie. Traía una gruesa pulsera de oro con los signos heráldicos de familias del lago sur y su vestimenta confirmaba que pertenece a una familia acomodada de esa región. Mostraba varios signos de preñez incipiente y en cuanto le mostré la carta de un joven surgió en sus ojos una amplia muestra de desasosiego. No era difícil adivinar lo que estaba viviendo. Ahora regresa a tu puesto de observación.

La adivina ordenó a su sirviente que permitiera el acceso al siguiente cliente. Entró a la carpa un hombre de mediana edad, fornido, mostrando pequeños hilos blancos en el pelo en el que aparecían las primeras canas. A petición de la adivina, tomó asiento frente a ella, mostrando incomodidad por estar en aquel lugar.

Nuevamente la adivina pidió al cliente que partiera el mazo de cartas, levantó una de las partes y regó varias cartas sobre la mesa. Tomó una carta con la figura de una dama y se quedó viendo al hombre. La soltó y le dijo:

—El asunto que te preocupa es con otro hombre. ¿Es así?

—Sí —fue la respuesta escueta del hombre. La adivina manoseó una carta que tenía la ilustración de unas monedas y viendo al hombre le dijo—: y es un asunto de dinero, ¿correcto?

El hombre asintió enderezando su sentado, mostrando mayor interés.

—Te sientes despojado de un dinero que te pertenece —agregó la adivina, lo que el hombre confirmó, adelantando el cuerpo en franca muestra de atención.

La adivina empezó a mover las cartas sobre la mesa como concentrada en ellas, pero en realidad tenía la vista disimulada, pero cuidadosamente sobre el hombre. Juntó dos cartas que mostraban cada una a un hombre y puso sobre ellas la carta de las monedas. Luego separó la carta de un hombre del conjunto. A continuación volteó hacia abajo la carta del hombre que tenía encima la carta de las monedas.

—Tienes un socio que consideras que está haciendo negocios a tus espaldas —dijo enfática la adivina.

—¿Cómo lo sabes? —dijo el hombre—. A nadie se lo he comentado.

—Creo además que es una sociedad nueva —añadió la adivina sin contestar la pregunta.

—En efecto —dijo el hombre, que viendo que la adivina parecía saber todo, decidió vaciar su preocupación—, éramos competidores y me propuso hace un año unirnos para no dañarnos. El negocio progresó y yo estaba muy contento, pero hace dos meses me topé con un legajo de papeles de una operación de la que no tenía noticias. Cuando le pregunté de qué se trataba, me dijo que era un proyecto que no me había informado porque era una operación que no se concretó, pero luego descubrí en el puerto un embarque de esa persona consignado a nuestra empresa. Cuando se lo comenté, me dijo que iríamos al muelle el día siguiente para verificar de qué se trataba. Cuando lo hicimos, el embarque había desaparecido como por arte de magia. Hace dos días estaba cerca de la puerta de nuestra oficina, atrás de un mueble que me ocultaba. Llegó un mensajero, y mi socio hizo algo inusual: salió personalmente a la puerta y en vez de invitar al mensajero para que entrara se fue caminando hacia la calle con él. Me asomé y pude ver que le entregaba unos papeles que ocultó entre su ropa, antes de regresar a la oficina. No sé si estoy adelantando vísperas, pero noto algo raro en su actitud que no me está gustando y no sé cómo estar seguro, porque tampoco me gustaría lanzar una acusación infundada.

—Te daré un consejo —dijo la adivina—: ¿Tienes algún cliente con el que no hayas trabajado en el último año, que tu socio no conozca, y al que le tengas mucha confianza?

—Sí —respondió rápido el hombre—, tengo un buen amigo con el que ya no trabajo desde hace más de dos años porque le ha convenido manejar sus embarques por el puerto fluvial.

—Bien —dijo la adivina—, dile a tu socio que no te has sentido muy bien de salud y que saldrás un mes a tomar baños en los azufres de la cañada. En realidad vas a ver a tu amigo y le pides que haga un negocio con tu socio. Que solicite que lo atienda en forma particular para no incluir a la oficina y bajar los costos. Dile que ninguna cita se haga en tus oficinas, para evitar que alguien de tu personal lo reconozca. De esa manera sabrás cuál es la conducta de tu socio.

El hombre agradeció el consejo y se despidió dejando dos monedas de oro sobre la mesa, además de la cuota que había pagado por entrar a la consulta.

La adivina volteó hacia el escondite del alfarero y le cerró un ojo.

El tercer cliente era un joven delgado y alto que, a diferencia de los dos anteriores, no dio tiempo a la adivina a gestar su proceso de indagación, sino que de inmediato externó su preocupación:

—Adivina, he inventado un arado triple, que abre tres surcos al mismo tiempo y revuelve la tierra para facilitar que las semillas queden bien plantadas, pero no tengo los recursos para fabricar varias piezas y menos sé cómo venderlas. Necesito tus poderes adivinatorios para saber a dónde y con quién dirigirme.

—Lo primero es que los sueños se puedan tocar —dijo la adivinadora—. ¿Cuentas con un arado que haya barbechado la tierra o tu idea está en dibujos o imaginería?

—He construido uno —dijo el joven— y lo he probado con muy buenos resultados en la parcela de un tío que ha quedado encantado con los resultados.

—Entonces ya tienes el negocio armado. Buscar un socio que tenga dinero para fabricar tu arado y venderlo te puede llevar a perder tu invento. Debes explotarlo tú mismo. Empieza por ofrecer tu equipo en renta, incluyendo tu persona para hacer el trabajo a fin de no permitir que conozcan a fondo el aparato y te lo copien. Harás el trabajo en un tercio del tiempo, lo que es valioso. Debes buscar a los terratenientes grandes, el pequeño propietario no tiene los recursos para pagarte. Según obtengas fondos, podrás fabricar más equipos y definir si los quieres vender o si te conviene rentarlos poniendo personal a tus órdenes para operarlos.

—No se me había ocurrido que yo podía iniciar el negocio solo, siempre pensé que era necesario el dinero del que carezco, pero gracias a ti —dijo el joven— se me abre un nuevo panorama. Sabré agradecértelo cuando mi negocio crezca —dijo el joven dando un beso en la frente a la adivinadora y abandonando la carpa.

El alfarero salió de su escondite, agradeció a la adivinadora lo aprendido y ofreció regresar al siguiente día.

En la siguiente entrevista con el mentor de mayéutica, el alfarero comentó las experiencias vividas con la adivinadora.

—Como podrás apreciar —dijo el mentor—, lo que estás observando en el circo es que las creencias hacen las realidades. La adivinadora maneja mucho la sugestión mental, el lenguaje sin palabras de la mente que el cuerpo ofrece.

Las lecciones, las experiencias, los días y los meses se sucedían y el alfarero en sus diálogos con el mentor de mayéutica y con la adivinadora fue adueñándose de la convicción de que nuestro destino está encerrado en nuestra mente, que vivimos según pensamos, que el mundo danza a nuestro alrededor ofreciéndonos experiencias y circunstancias, que los sentidos son las ventanas por las que penetran los acontecimientos para llegar a la caja maestra para que ahí fabriquemos nuestras historias, para que nuestra mente nos diga qué sucedió, qué debemos hacer, a quién, cuánto y cuándo amar. Confirmó que perdonar es sanar nuestras heridas, que podemos escoger tener la salud que deseamos, buena o mala, porque los miedos consentidos enferman más que los agentes externos. "La mala suerte", aprendió a decirse, "es compañera de quien la invita, pensar en ella es abrirle la puerta. Lo que no queremos que nos suceda se da porque le regalamos tiempo de nuestro pensamiento y acaba ubicándose como huésped".

Meditar diariamente, confiar en Dios, alimentarse de pensamientos positivos, de amor al prójimo, se habían adueñado del alfarero cuando terminó su año de entrenamiento. Con pesar, pero con enorme agradecimiento, se despidió del mentor de mayéutica y de la adivinadora, para regresar a servir al maestro, según el compromiso establecido.

Camino al encuentro con la felicidad
y la trascendencia

Para transitar de lo que somos a lo que anhelamos ser,
de lo que tenemos a lo que deseamos tener,
al encuentro de soluciones y no de culpas, requerimos
una buena organización mental, porque nuestros
pensamientos fabrican nuestro destino

IX

*La perseverancia es la madre
de toda obra importante*

La mujer tomaba una tras otra las pequeñas botellas, las destapaba y las olía; después de haber recorrido todas, con evidente muestra de fastidio, regañaba a la vendedora con ademanes tan amplios que parecía que la golpearía. Al final, se daba la media vuelta y se retiraba, eminentemente encolerizada, junto con su séquito de sirvientas.

El maestro observó una escena similar por tercera vez, y cuando la vendedora se quedó sola, se acercó para hablar con ella:

—Veo que tus compradoras se disgustan contigo con frecuencia.

—Quieren el mismo perfume que me compraron la vez anterior y yo fabrico lo que mi imaginación me dicta, de modo que no tengo la disciplina de anotar las fórmulas y repetir el mismo aroma —respondió la perfumista, sorprendiéndose de estar dando una respuesta tan detallada a un extraño, pero los ojos del maestro le habían producido tal confianza que dejó fluir su pensamiento convirtiéndolo en palabras sin restricciones.

—Es lógico que si un aroma les ha gustado, tus clientas quieran repetirlo. Si no se los puedes ofrecer no sólo las disgustas, sino que las pierdes como clientas e incluso harán recomendaciones negativas de tu persona.

—Tal vez tengas razón, pero tendría que cambiar mi método de trabajo y es un esfuerzo cuesta arriba; me es más fácil seguir como voy aunque no vea mayor progreso en mis ingresos.

—Más que los recursos, está la satisfacción personal. Somos criaturas del Señor ubicadas en el camino del servicio y el amor a los demás. La flojera no camina y lo que no camina, retrocede.

—La vida tiene de suyo muchas complicaciones, para qué hacer el camino más difícil. Por más esmero que se ponga el sol no alumbra por más tiempo.

—Es tu luz interna la que alumbra tu vida y la de los que te rodean, la que debe importarte.

—Nadie conoce, y menos puede juzgar, la vida de otro, aunque sea la persona más cercana. Cada quien carga su fardo en el que guarda sus experiencias y del que saca lo que quiere ofrecer a los demás.

—Para Dios no hay nada oculto —respondió el maestro—. Él conoce nuestros secretos y nuestras intenciones. El hombre sólo puede apreciar en el otro sus conductas, pero éstas son un buen indicio de la calidad moral y permiten una valoración aunque sea parcial.

—Pero todos tenemos destellos de grandeza y de vileza en nuestro actuar, ¿cómo ubicarlos en una balanza con justicia?

—Ningún ser humano es perfecto, pero entre más limpio tenga el espíritu, más recto sea en su pensar, se ganará con más facilidad la amistad y el reconocimiento de los demás.

—¿Se puede ser bueno en lo interno, pero egoísta?

—La bondad no es para servirme, es vivir haciendo el bien a los demás. Veo en ti a una mujer con riqueza espiritual que requiere encontrar la senda de la perseverancia. He recibido del Señor, nuestro Dios, la misión de preparar a los hombres para encontrar su camino de trascendencia en la vida, mediante el amor al creador y al prójimo, y estoy reclutando un grupo de discípulos para propagar la buena nueva. Te invito a formar parte del grupo y a prepararte para este servicio.

—Pienso que una empresa da resultados positivos cuando las personas que la integran son las adecuadas para el trabajo, y yo no veo dónde puedo encajar en tu proyecto: no tengo preparación ni habilidades para transmitir un mensaje espiritual, soy una simple perfumista que, como has visto, no retengo ni a mis clientes.

—Subestimarse es frecuente en la condición humana —dijo el maestro—, lo que has hecho no limita lo que puedes hacer. Si conoces la misión que toca tu corazón, el intelecto buscará los medios para colaborar con eficacia. Yo te asistiré con los conocimientos que requieres.

—Irradias confianza, hay en tu mirada, en tu persona, una paz que se antoja tener. Estoy dispuesta a escuchar, explícame al detalle de que se trata tu oferta.

Convinieron en reunirse a la mañana siguiente al pie del gran roble. En menos de una hora, la perfumista estuvo convencida de que debía seguir al maestro y recibió instrucciones de los pasos a seguir.

—Siguiendo este mismo camino —señaló el maestro—, a media hora de caminata encontrarás un poblado pequeño cercado por siete enormes árboles. Encuentra ahí al anciano al que llaman el *afflo ma-*

gister. Dile que yo te envío y recibirás el entrenamiento que requieres. Dada la corta distancia, podrás seguir en buena parte tu vida actual, al lado de tus dos hijos, y no me busques hasta que haya transcurrido justo un año de esta fecha, cuando deberás regresar a este mismo lugar, al medio día, para que nos encontremos de nuevo.

El maestro colocó sus manos sobre la cabeza de la perfumista, oró un momento, la bendijo y la despidió.

Como curiosa que era, la perfumista caminaba de prisa en busca del poblado y del instructor que el maestro le había señalado.

En cuanto llegó al poblado de los siete árboles, preguntó por la persona, obteniendo respuesta rápida: el anciano vivía en la casa más alejada del camino, la más pequeña y la más sencilla.

Tocó a la puerta, con cierta precaución, pensando que si lo hacía con fuerza la puerta se vendría abajo por lo endeble que parecía. Una voz desde el interior la invitó a entrar. La casa se veía más pequeña desde afuera, ya que al entrar se topó con una estancia amplia, aunque poco alumbrada, con muchos y variados muebles, colocados sin orden aparente: asientos de todo tipo, desde pequeños bancos hasta sillones amplios; mesas pequeñas, medianas y grandes, altas y bajas, sobre las que se encontraban los más diversos objetos: lámparas; estatuas de metal, de cerámica, de mármol; piezas de cerámica; jarras, vasos y adornos de metal y de vidrio, todo muy limpio, pero extrañamente acomodado.

Se abrió paso a través de aquel desorden para llegar al fondo de la habitación donde se encontraba el dueño, un hombre de tez clara, vestido de blanco de la cabeza a los pies, sentado tras una mesa, con un gran libro frente a sí, teniendo a sus espaldas un enorme mueble que alojaba múltiples libros y pergaminos enrollados.

La perfumista se presentó y narró el encuentro con el maestro que la había llevado ahí.

—¿Tienes intenciones de cambiar? —fue la respuesta del *afflo magister*.

—Depende de lo que signifique el cambio.

—Todo cambio es un abandono, hay que dejar lo que se tiene para adquirir lo nuevo.

—Pero puede ser una suma: agregar a lo que se posee.

—Eso no es un cambio, es más de lo mismo. Para cambiar hay que dejar de ser lo que se es para ser diferente; si el cambio es inteligente, es para ser mejor.

—Todos queremos ser mejores —dijo la perfumista.

—Pero no todos están dispuestos a pagar el precio.

—¿Es costoso?

—Usualmente. Pero no pienses en dinero: lo que se requiere es dedicación, esfuerzo. Lo que el dinero compra se puede perder de nuevo. Lo que la voluntad adquiere es posesión permanente.

—Supongo que el punto de partida es determinar lo que se quiere.

—No sólo el punto de partida, es la razón del esfuerzo, el motivador del trabajo y el punto final. Si no se cierra el círculo, uniendo el propósito con el logro, fue un desperdicio de tiempo.

—Creo que estoy aquí porque no sé con claridad lo que quiero.

—Tendrás una primera tarea que resolver. Pregúntate —dijo el magister—: ¿Qué no quiero hacer, pero debo hacer? Medita y cuando tengas la respuesta, regresa a verme.

En el trayecto de regreso a casa, la perfumista fue pensando en la respuesta que debía dar:

—Tal vez haya varias cosas en mi vida que pueden encajar en el tema, pero el maestro me contactó al ver mi actitud hacia mi trabajo y pienso que eso debe ser el primer punto a resolver, de modo que puedo decir que lo que no deseo hacer, pero debo realizar, es cambiar mi manera de trabajo y establecer un registro de cada perfume que elabore, anotando la fórmula, dándole nombre al aroma, y estableciendo también un registro de mis clientas para saber qué perfume les vendí y estar así lista para repetir el pedido cuando me lo soliciten. Esto le quitará lo espontáneo a mi proceder de ahora, pero tendré orden en mi trabajo.

Decidió regresar a dar su respuesta una vez que la hubiera puesto en acción, de modo que inició un registro detallado de su producción, puso nombre a cada aroma creado, y tomaba nota de lo que vendía y a quién se lo vendía. Esperó unos días el resultado y quedó sorprendida de constatar con rapidez que su nueva estrategia funcionaba bien porque las clientas regresaban pidiendo el mismo producto y ella era capaz de complacerlas.

En su siguiente visita al *afflo magister*, la perfumista narró el resultado vivido.

—¿Estás satisfecha de lo conseguido? —le preguntó el *magister*.

—Me agrada el resultado al complacer a mis clientas, pero no me siento a gusto con tener que llevar una disciplina en mi trabajo.

—Cuesta trabajo cambiar porque los hábitos son amos dominantes difíciles de exiliar. Se han adueñado de nuestra conducta y nos han convencido de que son el único camino posible y placentero del que disponemos. Para vencerlos, hay necesidad de instaurar la nueva conducta y repetirla sin fallar cuando menos durante un mes lunar. Si fallas, tienes que iniciar el conteo nuevamente hasta conseguir veintiocho días consecutivos del nuevo actuar y entonces habrás logrado despedir al anterior sirviente y disponer de uno mejor.

—La clave es entonces la repetición.

—Estamos ante la llave maestra del éxito: la perseverancia. No sólo para instaurar un nuevo hábito, sino para alcanzar una meta, lograr un anhelo, ser lo que deseamos ser. La vida no es un camino de complacencias, donde con sólo desear se consigue, siempre habrá trabajo entre el anhelo y el logro. La perseverancia es el mejor aliado del trabajo exitoso.

—Si existe una fórmula para triunfar —dijo la perfumista—, ¿por qué hay tan pocos ganadores en la carrera de la vida?

—Porque la perseverancia significa un trabajo sostenido, recurrente, incansable y la mayoría busca que sus sueños se hagan realidad mientras descansa en la cama; muchas personas ni siquiera se atreven a dar el primer paso y, si lo dan, se desaniman ante el primer tropiezo. Por eso la mayoría vive empujado por las circunstancias en vez de acomodar las circunstancias a sus deseos.

—¿Dónde está la diferencia entre la perseverancia y la necedad?

—La perseverancia busca la realización de un meta posible, la necedad una imposible. Intentar arrojar una flecha a trescientos pasos sólo con nuestros brazos es un esfuerzo absurdo; construir un buen arco para lograrlo es una tarea a la que es válido dedicarle esfuerzo. La perseverancia es la insistencia para conseguir una meta inteligentemente concebida.

—Por lo visto, todo empieza en nuestra mente, en nuestra capacidad de imaginar.

—Concibe un deseo y habrás encendido una luz en tu vida. Entre más personas se vean iluminadas por tu logro, mayor trascendencia tendrá tu existencia y Dios nos ha puesto en esta vida para ser luz; a ti te toca decidir la intensidad luminosa que quieres irradiar.

—Pero hay personas que inician con ventaja, tienen la habilidad, han sido educados, entrenados por grandes maestros, se han alimentado muy bien desde pequeños. No es igual para una persona humilde, mal nutrida, que no ha recibido una educación formal.

—La vida es como una carrera, algunos arrancan en primera línea, otros tienen que hacerlo desde más atrás, pero la competencia que cuenta es la que enfrentas contigo misma. Todos estamos dotados de inteligencia y no importa desde donde arranques, sino cómo utilices tus capacidades. De ahí la importancia de encontrar pronto tus habilidades, que todos tenemos, que con un poco de observación e inteligencia puedes descubrir si te aplicas a ello. A todos nos agrada el éxito, de manera que habilidad y gusto se hermanan, y lo que mejor hacemos es lo que suele gustarnos más. Descubierta la habilidad hay que utilizarla, para que se vuelva cada vez más diestra. Lo siguiente será buscar metas acordes a las habilidades de que dispones que te harán muy deseable alcanzarlas, grato el esfuerzo y fácil la perseverancia. Si no tienes habilidades musicales no pretendas dedicarte a componer canciones.

—Pero hay mucha gente empecinada en logros que están fuera de sus posibilidades o seguros de que la fortuna llegará pronto a su puerta y se quedan sentados esperándola.

—Déjame platicarte una experiencia que viví: en un pueblo cercano, tuve un amigo muy rico que logró reunir miles de aves de corral que le producían pingües ganancias. Tenía dos hijos a los que ofreció la mejor educación posible, contratando a hombres sabios que los educaran, pero el mayor era indolente para el aprendizaje, decía que su padre tenía suficiente riqueza para permitirle vivir sin esfuerzo y que cuando muriera su progenitor, aun dividiendo la herencia entre él y su hermano, le quedaría suficiente para vivir sin mayor esfuerzo. El menor, en cambio, disfrutaba de la enseñanza de los maestros y decidió que deseaba ser médico porque le emocionaba curar a las personas enfermas. Insistió hasta que su padre le permitió ir a tierras lejanas para aprender con médicos famosos. Con dedicación y empeño, terminó su entrenamiento y regresó a casa. Poco tiempo después, el padre murió. El médico dijo a su hermano que podía quedarse con todo el negocio del padre y que él sólo requería los recursos para fundar un pequeño hospital. Así lo hicieron. Dos años después, se dio entre las aves de corral del negocio una gran peste que acabó con todas en poco tiempo. El hermano mayor quedó en la ruina porque nuncā previó un suceso así y además gastaba todo lo que ganaba como si nunca pudiesen acabar sus ingresos. El hermano menor se había ganado la confianza de la población por sus habilidades como médico y su hospital había crecido al doble; no sólo le producía suficientes ganancias, sino que le reportaba una gran satisfacción.

—Me queda claro la importancia de encontrar las habilidades y perseverar en su uso, —dijo la perfumista.

—Te dejo una nueva tarea —dijo ahora el *afflo magister*—: encuentra una meta, un deseo que quieres alcanzar, y ubica en tu imaginación lo que vivirías con ese anhelo obtenido. Disfruta de tu éxito en tu mente con el mayor detalle posible, piensa en los pormenores de tu logro alcanzado. Realiza el ejercicio cuando menos una vez en el día y sin fallar repite el proceso imaginario antes de conciliar el sueño cada noche. Hazlo durante veintiocho días como mínimo y luego regresa a comentarme qué ha sucedido en tu vida.

La perfumista regresó a su casa pensando cuál sería el deseo al que aplicaría el proceso:

—He vendido mis productos sobre una mesa que coloco en una calle del mercado —se dijo—, pero siempre he anhelado contar con un local fijo, bonito, bien arreglado, en el que pudiera exponer y vender mis perfumes. Este será el deseo que voy a imaginar realizado, según me lo ha indicado el magister —concluyó.

Todas las mañanas, antes de iniciar su trabajo de recoger flores y plantas para preparar los aromas, así como todas las noches antes de dormir, la perfumista buscaba un lugar tranquilo, sin ruidos, y cerrando los ojos dejaba a su mente imaginar el lugar para su tienda: pequeño, cuadrado, con dos ventanas a la calle, siempre abiertas, al igual que el portón central de acceso. Varias mesas cubiertas con manteles de terciopelo en las que se mostraban sus perfumes. Repisas ancladas a las paredes daban espacio para exponer más botellas de perfume. Un biombo de madera calada, colocado al fondo de la habitación, separaba la tienda de su lugar de trabajo en donde contaba con dos mesas grandes con cubierta de mármol, sus básculas, sus recipientes, sus morteros y una silla alta para sentarse a trabajar. Tenía un gran mueble de piso a techo lleno de entrepaños con frascos de diversas formas y tamaños para vaciar en ellos sus perfumes.

Dado que ya se estaba acostumbrando a tomar nota de sus fórmulas, en su tienda imaginada, había lugar para pesados libros con sus apuntes.

Las paredes estaban pintadas de color beige y el piso estaba formado de baldosas de piedra. Del techo colgaban hermosos candiles de plata con numerosas velas blancas.

Contaba con una dependiente, alta, de tez muy blanca y ojos verdes, de cuerpo delgado y bien torneado, con largos cabellos rubios trenzados, adornados de moños de colores, que recibía a la clientela con una amable sonrisa que mostraba sus dientes blancos y bien alineados.

Esparcidos por la tienda había varios taburetes de madera con sus cojines de brocado con borlas en cada esquina, para que la clientela pudiera sentarse a escoger el perfume de su preferencia.

Durante varias horas del día, la tienda estaba muy concurrida y como su dependienta no se daba abasto para atender a tanta gente, ella tenía que colaborar en la venta de los productos atendiendo clientas, lo que le era muy familiar y gustoso.

Con la práctica reiterada del ejercicio, su imaginación le permitía recorrer cada mesa de la tienda y ubicar cada frasco y su aroma correspondiente.

Pronto se acostumbró a pasar largos ratos en su tienda imaginaria, trabajando, vendiendo, acomodando los productos, adornando las mesas. Su mente se incorporaba tan de lleno en su imaginación que llegó a parecerle que su tienda imaginaria era la realidad y su sueño lo constituía su diaria venta sobre una humilde mesa en una esquina del mercado.

Una tarde, de regreso a casa, encontró un pequeño local vacío, en una calle cercana al mercado, con un gran parecido al que imaginaba para su tienda. Averiguó con los vecinos a quién pertenecía y se enteró que era propiedad de la mujer gorda, como llamaban a la esposa del mayor vendedor de paño del poblado, y que el local acababa de ser desalojado por un médico anciano que había muerto dos semanas atrás.

La perfumista consideró ideal aquel lugar para su tienda, pero había un inconveniente grave: no tenía recursos para pagar la renta de un espacio así.

Pasó cavilando dos días y finalmente diseñó un plan: se apostó a las afueras de la casa donde sabía que vivía la mujer gorda a esperar que saliera. En cuanto la mujer gorda puso el pie en la calle, se acercó a ella caminando lo más cerca que pudo, sin parecer que la seguía. Dada su habilidad para detectar olores, la perfumista percibió el aroma que la mujer gorda usaba. Procedió igual durante tres días y pudo descubrir en aquella mujer un gusto por los aromas afrutados de olor penetrante.

Trabajó para diseñar un perfume que cumpliera lo mejor posible con el gusto de la mujer gorda, asegurándose de usar material de primera que garantizara una permanencia prolongada del aroma, tomando cuidadosas notas para repetir el perfume. Vació el producto en una de las botellas más bellas de que disponía.

Al día siguiente se presentó en casa de la mujer gorda y entregó el perfume al sirviente que abrió la puerta, diciéndole que avisara a su ama que la perfumista de la calle torcida del mercado le enviaba aquel perfume como obsequio.

Pasaron cuatro días y la perfumista recibió la visita de un sirviente de la mujer gorda, pidiéndole que la acompañara a visitar a su ama.

Al entrar en la casa, el sirviente pidió a la perfumista que esperara a la señora en una estancia, anexa a la entrada de la casa, en donde había cuatro sillas tapizadas en brocado rojo con dibujos de flores y una mesa redonda de madera con incrustaciones de marfil, todo ello sobre un tapete redondo gris con dibujos de color vino.

Pasados unos minutos, la señora gorda apareció mostrando su robusta figura cubierta de un traje de seda rojo con bordados en hilo dorado en forma de hojas de acanto. La perfumista se puso de pie, pero la señora le indicó que continuara sentada y ella tomó asiento enfrente.

—Quiero agradecerte el regalo del perfume —inició diciendo la señora gorda—, tiene un aroma que me encantó y me hace ver que eres una buena perfumista, pero nadie regala algo sin esperar respuesta. ¿Qué quieres de mí?

—En primer lugar, gracias por su opinión de mi perfume y de mi persona, y también agradezco que me reciba en su casa. En efecto quiero algo de usted: vendo actualmente mis perfumes en la calle del mercado, sobre una pequeña mesa que coloco en una esquina, pero sueño con tener un local, una pequeña tienda para expender mis productos. Sé que usted es dueña del local que ocupaba el médico anciano, recientemente fallecido, en la calle angosta que desemboca al centro del mercado y me pregunto si pudiera rentarlo para establecer ahí mi perfumería.

—Dado que está muy bien ubicado en el poblado, la renta no será barata. ¿Tienes recursos para pagarla?

—No —dijo enfática la perfumista—, por ello necesitaba hablar con usted, para proponerle que se asocie conmigo. Yo puedo poner el trabajo tanto de la producción de los perfumes como de su venta, y usted aportaría la renta.

—¿Y yo qué gano? —preguntó la mujer gorda.

—Fijaremos un precio justo para la renta del local. Usted sería dueña del importe total de las primeras ventas del mes hasta completar la renta acordada y después repartimos las utilidades del negocio veinte por ciento para usted y el resto para mí.

—¿Por qué no cincuenta por ciento para cada quien?

—Porque usted ya cobró primero su renta. Si alquila el local a otra persona sería lo único que obtendría, con mi arreglo aún le queda el veinte por ciento de las utilidades.

—Veo que eres una mujer lista, pero no te conozco y no es recomendable asociarse con desconocidos.

—Pensé que diría eso, de modo que usted puede manejar todo el dinero del negocio, personalmente o a través de un administrador, de manera que yo no tengo posibilidad de malversar los fondos o apoderarme del dinero y huir. Yo soy la que confía en que usted manejará con justicia los ingresos y me entregará cada mes mi utilidad correspondiente.

—Lo voy a pensar —dijo la mujer gruesa—, regresa en una semana por mi respuesta.

Justo a la semana, la perfumista se presentó en la misma casa, para ser informada que la señora no había decidido nada, que regresara una semana después.

El episodio se repitió igual en las dos semanas siguientes, de modo que la perfumista decidió cambiar de táctica: buscó y encontró la fórmula del perfume que había elaborado para la mujer gorda y procedió a fabricar el mismo producto y a envasarlo nuevamente en una bonita botella. Al día siguiente, se presentó en casa de la mujer gorda y nuevamente entregó el perfume como un regalo para la mujer.

Esperó en su puesto de perfumes en el mercado una nueva llamada de la mujer gorda, pero no hubo respuesta.

Regresó a la casa donde había sido recibida y los sirvientes, despóticos, se limitaron a decirle que la señora estaba fuera de la ciudad, que no había noticias para ella y que dejara de estar molestando, que le llamarían si se requerían sus servicios.

Durante los breves momentos que la puerta de la casa permaneció abierta para despacharla, alcanzó a ver a una de las sirvientas que solían acompañar a la mujer gorda.

La perfumista se apostó, discretamente escondida en el portal de una casa, en posición de ver la puerta de la mansión de la mujer gorda y percatarse de quién salía o entraba. Después de varias horas de vigilancia, tuvo la suerte de ver a la sirvienta saliendo a la calle. La siguió con disimulo y, cuando entró al mercado, se le acercó y le entregó un perfume que traía a mano, diciéndole que era un obsequio para ella. La sirvienta se asustó y pretendió rechazar el regalo. La perfumista tomó la botella, la destapó y se la dio a oler a la joven, quien quedó encantada con el aroma.

Bajando la vista, replicó que no podía recibirlo porque su ama se enfadaría con ella. La perfumista mencionó que nadie se enteraría del obsequio y que sólo le pedía que le indicara dónde estaba su ama.

La sirvienta tomó el frasco; volteó a todos lados, quería confirmar que nadie conocido la viera; mencionó que su patrona estaba en la finca de los dos racimos de uva, donde vivía la hermana de la mujer gorda, que estaba casada con el productor de vinos, como a una hora de camino hacia el poniente. La hermana estaba enferma, y su ama se había trasladado a cuidarla y que no se sabía para cuándo estaría de regreso.

Al día siguiente, la perfumista emprendió el viaje y justo tras una hora de caminata se topó con un arco de piedra, a la vera del camino, que daba acceso a la finca de los dos racimos de uva.

Caminó hasta la entrada de la casa y pertrechada del perfume que había agradado a la mujer gorda, tocó la puerta, y al sirviente que abrió le entregó el frasco, diciéndole que lo entregara a la dama gruesa, y le dijera que quien le enviaba ese obsequio esperaría su respuesta frente a la puerta.

Como una hora después, el sirviente apareció de nuevo en la puerta y avisó a la perfumista que la mujer gorda no podía atenderla porque su ama, la dueña de la casa, se encontraba muy delicada. Que regresara la semana próxima.

Con separación de una semana, tres viajes más realizó la perfumista a la finca vinícola sin poder hablar con la mujer gorda, con explicaciones de los sirvientes relativas a los problemas de salud de la señora de la casa.

Durante esos viajes, la perfumista investigó que la hermana de la mujer gorda sufría de fiebres y su cuerpo se había pintado de amarillo. Recordó a un tío que cuando se inició en la producción de perfumes la había aconsejado y le había enseñado a seleccionar las flores y las hierbas olorosas para producir aromas, pero también le había enseñado los poderes curativos de los productos del campo. La piel coloreada de amarillo significa un mal funcionamiento del hígado, según el tío le había explicado y recordó ciertas plantas que, consumidas en infusión, ayudaban a mejorar la salud en esos casos. Salió al campo y buscó lo que requería, preparó el medicamento y al día siguiente emprendió nuevamente el camino a la finca de los dos racimos.

Esta vez entregó una pequeña dosis preparada, advirtiendo al sirviente que debía calentar aquel producto y retirarlo del fuego cuando empezara a hervir; dejarlo enfriar y darlo a su ama en cucharadas grandes, una cada cuarto de hora. Pidió que la mujer gorda recibiera el producto con el señalamiento de que provenía de su socia la perfumista.

Dos días después, la perfumista recibió en su mesa de trabajo en el mercado, la visita de cuatro sirvientes de la mujer gorda que le pidieron que preparara más medicamento para la hermana enferma y que por favor los acompañara a la finca de los dos racimos.

La perfumista fue a su casa, tomó varios frascos en los que guardó los componentes de su medicamento y regresó al mercado, donde la esperaban los sirvientes con un palanquín, de manera que esta vez realizó el trayecto a la finca vinícola sin poner un pie en el piso.

La mujer gorda la recibió urgiéndola a preparar el medicamento para la hermana, señalando, con cierta frialdad, que había producido una ligera mejoría. La perfumista le indicó que primero necesitaba tratar el asunto del local para su perfumería, lo que irritó a la mujer gorda respondiendo que se le pagaría por su medicamento y que no era momento para discusiones de otro tipo, pero la perfumista se plantó en su posición indicando que si no había solución para su local no había medicina para la hermana. Un tanto molesta, la mujer gorda añadió:

—Está bien, la próxima semana, si mi hermana ha mejorado, te recibiré para discutir el asunto del local.

—Lo siento —añadió la perfumista—, o me aprueba mi propuesta para el local como se lo he planteado o no preparo el medicamento.

—Ya ni me acuerdo de tu propuesta —señaló la mujer gorda.

—No se preocupe, aquí lo traigo por escrito —indicó la perfumista entregando un documento, todo lo que hace falta es que lo firme y me pondré a trabajar en el remedio.

De mala gana, la mujer gorda leyó aquello añadiendo:

—Quedamos que sería cincuenta por ciento para cada quien de lo remanente después de la renta, que además has fijado a un precio bajo.

—Quedamos en los porcentajes que ahí se citan y, en cuanto a la renta, visité cuatro locales de dimensiones similares que están operando en el mercado, que tienen incluso mejor ubicación, y la renta que señalo es el promedio de esos cuatro casos.

—La gente no dice la verdad respecto a lo que pagan de alquiler.

—Llevo varios años trabajando en el mercado y he creado buenas relaciones con otros comerciantes y en los cuatro casos los precios son los indicados en los recibos que me enseñaron, con gusto la invito a visitarlos y comprobar la veracidad de lo que digo.

—Eres una mujer obstinada. Si mi hermana se alivia, estaría dispuesta a firmar tu documento, pero no antes.

—Estoy aquí porque mi remedio dio buen resultado, de otro modo no se hubiera molestado en traerme en palanquín. Por lo tanto, primero firma y luego tiene el medicamento, no al revés —dijo la perfumista con seguridad en la voz, aunque por dentro temblaba de miedo ante la posibilidad de fallar.

La mujer gorda frunció los labios con evidente disgusto por no llevar el control de la negociación, y de mala gana dijo a un sirviente:

—Dame pluma y tintero, te firmaré, pero te advierto que si mi hermana no sana, te haré tragar tu documento y te correré a patadas del local.

—Su hermana ya empezó a sanar con mi medicina, lo que no había logrado con ningún otro remedio, de modo que debe administrarlo de igual manera: una cucharada cada cuarto de hora por dos días, luego una cucharada cada hora por una semana y luego un mes tres veces al día.

La mujer gorda firmó el documento y la perfumista elaboró suficiente medicamento para completar el tratamiento y salió de la finca de regreso a casa con una gran sonrisa estacionada en su cara.

Cuando la perfumista visitó nuevamente al *afflo magister*, le narró con detalle los sucesos con la mujer gorda y recibió una felicitación por su persistencia y decisión. No sólo había realizado la tarea de soñar con detalle un anhelo, sino que lo había hecho realidad.

—Analiza el proceso que has realizado a partir de establecer un sueño y me presentas tus conclusiones la próxima semana —le dijo.

Los comerciantes del mercado, que conocían y apreciaban a la perfumista, se congratularon de su éxito y las cooperaciones se multiplicaron en donaciones en especie y en plata para equipar la tienda. Aunque el montaje de su nueva tienda la tenía muy ocupada, estuvo analizando su tarea, de modo que a la semana siguiente le expresó a su tutor lo que descubrió en aquel ejercicio:

—El haber imaginado lo que deseaba, el imponerme la tarea de soñarlo detalladamente con los ojos abiertos, me permitió profundizar en lo que anhelaba y el verme mentalmente disfrutando del éxito me permitió enamorarme de la meta. En este punto ya no había otro camino que hacerlo realidad. Creo que al lograr anclar en la mente el deseo, al imaginarlo posible e incluso realizado, mi mente se puso a trabajar en busca de oportunidades. Aquel local vacío hubiera pasado inadvertido si no hubiera estado en alerta mental, por ello lo detecté e inicié un proceso para conseguirlo. Siendo rehén de mi anhelo, ningún trabajo o esfuerzo me pareció incómodo, nunca me cansé de insistir.

—¿Ubicas el papel de la perseverancia? —preguntó el *afflo magister*.

—Desde luego, fue determinante —señaló la perfumista—. La perseverancia es el puente que une al anhelo con el logro. Las personas no están dispuestas a satisfacer otros anhelos que no sean los propios y nuestras metas requieren de cooperación de nuestros prójimos, de modo que se requiere insistencia con el fin de descubrir los caminos para que los demás encuentren satisfacción en colaborar con nuestros deseos o se vean en la necesidad de hacerlo sin sentirse obligados, para no lastimar egos y sembrar enemigos que algún día buscarán desquite.

—Pero tú obligaste a la mujer gorda a firmar. ¿No sembraste ahí una enemiga?

—No —respondió la perfumista—, porque la realidad es que estableció un contrato conmigo que estoy seguro que le será provechoso. En cuanto empiece a ver los resultados económicos favorables, olvidará las condiciones de la firma, e incluso se alegrará del acuerdo que tenemos y yo dejaré que presuma que la idea fue suya. Nuestra ganancia es permanente cuando dejamos que la persona a quien derrotamos considere que ganó.

—Veo que has aprendido tu lección —dijo el *afflo magister*—, has captado el resultado positivo que da anclar un deseo en la mente a través de verse dueño de los beneficios en la imaginación, lo que genera el impulso para hacer realidad el sueño, y primordialmente, has comprobado que la perseverancia es la fórmula mágica que derriba obstáculos. Me da particular gusto tu actitud de llevar a la práctica los conocimientos, porque no te detuviste en darme respuestas retóricas a mis solicitudes, sino que, de propia iniciativa, tomaste el camino de la acción para comprobar los resultados de las teorías.

—Soy una mujer pragmática, *magister* —respondió la perfumista—, me gusta comprobar los beneficios de las ideas cuando pasan de la cabeza a las manos.

—Es válido, pero la acción guiada por la sabiduría acerca los resultados, y la sabiduría requiere estudio, análisis, observación. El método de prueba y error lleva a buscar el camino a tientas, como quien viaja sin luz alguna en la noche oscura; tiene más probabilidades de tropezarse de continuo que de llegar a su destino.

—Pero me has dicho que la perseverancia es la fórmula del éxito —comentó la perfumista.

—La perseverancia inteligente, no la necia. Adquiere conocimientos, instrúyete en lo que deseas hacer, concibe una meta lógicamente realizable, no importa que requiera mucho trabajo y tiempo, que esté distante, pero que sea factible y luego imagina su logro y ahora sí, sé perseverante.

—Son pocos los que alcanzan la fama, ¿por qué?

—Debido a que la apatía, la ley del menor esfuerzo, el conformismo, es denominador común. Para las personas triunfadoras, visionarias, creadoras, lo que muchos calificaron de imposible fue dimensionado por ellas como alcanzable: imaginaron lo que deseaban, lo vieron logrado en su mente y comprometieron todas sus capacidades, su entusiasmo, en la tarea; se prepararon, estudiaron, analizaron los caminos y finalmente trabajaron con denuedo; perseveraron sin desmayo y se adueñaron del logro.

—Los grandes triunfos de las personas son pasos valiosos para toda la humanidad. Todos ganamos cuando algo nuevo se descubre, cuando surge un adelanto útil. Si bien el descubridor, el creador, recibe los premios y las recompensas, la humanidad entera gana un nuevo camino para transitar con más facilidad y disfrute por la vida —dijo la perfumista.

—Por esto el compromiso de aprovechar nuestros talentos, de dar lo mejor de nosotros mismos en nuestro trabajo, en nuestras relaciones con los demás. Gana más el que más provecho aporta a los demás.

—Me ha quedado claro: hay que continuar poniendo a trabajar los conocimientos y las habilidades —citó la perfumista.

—Me felicito por haber tenido la oportunidad de transitar a tu lado durante un trecho de tu vida, habiendo compartido experiencias. Enseñar y aprender, es el trato más fructífero entre los seres humanos. Estás lista para nuevos retos ahora que sabes perseverar con inteligencia para alcanzar metas más altas —dijo el *afflo magister*, despidiéndose de la perfumista, al terminar su entrenamiento.

Cuando se cumplió el plazo, la perfumista se encontró de nuevo con el maestro dotada de herramientas para el servicio.

Camino al encuentro con la felicidad
y la trascendencia

*Imaginar la meta alcanzada y sus beneficios,
provoca el anhelo por obtenerla. Si a esto se suma
la perseverancia en la tarea, el tránsito
entre el deseo y el logro se acorta.*

X

Sin entusiasmo nada sobresaliente
se alcanza en la vida

El maestro terminó de comer en casa del mercader de orfebrería cuando un sirviente se acercó al dueño de la casa y al oído le transmitió un mensaje.

El anfitrión le indicó al maestro que había llegado el sastre para probarle la vestimenta que mandó hacer para la boda de su hija, y le pidió a su huésped que lo acompañara para que le diera su opinión del traje.

En una antecámara de la casa, el sastre acomodaba nerviosamente las vestiduras, dando órdenes ásperas a su ayudante.

El mercader saludó al sastre, quien correspondió con una inclinación de cabeza.

—He confiado en este hombre —le dijo el mercader al maestro—, porque es el mejor sastre de la región —agregando en voz baja, acercándose al maestro—, aunque tiene mal carácter.

—Bien, sastre, probemos la indumentaria —dijo el mercader extendiendo los brazos.

El ayudante tomó la primera prenda confeccionada, pero los ojos de furia de su patrón le indicaron que estaba obrando en forma equivocada.

—Muchacho —dijo el sastre—, primero ayúdalo a desvestirse.

Una vez que se colocó al mercader la túnica de lino con cintillas bordadas con hilo de plata en los puños y el cuello, el sastre verificó que la prenda quedara bien acomodada y rectificó que amoldara al cuerpo de su cliente, marcando que requería un pequeño ajuste a la altura de la cintura y subir ligeramente el dobladillo de la parte inferior. Se notaba un cuidado particular por los detalles para lograr un trabajo perfecto.

A continuación le colocaron el manto azul con bordados en rojo y vino, engarzado con algunas piedras preciosas. La túnica y el manto se ceñían con una faja de cuatro dedos de ancho, ricamente bordada con hilo de plata, que tenía un dobladillo posterior que servía de bolsillo.

El sastre revisaba escrupulosamente cada parte de la vestimenta, observando de frente, por atrás y en los dos perfiles, marcando cualquier detalle que requería ajuste, por pequeño que fuera.

El maestro observaba la actuación del sastre: profesional, responsable, cuidadosa, pero fría, como si el trabajo fuera una obligación que no le despertaba gusto alguno, sólo el deseo de realizar un trabajo perfecto, una labor con la mente enfocada y atenta, pero con el corazón apagado.

Terminada la prueba, el sastre ofreció hacer los últimos ajustes necesarios y regresar en tres días a entregar el trabajo terminado.

Como el mercader había mencionado un compromiso que tenía que atender aquella tarde, el maestro aprovechó para agradecer la comida y despedirse, lo que le dio la oportunidad de salir de la casa junto con el sastre, al que preguntó si le importaba que lo acompañara en el camino a su taller de costura. Sin mayor interés, el sastre aceptó.

Caminando a su lado, el maestro comentó:

—Veo que eres un buen sastre cuidas los detalles más pequeños que es donde se aloja la perfección, pero no encuentro que disfrutes del buen trabajo que realizas.

—El trabajo es una ocupación, no una diversión —respondió el sastre.

—¿Qué te llevó a convertirte en sastre?

—Soy el hijo mayor de un sastre, que fue a su vez el hijo mayor de otro sastre, y así nos podemos remontar por generaciones para atrás.

—Es decir que te sentiste ante la necesidad de ser sastre para continuar la tradición familiar.

—Con mi padre no hubo opciones, él determinó el camino de cada uno de sus hijos e hijas. A mí se me preparó para heredar el taller de sastrería, nunca se me preguntó lo que quería.

—¿Te hubiera gustado otro oficio? —preguntó el maestro.

—Muy pronto en mi vida supe que sería sastre, no tuve tiempo siquiera para pensar en otro camino. No conozco otra cosa.

—¿Eres feliz con lo que haces?

—No hay mayor felicidad en esta vida, eso se reserva para cuando se dé el encuentro con Dios. Yo hago lo que tengo que hacer, de la mejor manera y no hago reflexiones como las que tú me planteas.

—La misericordia de Dios es tan grande que nos da la oportunidad de gozar de la felicidad en esta vida, aunque en forma intermitente y no con la plenitud que obtendremos a su lado, pero si ponemos los medios de nuestra parte, se da.

—Lo que mencionas son palabras, teorías, ilusiones, más en el campo de la imaginación que en la realidad. La vida premia a unos cuantos, los más listos o los más abusivos, los demás tenemos que remar en contra de la corriente y, si aflojamos el paso, somos lanzados al precipicio; no hay tiempo para jugar a ser feliz.

—No es un juego, es una actitud —rectificó el maestro—. Dios no quiere una vida desdichada para nosotros, sus criaturas; está a nuestro lado para apoyarnos, pero en muchos caso somos sordos a sus ofertas porque queremos que las cosas se hagan a nuestra manera, queremos que la felicidad nos llegue como un regalo, sin trabajarla, sin merecerla. Lo que se nos da son las oportunidades, pero éstas requieren compromiso, dedicación, empeño, constancia y sobre todo amor. La felicidad nos llega cuando hacemos felices a nuestros prójimos, es haciendo el bien a otros como el premio aparece en nuestras manos. El error está en querer primero cobrar y luego trabajar.

—Hay hombres buenos, que trabajan honestamente toda su existencia, y nadie se acuerda de premiarlos en esta vida.

—Con frecuencia asociamos felicidad con riqueza material y si no se es dueño de mucho dinero, se piensa que no se alcanzó una vida plena. Muchos ricos en dinero son infelices y muchos con escasos bienes materiales disfrutan de una vida exitosa, rodeados del amor de los suyos, del cariño y respeto de muchos amigos, de una ocupación enriquecedora para su espíritu y bienhechora para quienes reciben el producto de su trabajo. El concepto de felicidad es un secreto personal y cada quien tiene que hacer su valoración particular.

—Hablas de oportunidades que Dios ofrece a todos, pero dónde se encuentran en la vida de un jornalero agrícola, por ejemplo, nacido en la pobreza extrema, sin oportunidades de educarse al haber crecido en un hogar con padres ignorantes, sin recursos alimenticios, pasando hambre con frecuencia, conociendo el trabajo desde la más tierna infancia.

—Yo te puedo citar otro caso, pero en el otro lado de la escala social. Un muchacho joven, hijo de una familia con grandes recursos, que adquiere una enfermedad incurable y además extremamente dolorosa, sin encontrar remedios para siquiera aminorar la dolencia. La desdicha puede atrapar a los hombres o a las mujeres en cualquier circunstancia y momento. Siendo la felicidad, como te he dicho, una consideración personal, nadie puede juzgar quién la tiene, quién carece de ella, cuánto tiene o cuánto le falta. En las situaciones más extremas, el ser humano tiene abierta una liga espiritual con Dios, mucho más plena que en circunstancias normales, y dependerá de la utilización que haga de este recurso el obtener una felicidad personal que a quienes vemos la situación desde el exterior nos parece incomprensible. La inteligencia humana es muy pequeña para comprender los caminos de Dios y no es una consideración retórica, es simplemente lógico que nuestro pensar no tiene comparativo con quien nos ha creado y ha generado el universo.

—Si no nos entendemos a nosotros mismos, menos podemos pretender entender los designios del Todopoderoso.

—Pero sí podemos escuchar y atender a sus llamados. El Señor me ha encomendado divulgar su mensaje de amor pidiendo a los hombres y mujeres de este mundo que comprometamos nuestras capacidades en el servicio al prójimo, haciendo trascendente nuestra vida, y para ello estoy formando un grupo de discípulos que trabajen en divulgar sus designios y te ofrezco que te unas a este grupo.

—Me has señalado amablemente mis carencias y ahora me invitas a trabajar a tu lado. Si sabes lo mucho que requiero trabajar en mí mismo, ¿cómo pretendes que pueda ser heraldo para los demás?

—Porque lo que te falta, yo te lo puedo proporcionar. Lo que necesito es tu determinación para ser mejor y desear compartir con otros una buena nueva, que empezará por enriquecerte a ti mismo.

—He disfrutado conversando contigo, reconozco en ti a un maestro, un hombre de Dios, pero no estoy listo para servirte en lo que me pides.

—Date la oportunidad, permite que nos veamos una vez por semana y dejemos que el espíritu de Dios se haga presente en tu interior.

—Estoy en la mejor disposición para lo que me propones. Dudo alcanzar la calificación necesaria, pero estoy abierto a escucharte.

El maestro y el sastre convinieron en día y hora para sus reuniones semanales y se despidieron amablemente.

Cuatro reuniones más se dieron para que el sastre decidiera unirse al programa del maestro. Una vez de acuerdo, el maestro le hizo ver que requería trabajar en el entusiasmo por su trabajo.

—Empezaremos porque alcances el disfrute en tu labor como sastre y de ahí se derivará tu compromiso con la misión que el Señor nos ha encomendado. Para este quehacer te remitiré con la sibila que vive en las grutas del bosque húmedo a tres jornadas de aquí. Le dirás que vas de mi parte y ella te instruirá. Te veré al cumplirse un año de esta fecha en este mismo lugar al medio día —el maestro bendijo al sastre y lo dejó con un sentimiento de paz y alegría.

En las orillas del bosque húmedo había diversos poblados, pequeños pero industriosos, dedicados primordialmente a la tala de árboles, así como al corte, preparación y embarque de la madera.

El sastre se sorprendió de lo conocida que era la sibila, a quien preguntaba por ella le daba una precisa explicación de cómo llegar a la gruta en que habitaba, pero, al mismo tiempo, le indicaban lo acertado de los vaticinios que realizaba; parecía que no había lugareño que no la conociera y que no estuviera convencido de sus atinados conocimientos adivinatorios.

Aunque llegó temprano por la mañana a la gruta, el sastre se encontró con cinco personas que antes de él habían llegado y esperaban formados en fila para ser recibidos. De nada le sirvió explicar que él no venía a consultar su suerte o su futuro, los presentes fueron tajantes: debía formarse y esperar su turno.

Después de dos horas de espera, el sastre pudo ingresar a la sala de atención de la sibila: una cueva con estalactitas del alto de dos personas, iluminada con velas que emitían un olor perfumado. Al centro del lugar había una mesa rectangular de caoba, barnizada en color oscuro, con dos candelabros, cada uno con cinco velas; cartas, objetos de metal y de cristal con formas extrañas y una pequeña campana plateada. Separadas por la parte angosta de la mesa había dos poltronas, una ocupada por la sibila y otra libre para la persona que acudía a la consulta.

La sibila era una mujer de tez morena, con el pelo negro, largo, rizado, con sendos aretes en los oídos formados por tres rombos plateados entrelazados, un anillo en cada dedo de la mano izquierda y un anillo de oro con una esmeralda cuadrada en la mano derecha. Era una mujer madura, pero que no había perdido la lozanía del cutis, y que capturaba la atención hacia sus dos grandes ojos negros, enigmáticos.

La sibila le indicó que tomara asiento frente a ella y, en cuanto lo hizo, le dijo:

—Tú no vienes a consulta, no quieres saber lo que te depara el futuro, quieres construirlo.

Sorprendido, el sastre respondió:

—En efecto, me ha enviado el maestro, porque considera que tú puedes instruirme.

—Platícame del maestro y lo que te ha dicho.

El sastre le refirió su encuentro con el maestro y le hizo una síntesis de las diversas reuniones que tuvo con él.

—Yo puedo ayudarte a que veas lo que no has querido ver en tu vida, pero no puedo andar tu camino, a ti te corresponde caminarlo, sólo si te comprometes a poner en uso los razonamientos que te compartiré es redituable el esfuerzo, si no tienes esa disposición, mejor regresa a casa y olvídate de mí.

—Estoy contigo porque me comprometí con el maestro a trabajar en ser una mejor persona, de modo que estoy dispuesto a seguir tus lineamientos.

—Te creo, sastre, si algo he aprendido en mi oficio es a detectar la sinceridad en las personas. Tenemos que establecer un horario para vernos fuera de mis consultas porque tu caso es diferente. Ven el primer día de la próxima semana, cuando el sol se oculta tras las montañas, que es cuando termino mis consultas. Debes estar conmigo cada ocho días a partir de ese día, a la misma hora.

—Gracia, sibila, aquí estaré.

A punto de darle la espalda y retirarse, el sastre se quedó inmóvil un momento y le dijo:

—¿Puedo hacerte una pregunta?

—Adelante.

—¿Realmente puedes predecir el futuro de la gente?

—No y sí —respondió la sibila—. No tengo el poder de ver el futuro de una persona, pero sí sé qué hará la gente, cómo afrontará la vida al salir de aquí, y eso me permite conjeturar el futuro que va a tener.

—Tienes un don especial para lograr esto.

—No, es mucho más sencillo de lo que parece: simplemente sé escuchar. La gente me platica su vida, yo percibo su sinceridad o su presunción o los ocultamientos de la realidad que expresa; le indico lo que puede sucederle si continúa por el camino que lleva o las alternativas de cambio que tiene, y capto si está dispuesta a transformarse o no y qué opción escogerá de las que le he planteado y le hago ver los resultados.

—Pero al salir de aquí puede cambiar de opinión y tomar otra alternativa y tu predicción se deja de cumplir.

—El cuidado que he tenido, a lo largo de muchos años, de hacer adecuadamente mi labor le ha dado un gran peso a mis oráculos. El poder de la sugestión es muy fuerte y una vez inoculada una idea en la mente de una persona, la probabilidad de que se haga realidad es muy alta.

—Eso te confiere el poder jugar con el destino de las personas.

—Lo sé y por ello sólo insisto o pronostico resultados positivos, cuando capto una conducta que no llevará a un buen fin, no hago una predicción precisa, sino que me concreto a señalar que es peligrosa la senda escogida. Las personas tienen que hacer su tarea, yo no puedo vivir su vida, solo orientarlas. Cabe señalar también que tampoco soy infalible, pero para bien o para mal, soy atinada en la mayoría de los casos.

—Eres una mujer inteligente y de las personas con sabiduría siempre se aprende. Estaré contigo según me has indicado —dijo el sastre despidiéndose.

En las cercanías de la gruta se localizaban varios poblados pequeños. El sastre averiguó que sólo en uno de ellos había un sastre. Buscó establecerse en el poblado más alejado para no ser un competidor. Sabía que no permanecería más de un año en el lugar y que en función de sus conocimientos y experiencia con clientela de un poblado mayor, podía convertirse en una competencia dañina para el otro sastre y sólo buscaba tener ingresos durante su estancia en aquel lugar, sin perjudicar al colega local.

La sibila, a su vez, se ocupó también en propiciarle un buen ambiente, al dar a conocer que el sastre recién llegado sería su alumno. Dado el aprecio, el respeto o el temor que los lugareños sentían por la sibila, aceptaron acoger favorablemente al forastero, con lo que el sastre tuvo pronto diversos encargos profesionales.

Muy puntual, el sastre se presentó en la gruta para iniciar su capacitación el día señalado.

—Las palabras —empezó diciéndole la sibila— son sonidos mági-
cos, están construidas para viajar por el aire como palomas mensajeras,
llevando envuelto un pensamiento que se deposita en el oído del oyente
para ser introducido a su mente y encender una luz en el interior, para
provocar un pensamiento, poniendo a trabajar el control de nuestra humanidad, logrando el proceso que lleva al entendimiento entre las personas. Somos civilización en tanto que somos capaces de comunicarnos
con sonido, con letras.

—Siempre me ha impresionado el proceso que une letras para formar palabras; palabras para formar oraciones, que entrelaza éstas para
depositar mis pensamientos en otra persona —dijo el sastre.

—Las palabras suelen ser autodescriptivas, se forman uniendo vocablos más sencillos que combinados adquieren significado —señaló la
sibila—. Por ejemplo, hoy quiero partir pidiéndote que valores la palabra
entusiasmo que está formada por los vocablos *en*, "dentro de", y *theos*,
"Dios". *Estar dentro de, poseído por el Señor*. ¡Qué no puede realizar una
persona poseída por Dios!

—Ciertamente es un vocablo poderoso —reconoció el sastre.

—Como el viento es a las velas de un barco que produce su despla-
zamiento, el entusiasmo es a los proyectos de un hombre o una mujer,
haciéndolos realidad.

—Yo lo he notado en los oradores —dijo el sastre—, una persona con
razonamientos muy centrados, lógicos, bien concebidos, logra escasos
seguidores si expresa sus ideas en forma monótona; un orador emotivo
convence con ideas relativamente pobres.

—Entusiasmarse es similar a enamorarse. ¡Cuánto hace una mujer o
un hombre enamorado por su pareja! El entusiasmo es el enamoramien-
to de una persona por un trabajo, por una idea, por un proyecto: el trabajo
se hace fácil aunque sea extenuante, el tiempo dedicado pasa inadvertido

aunque haya sido mucho. Hay escultores, pintores, escritores, enamorados de su creación, que se olvidan de sus alimentos, que les pasa inadvertido el tiempo, no distinguen entre el día y la noche, no se acuerdan que no durmieron; su mente está tan absorta en su quehacer, tan entusiasmada con la tarea, que omite avisarle al cuerpo del cansancio.

—Tal vez el arte pueda llevar a esos excesos —comentó el sastre.

—Todo trabajo comprometido es un arte. El trabajo es creación, realización, materializa pensamientos.

—Yo no podría llamar *arte* a mi trabajo —aseveró el sastre.

—Piensa que diseñas una vestimenta para una mujer o un hombre, concibes lo que la persona quiere lucir, dibujas el modelo o lo construyes en tu mente; tomas pedazos de tela, los trazas, los cortas, los unes con hilo y aguja, los bordas, les añades otras telas o adornos y lo que fue una idea ahora cubre el cuerpo de la persona, adornándola, haciéndola lucir ante los demás, abrigándola. Eso es *arte*, aunque tu modestia no te permita verlo así.

—Narrado como lo expresaste, parece un trabajo importante, creativo.

—Y sin lugar a duda lo es —dijo enfática la sibila—. ¿No te da gusto ver la cara de satisfacción de la persona a la que has confeccionado una prenda, cuando reconoce que tu trabajo la hará lucir? ¿Cuando le agrada cómo se ve?

—Siento que he cumplido con mi trabajo, que he sido responsable. Mi padre mencionaba mucho el concepto de *responsabilidad*, el compromiso que todos tenemos de hacer lo que hacemos con la mejor calidad, en el tiempo acordado, al precio convenido y en busca de la plena satisfacción del cliente.

—Ser responsables —añadió la sibila— es parte de la ética profesional, pero ser entusiasta es un sentimiento que nace de tu interior, que ilumina tu vida, que le da razón de ser a tu trabajo y a tu existencia, al permitirte disfrutar lo que haces.

—Tal vez estoy tan anclado al concepto de responsabilidad que no puedo ir más allá —citó el sastre.

—Vamos a trabajar en esta búsqueda. Para la próxima semana —dijo la sibila—, debes haber encontrado una actividad que te produzca gusto realizar. Puede ser algo que ya realizas o algo que nunca has hecho, pero que se te antoja hacer y que consideras que te haría feliz. Te espero con este concepto en nuestra próxima sesión —añadió la sibila, despidiéndose.

Esa tarde el sastre tomó asiento en una gran piedra, a cielo raso, contemplando el cielo. El sol se despedía del día recostándose detrás de las montañas, impregnando al firmamento de un color dorado en donde destacaban las nubes incendiadas de rojo. Al ir pasando el tiempo, el decorado cambiaba al tornarse los rojos en rosas y el dorado del fondo se fue haciendo azul marino y la iluminación se fue apagando para dar paso a la noche. "Somos nada en este basto universo", pensó el sastre, "pero nos sentimos tan importantes como si toda la creación nos debiera rendir pleitesía.

"En este mundo del trabajo, donde *ganar para tener* es razón de ser, nos olvidamos de la meditación, las reflexiones, el espacio para que nuestra mente abandone lo cotidiano y se interne en busca de nosotros mismos. Nos da miedo enfrentarnos a las preguntas de fondo porque nos quedamos mudos, nos damos cuenta de que no tenemos respuestas cuando nos interrogamos sobre la razón de ser de nuestra vida, el porqué estamos en este mundo; para no salir reprobados, preferimos llenar de ruido nuestro entorno, que suene la música, que el ambiente se llene de alegría, que estemos rodeados de muchas personas, así estaremos lejos de nosotros mismos y de nuestras inquietantes preguntas.

"Pero la tarea de la sibila y de la noche, que apaga el ruido humano encendiendo el alumbrado del cielo, me empujan a entrar en el laberinto de mi mente: a perderme para poder encontrarme.

"Si el maestro quiere que empiece por buscar en mi actual ocupación como sastre, de todo el trabajo que tengo que realizar para crear una prenda, indudablemente lo que más me gusta es diseñar la vestimenta, imaginarla, concebir las telas apropiadas, en costo y acabado, para lograr lo que imagino que complacerá al cliente. Por otro lado, lo menos grato es ensartar hilos en las agujas y estar llenando los paños de puntadas, es un trabajo soso, repetitivo, tedioso. Creo que estoy descubriendo que en mi oficio pienso más en la parte desagradable del trabajo que en la que me gusta y tal vez esto me lleva a calificar negativamente mi ocupación.

"Describir problemas sin aportar soluciones es el trabajo de los inútiles. Como no me gusta ubicarme en esta clasificación, debo pensar en cómo cambiar el enfoque, para amplificar en mi mente lo que me gusta hacer y empequeñecer lo desagradable, lo rutinario.

"La solución ideal no siempre es la más fácil, ya que en mi caso me gustaría dedicarme a diseñar las vestimentas y tener ayudantes que cortaran y unieran las piezas de tela, pero esto sería posible con un volumen grande de trabajo; con mi actual clientela, los empleados se llevarían toda la utilidad y yo tendría que trabajar gratis.

"Puede ser que me esté topando con un punto ciego de mi laberinto, tengo que retroceder y retomar otra ruta que me pueda llevar a la salida. Necesito el volumen de trabajo que me permita limitarme al diseño. Podría ser que el diseño mismo provoque el resultado necesario, es decir, que sea capaz de crear ropa novedosa, moderna, colorida, que como un panal atraiga a las abejas a depositar su miel, diría su confianza en mí para hacerles su vestimenta.

"Me he dedicado a confeccionar lo que cualquier sastre puede hacer, lo común, lo de siempre. El vestido no sólo protege al cuerpo de la intemperie, sino que presenta a la persona en sociedad y todos queremos destacar, ser admirados, envidiados. Yo puedo hacer que mis clientes logren esto por medio de la indumentaria que les confecciono, que tiene que ser diferente, única, llamativa, cuidando no caer en lo estrafalario, lo vulgar, que puede producir el resultado contrario.

"Para ello me sería útil viajar, conocer nuevas ciudades, grandes metrópolis, observar a las personas nobles, los gobernantes, ver cómo visten y llevar estos diseños, adaptados a mi visión, a mi clientela, para ofrecer lo distinto, lo último, lo único.

"La idea me empieza a entusiasmar, pero también debo poner los pies en el piso: no tengo los recursos, las relaciones, el tiempo. La eterna lucha entre lo que se quiere y lo que se puede".

En ese diálogo interno, que parece la conversación entre dos personas dentro de uno mismo, el sastre planteaba y objetaba sus propios pensamientos. Si somos capaces de concebir un destino, tenemos que encontrar el camino para alcanzarlo, le decía una parte de su capacidad mental: la emotiva, la propositiva, la del pensamiento creativo. Pero a su lado estaba la contraparte: la timorata, la negativa, la pesimista, que lo invitaba a desechar una idea de difícil obtención.

"Cuando hay un estancamiento en la autonegociación mental —pensó el sastre—, otra persona puede ayudar a destrabar el conflicto y creo que esta será la función de la sibila, de todas maneras ya puedo presentarle la tarea que me solicitó".

En la siguiente reunión, el sastre narró sus conclusiones a la sibila.

—Hemos avanzado —dijo la sibila—, ya está empezando a florecer el aspecto que puede entusiasmarte, es tiempo del riego, del abono, para que la planta florezca. Debemos evitar que las plagas, la mala hierba, crezcan, para que no ahoguen el sano crecimiento del fruto deseado.

—Pero aun al entusiasmo hay que ponerle bridas para que no se convierta en un caballo salvaje y se le pueda guiar al lugar buscado —comentó el sastre.

—Anticipar las dificultades que se pueden encontrar en el camino es una sana práctica para alcanzar un objetivo, pero dar rienda suelta a las dudas sobre la valía del destino te lleva a cancelar el viaje, lo que es muy diferente. En tu caso, vamos a definir una meta: organizar tu taller para que te puedas dedicar a lo que te entusiasma, a diseñar las vestimentas, y que tengas personal para realizar la confección de tus diseños.

—Lo que requiere dinero y clientela suficiente, lo cual no tengo.

—Primero hay que dejar muy claro el *qué*, para después trabajar en el *cómo*. Si no subes la escalera peldaño por peldaño, te puedes tropezar. ¿Estás de acuerdo en la meta que he citado?

—De acuerdo.

—Cuando has establecido con claridad el deseo, la magia del universo se pone en marcha, y las piezas del rompecabezas se van acoplando. Para que veas cómo sucede esto, hoy recibí una invitación que abre la oportunidad para la satisfacción de una parte de tus necesidades.

—¿De qué se trata?

—Hace dos años, una hija del rey del país de los encinos falleció en un accidente. Tanto el rey como la reina quedaron desolados porque era una joven hermosa, con muchas virtudes y de apenas dieciocho años de edad, a la que amaban profundamente. Habían buscado consuelo a su pena por diversos medios sin conseguirlo. Supieron de mi existencia y me mandaron llamar. Estuve en la corte tres meses y tuve la suerte de encontrar los caminos para reducir su pesar y quedaron muy agradecidos. El próximo mes se casa su primogénito, el príncipe heredero al trono, y he sido invitada a la boda real. Te llevaré como mi asistente y esto te dará la posibilidad de conocer de cerca a los monarcas, a la familia real y a muchos miembros de la corte. Dado el evento, es seguro que usarán las mejores vestimentas, confeccionadas especialmente para la ocasión. Si abres bien los ojos y tomas nota, te harás en poco tiempo de valiosa información sobre los últimos diseños en el vestuario de la nobleza.

—Sin lugar a duda, es una oportunidad única —dijo el sastre entusiasmado.

—Veo que no sólo estás captando el significado del entusiasmo, sino que ya lo estás utilizando.

El sastre había llevado dos folios de hojas para tomar nota de los vestuarios de la boda, pero tuvo que comprar en el lugar un tercero. No paraba de dibujar, de hacer anotaciones. Estaba sorprendido de la variedad de los trajes, de las combinaciones de materiales y colores que incluían.

Por intercesión de la sibila, pudo visitar al sastre real en el palacio, conociendo la distribución del trabajo en un taller de confección de gran tamaño y recibir amables consejos del viejo sastre, que había dejado años atrás los atavismos de la envidia, y que incluso disfrutaba de transferir conocimientos.

Fueron sólo ocho días los que permanecieron en la corte del rey de los encinos, pero para el sastre pareció una eternidad, como si hubiera abierto una puerta de su casa y al cruzar el umbral hubiera entrado a un gran palacio, descubriendo un nuevo mundo. Había conocido las tendencias del vestir utilizadas por los nobles de aquel poderoso país. Sabía que la inmensa mayoría de sus clientes no podía costearse atavíos tan lujosos, pero su mente trabajaba febrilmente diseñando vestuarios, que se asemejaran en apariencia a los costosos trajes que había visto, pero que tuvieran un precio al alcance de su clientela. Le quedaba claro que el diseño de vestuarios le entusiasmaba.

Cuando regresaron a su lugar de origen, la sibila tuvo una nueva reunión de orientación con el sastre:

—Ya sabes lo que quieres, ya estás entusiasmado con tus diseños, ¿qué más nos falta? —preguntó la sibila.

—Casi todo —contestó el sastre—. Sé lo que quiero hacer y en qué radica el disfrute de mi trabajo, pero no tengo el taller del tamaño necesario ni los ayudantes que realicen la parte que no me es atractiva, ni los clientes.

—Te voy a prestar ayuda por última vez —le dijo la sibila—, porque no puedes vivir cosido a mí para resolver tu vida: he hablado con varias de mis clientas de los hermosos diseños que has creado, producto de tu aprendizaje en la corte del rey de los encinos, y están interesadas en que les muestres lo que puedes confeccionarles. Por otro lado, sabes que existe un sastre humilde, pero trabajador y bien hecho, en uno de los poblados que rodean la zona donde estoy ubicada. Visita al sastre y ofrécele enviarle trabajo, consistente en confeccionar las prendas que tú diseñarás y probablemente, por lo pronto, tendrás que trazar y cortar, de modo que sólo tenga que unir y acabar los vestidos. Establece los costos que este proceso requiere, incluyendo el envío seguro de tus piezas al otro sastre y la devolución de los vestidos para entregarlos a tus clientas. Calcula una utilidad razonable para ti y trata de vender tus prendas.

—Te agradezco tus orientaciones, sibila, seguiré tus consejos y reconozco que has hecho mucho por mí y que iniciando operaciones, según tu propuesta, arrancaré un proceso que será total responsabilidad mía llevarlo a buen término.

—El que hayas encontrado el punto donde recargar tu entusiasmo ha sido la clave que, estoy segura, te llevará al éxito.

En poco tiempo, el sastre no sólo tuvo éxito siguiendo los consejos de la sibila, sino que logró dedicarse exclusivamente al diseño, con lo que su trabajo lo mantenía en un disfrute permanente, entusiasmado en la creación de nuevos trajes, con múltiples clientes que solicitaban sus servicios y como fuente de trabajo para sastres y aprendices que cortaban, cosían y terminaban los trabajos, materializando sus diseños con gran satisfacción para quienes los adquirían.

Cuando estaba por cumplirse el año de haber cambiado su residencia, el sastre tuvo una última entrevista con la sibila, a la que no sólo agradeció su apoyo, sino que entregó tres preciosos trajes, hermosamente confeccionados con los mejores materiales, como un obsequio al despedirse.

Su operación en aquel lugar seguiría funcionando, ya que mantendría contacto con sus clientes y proveedores por correspondencia para seguir surtiendo a la región con sus creaciones.

De regreso a su lugar de origen, montó una operación similar, incluso con mayor éxito, porque al ser la población mayor, la clientela creció rápidamente.

En la fecha señalada, se presentó con el maestro relatando los objetivos alcanzados y poniéndose a su disposición para el servicio solicitado.

El maestro acordó que el sastre seguiría elaborando sus diseños, al paralelo con su trabajo dentro del apostolado, y el sastre ofreció dedicar los beneficios de sus ventas en apoyo a las necesidades económicas que el trabajo del maestro llevaría a cabo, en particular en el respaldo a las personas de escasos recursos que pudieran requerir un soporte económico.

Camino al encuentro con la felicidad y la trascendencia

*El entusiasmo es la luz interna que ilumina nuestro camino
por la vida, convidando al mismo tiempo resplandor
a los demás, construyendo el apoyo al trabajo
que genera nuestros éxitos.*

XI

Todos somos parte del equipo humano y debemos convivir sabiendo compartir talento, trabajo y amor

El maestro se encontraba parado en el escalón más alto del acceso lateral al palacio de gobierno. La plaza frente al palacio estaba repleta de curiosos, hombres y mujeres, jóvenes y mayores, niños y niñas. Todos querían ver la colocación de una estatua antigua que había sido descubierta en un terreno anexo a un panteón, cuando se decidió ampliar las instalaciones, y al cavar la primera tumba encontraron enterrada la escultura de mármol, aproximadamente dos veces el tamaño de una persona normal, representando, con gran belleza artística, a un hombre de edad madura, apoyado en un cayado, cargando un morral con sus pertenencias.

El escultor del poblado había sido convocado por el gobernador para desenterrar la pieza, pero no sólo eso: también le fue encomendada la misión de restaurarla porque tenía roto un brazo y una mano. También al escultor se comisionó la tarea de aquel día: llevar la pieza de su taller a la plaza central del poblado e instalarla sobre una base de piedra que se había colocado al lado de la puerta principal del palacio de gobierno.

La escultura fue transportada en posición horizontal sobre un pesado armazón de madera, con múltiples ruedas metálicas recubiertas también de madera, con el objetivo de amortiguar el movimiento; todo ello tirado por doce caballos, cada uno controlado por un caballerango para que avanzaran lentamente, con sumo cuidado, y así evitar sacudidas bruscas.

A la multitud se le advirtió que debía guardar absoluto silencio para que las órdenes del escultor se pudieran escuchar con claridad por todos los involucrados en la movilización de la obra. Severas penas serían aplicadas a quien contraviniera esta disposición.

El escultor marchaba frente al transporte, montado en un caballo negro de gran alzada, vigilando continuamente los movimientos y advirtiendo a cada caballerango sobre el control de los animales.

Los caballos de tiro habían sido numerados y el escultor no cesaba de dar órdenes:

—Tú, imbécil, el del caballo cinco, guarda el paso. Ese caballo ocho, ¿quién es el bruto, el caballo o el caballerango? Caballo dos, despacio, despacio, cuida la rienda, no sea idiota.

Finalmente, el armazón se detuvo frente a la base de piedra, encima de la cual se había armado una pesada estructura de madera en cuya parte superior se tenía un doble juego de poleas, entrelazadas por gruesos cables de cáñamo.

Los cables fueron atados a robustos aros metálicos sólidamente unidos al armazón de madera que abrazaba la escultura. El escultor continuaba dando las órdenes:

—Asegura bien ese cabo, con fuerza, como si fueras hombre —le indicaba a uno de los trabajadores. El cable entra por el otro lado, tarado, ten cuidado.

Dos grupos, cada uno de doce hombres, sujetaban los extremos de sendos cables que colgaban del dispositivo de elevación y el escultor dio las instrucciones finales antes de iniciar los movimientos:

—Fíjense bien, imbéciles, cada vez que diga "ya", todos deben avanzar una vara. La distancia está marcada en el piso para aquellos tan tontos que no sepan ni lo que es una vara. Recorrida la distancia se paran hasta una nueva señal y desde luego que ninguno debe ser tan estúpido que deje de mantener tensa la cuerda en todo momento.

—A medida que la estructura se eleve, ustedes —dijo el escultor refiriéndose ahora a otros dos grupos de trabajadores— quitarán las ruedas y los ejes del dispositivo. Es una tarea simple que ya les he explicado, espero que ningún estúpido cometa equivocaciones. Yo les indicaré el eje a eliminar, no cometan la tontería de distraerse. Cualquier error les representará un castigo ejemplar, de modo que nada de idioteces.

Bajo las órdenes del escultor, el armazón con la escultura sujeta se fue elevando hasta quedar encima de la base y, con movimientos lentos, fue depositada en su lugar definitivo.

A continuación se procedió a desmontar primero el soporte para la elevación y luego el armazón de madera que abrazaba la escultura, siempre bajo las instrucciones del escultor:

—Tú, imbécil, deja fija esa pieza, primero hay que soltar la del otro lado, parecen un conjunto de monos descabezados. Mueve ese madero hacia arriba, no hacia abajo; usa la cabeza, no las patas, para pensar.

Cuando finalmente la escultura quedó libre del armazón, luciendo plenamente su belleza, el escultor reunió a todos los trabajadores a su alrededor:

—Parece increíble que, a pesar de todas sus estupideces, se logró el trabajo. Lárguense a la taberna a tomar una copa de vino por cortesía del gobernador, pero sólo una. Si se quieren emborrachar, como estúpidamente lo hacen cada semana, será por cuenta de ustedes.

El gobernador, que había estado presente observando desde el balcón principal del palacio los trabajos, también tomó la palabra.

—Ahora sí —dijo dirigiéndose a todos los presentes—, demos un aplauso efusivo a nuestro escultor que ha realizado este magnífico montaje, gracias a su cuidadoso y esmerado trabajo.

A los presentes no les quedó más remedio que aplaudir.

Poco a poco, la gente se retiró de la plaza. Cuando el escultor se había quedado al lado de un ayudante para limpiar la escultura, el maestro se acercó a él y le dijo:

—Conozco tus obras y sé que eres un buen escultor.

—Gracias, es un cumplido valioso de un hombre reconocido por su fe y su prédica —respondió el interpelado.

—Pero también veo que la relación con tu personal es muy ríspida —se sinceró el maestro.

—La gente es floja y mal hecha, se necesita mano dura para hacerlos trabajar en forma adecuada.

—Cuando desconfías de la gente obtienes por respuesta su lado negativo. Si les enseñas, les tienes paciencia, como seguramente tus maestros la tuvieron contigo, y los estimulas resaltando sus primeros logros, te rodearás de un equipo de trabajo comprometido y eficiente.

—Se nota que eres un hombre de buen corazón, pero que no tienes que lidiar con operarios perezosos e indolentes.

—Si eso piensas de tu gente, eso obtendrás de ellos. Si empiezas a confiar en tu personal podrás ver el otro lado de la moneda.

—Conozco que eres un hombre religioso concentrado en el lado espiritual de la vida. Eso es bueno para predicar en el templo, pero no funciona en la vida cotidiana del trabajo donde los resultados materiales son los que cuentan.

—Te reto a que puedo demostrarte que el amor al prójimo obtiene resultados positivos en el mundo laboral, en tu propia ocupación, para ser más concreto.

—Siempre me han gustado los retos. ¿Qué propones?

—El Señor, que todo lo puede, me ha pedido divulgar el camino de la trascendencia, enseñando a hombres y mujeres a vivir en el amor al prójimo y la entrega de sus talentos al servicio de la comunidad. Estoy reuniendo un grupo de discípulos para propagar esta enseñanza. Los que aceptan, dedican un año de su vida a prepararse adquiriendo lo que requieren para esta labor. Te invito a formar parte de este grupo y en el año de formación conocerás los medios para integrar equipos de trabajo que sean tus aliados.

—¿Propones que deje de trabajar un año y luego abandone una profesión lucrativa para ponerme a tu servicio? Es una propuesta descabellada.

—Paso por paso. Sí, debes dejar tu trabajo un año, al menos como lo realizas ahora, para capacitarte, lo cual no es problema para ti. Eres un hombre acaudalado y un año no significa ningún deterioro material en tu bienestar o el de tu familia. Después de esto, tú decides si deseas mantenerte a mi lado o no. Además, después del año, puedes continuar con tu trabajo y seguir propagando la buena nueva. El grado de compromiso con la obra lo defines tú. Dices ser un hombre que acepta los retos...

—En esas condiciones, acepto. He trabajado mucho los últimos años y no me cae mal un cambio. Pero te aclaro que mi compromiso es por ese año exclusivamente, y tú te comprometes a no presionarme para seguir a tu lado después.

—Yo también acepto —dijo el maestro.

El maestro estrechó la mano del escultor y lo tomó del brazo iniciando una caminata para establecer las condiciones del proceso. Deberás viajar, cruzando el gran lago azul, para llegar a la metrópoli de las cinco colinas. Busca en el gran teatro que conoces, al *Theatrum Moderator* y dile que yo te envío para formarte como director de grupos. Él se encargará de tu preparación. Yo te espero dentro de un año y me darás tu respuesta en relación con mi proyecto.

El escultor se quedó sorprendido:

—Salvo a mi familia —dijo—, no recuerdo haberle mencionado a nadie el viaje que hice a la metrópoli que citas, cuando siendo muy joven, casi niño, mi padre me llevó y tuve la oportunidad de presenciar una obra, en ese teatro, que me llamó mucho la atención. ¿Cómo sabías que conozco el lugar?

—Sé más de lo que tú imaginas. Pero lo importante ahora es que partas lo antes posible. Ve con mi bendición —dijo el maestro poniendo su mano sobre la cabeza del escultor, que se sintió inundado de una alegría que no había sentido en mucho tiempo.

—Partiré la próxima semana —respondió el escultor, añadiendo—: pienso que he tomado una sabia decisión.

Aunque había transcurrido mucho tiempo, el escultor recordó su visita anterior y sin contratiempos pudo llegar a la metrópoli de las cinco colinas a primera hora del quinto día de viaje. Llevó consigo a dos sirvientes para que lo asistieran y después de unas horas de búsqueda encontró una casa, en un segundo piso, con una estancia grande y dos habitaciones que cumplía con sus necesidades y la rentó. Dejó a los sirvientes para que desempacaran las pertenencias que había llevado y fueran a guardar las cabalgaduras. Salió a caminar por la ciudad cuando el día se evaporaba y la noche se preparaba para entrar en escena.

Mediante unas cuantas preguntas, pudo ubicar la localización del gran teatro de la ciudad, que se había construido recargando el graderío a una de las colinas del poblado, extendiendo el abanico de asientos a suficiente altura para albergar más de cinco mil personas.

Aunque la luz solar era cada vez más tenue, alcanzó a ver la construcción. Su padre le había detallado los elementos del edificio, y aprovechando su buena memoria, el escultor no dejó pasar la oportunidad para recordarlos. Entró por un *parodoi* —puerta con arco que servía de entrada a los actores y los coros— y se ubicó en el círculo de gran diámetro al pie de las gradas, la *orchesta*, desde donde actuaba el coro. Pudo contemplar la plataforma elevada del *skené* y su gran muro de respaldo con sus altas columnas; la *paraskenia*, el muro que ocultaba a los actores para sus cambios de vestimenta, y el *proskenion* o área donde actuaban los actores.

El escultor tomó asiento en el *koilón*, el conjunto de gradas, y recordó la obra que había presenciado en aquel lugar junto con su padre, hasta que la oscuridad desdibujó la *skené* que tenía enfrente. Poniéndose de pie regresó a la casa que había rentado.

A la mañana siguiente, el escultor regresó al teatro, donde encontró ahora febril actividad. Se preparaba una obra a escenificar en unos días más, al abrirse el festival anual de la metrópoli. Preguntó por el *Theatrum Moderator* y le fue señalado un hombre alto y delgado, descuidadamente vestido con una toga vieja, que le quedaba demasiado ceñida y demasiado larga. El escultor lo saludó, y en medio de continuas interrupciones de diversas personas que le hacían preguntas u observaciones, le explicó su procedencia. El *moderator* le hizo ver que estaba demasiado ocupado para atenderlo, por lo que le sugirió que lo visitara en su casa, al caer el sol, y le indicó el domicilio.

Cuando estaba por abandonar el teatro, se oyó un gran estruendo: uno de los cuatro cargadores que llevaban en andas una escultura de yeso de la escenografía se tropezó, y la escultura terminó en el suelo hecha pedazos. El primer enfurecido con el accidente fue el corego, hombre rico de la metrópoli a cuyo cargo estaba el patrocinio de los principales gastos de montaje de la obra. Se lamentaba con grandes voces aduciendo que los escenógrafos habían regresado a sus poblados y que no habría manera de reponer el daño.

Observando aquello, el escultor se presentó con el corego y ofreció colaborar a reponer la escultura rota. Dado que la pieza rota formaba parte de una pareja, era fácil para una persona experimentada copiar y fabricar una nueva pieza. Como el escultor se consideraba en un periodo fuera de su actividad profesional normal, aceptó un precio bajo por el trabajo. Regresó más tarde con sus ayudantes, su material de trabajo y en un par de días repuso la escultura de yeso.

Cuando el sol lanzaba sus últimas pinceladas a las nubes, desde abajo del horizonte, el escultor se presentó en la casa del *Theatrum Moderator*, al fondo de una calle torcida y angosta.

Fue recibido con amabilidad por el dueño de la casa, quien tras servir sendas copas de vino tinto, lo invitó a tomar asiento frente a él en la amplia estancia de la casa que mostraba muy poco mobiliario.

—Espero no haber sido brusco contigo esta mañana —citó el *moderator*—, pero el teatro es para mi lugar de trabajo y no hay espacio para conversaciones ajenas a mi tarea, especialmente cuando el tiempo apremia para la puesta en escena de una nueva obra.

—Lo entendí —respondió el escultor.

—Dime, ¿estás acostumbrado a manejar a muchas personas en tu trabajo?

—No —respondió el escultor—, tengo algunos ayudantes, pero no confío en ellos ni en la mayoría de los trabajadores de mi oficio, por ello prefiero realizar el trabajo que yo puedo desarrollar personalmente.

—¿Has considerado la posibilidad de entrenar personas que realicen el trabajo según tus patrones y que te permitan tomar más encargos, desarrollar más pronto los que ya tienes?

—La gente es lenta para aprender, piensan más en la cobranza que en el trabajo, me desespera su torpeza y su poca disposición a seguir mis instrucciones. Prefiero realizar yo el trabajo con la menor interferencia posible de ayudantes.

—Veo por qué el maestro te envió conmigo.

—Cabe señalar que me ha dado resultado mi método. Soy un escultor exitoso, tengo mucho trabajo, de hecho rechazo con frecuencia encomiendas porque no puedo atenderlas, y he logrado una posición económica desahogada.

—La vida transcurre en comunidad, el ser humano es por naturaleza y necesidad un ente social. Somos un hilo que el telar de Dios inserta en la trama para que formemos el tejido social. No podemos prescindir de los demás ni ellos de nuestra persona. Nos necesitamos unos a otros y nos debemos ubicar gustosamente en el dar y recibir, en el compartir, en el intercambio de dones. Si nos aislamos, si sólo ponemos a trabajar nuestros talentos en nuestro beneficio personal, si vemos a los demás únicamente como proveedores de nuestra satisfacción, podremos alcanzar riqueza material, pero somos un hilo torcido que motea la tela, somos una vergüenza para Dios, quien nos envió para engrandecer su reino y a quien nos hemos dedicado a empequeñecer al pensar sólo en nosotros.

—Tus argumentos separan a los seres humanos en sólo dos bandos: los buenos y los malos. Yo creo que casi todos somos regulares. Ni todo lo bueno que pudiéramos ser ni plenamente malvados. La mayoría, además, buscamos nuestro provecho personal en primera instancia.

—El provecho personal —dijo el *moderator*— es válido, pero la manera de obtenerlo hace la gran diferencia. Es muy distinto elevarse pisoteando a los demás, a crecer ayudando a tus prójimos a desarrollarse también.

—Vamos a mi caso —dijo el escultor—. Yo pongo toda mi capacidad, todas mis habilidades, a trabajar en cada proyecto que emprendo y ofrezco a mis clientes el mejor producto que me es posible, y logro la satisfacción de quien me entregó confianza y dinero. Lo hago trabajando casi solo. Según tu propuesta, yo debía abrir una escuela de escultura y entrenar personas para que hicieran conmigo el trabajo, con lo que tal vez no hubiera todavía entregado la primera obra y mis propios alumnos serían los primeros en ponerme el pie para quedarse con mis clientes.

—En el pensar, como en el actuar, los extremos no suelen dar los mejores resultados. No necesitas poner una escuela de escultores, pero sí puedes rodearte de dos o tres personas jóvenes, interesadas, estudiosas de la escultura, a las que vas enseñando las tareas más sencillas, en la forma que te gusta que se hagan, y las vas capacitando, poco a poco, para trabajos más delicados. Tú puedes ir midiendo su avance y su dedicación; puedes despedir a quien no está haciendo el esfuerzo necesario y premiar a quien cumple con su deber a tu satisfacción. De esta manera, te haces de un equipo de trabajo que te facilitará cumplir en tiempo, calidad y volumen con tus clientes y aceptar incluso trabajos que actualmente no puedes tomar estando solo.

—¿Para qué complicarme la vida adiestrando personas cuando estoy satisfecho con lo que hago y cómo lo hago?

—Hay varias razones: en primer lugar es deseable que no te lleves a la tumba tu talento, tus secretos profesionales como escultor, que los compartas, que tengas herederos profesionales. Además, puedes realizar más obra, dejar una muestra más amplia de tu capacidad, beneficiar a más clientes, lo que incluso redundará en un mayor beneficio económico. Por si lo anterior no es suficiente, está probado que la mejor manera de aprender es enseñando. Al tener que entrenar a gente joven, serás confrontado con sus por qué y esto puede cuestionar tu metodología y llevarte a la búsqueda de mejores caminos, de nuevas técnicas, a un crecimiento profesional. Quien siente que ya no tiene nada que aprender en su trabajo, está caminando hacia atrás, y lo peor es que no lo nota.

—Pienso que hablas así en función de tu quehacer profesional. Tú tienes que guiar actores en un entorno cambiante. Transitas continuamente de una obra a otra y la necesidad de que tus pupilos se adapten pronto a un nuevo papel es ingente. De hecho, el mismo actor suele representar distintos papeles en la misma obra y tú necesitas orientarlo ante cada personaje, para cada pieza teatral.

—Desde luego que existen trabajos más individualistas y otros más en equipo, algunos más repetitivos y otros más cambiantes, pero en todos ellos hay interacción humana, hay necesidad de apoyo; es útil, conveniente, actualizarse, buscar nuevos caminos y se requiere apoyo humano. El hombre solo, en la isla desierta, sobrevive, pero no está viviendo. En los demás se justifica nuestra vida.

—Soy un hombre pragmático —dijo el escultor—, me agradan las reflexiones filosóficas, pero si no veo que las palabras se convierten en herramientas de uso diario para la acción, si los pensamientos no se transforman en acciones, se ha perdido el tiempo en la inútil esgrima de vocablos que acaban como polvo en el suelo.

—Aunque todo intercambio inteligente de palabras enriquece la mente y el espíritu de los participantes, acepto tu propuesta de hacer lo dicho y vamos a poner a trabajar las reflexiones. Me di cuenta que has entablado relación de trabajo con el corego al ofrecerte a reponer la escultura de yeso rota. Terminada esta obra teatral que estamos ensayando, iniciamos el mes próximo la preparación de la puesta en escena de otra obra que requiere mucho trabajo de escenografía, otras muchas esculturas y adornos de yeso. Le pediré al corego que te comisione todo el trabajo. Veamos cómo funciona tu método para desarrollarlo. Recuerda que suelo estar la mayoría de las noches aquí en casa y las puertas están abiertas para recibirte cuantas veces quieras intercambiar ideas.

—Con gusto tomaré el trabajo y estaré en contacto contigo —dijo el escultor, despidiéndose.

Cuando le presentaron los planos, el escultor se dio cuenta de que la nueva obra teatral requería de una escenografía compleja. Contó más de cincuenta esculturas de yeso, además de múltiples tableros pintados.

—No voy a darle el gusto al *moderator* de ver que no puedo con el trabajo solo, además no hay tiempo de capacitar ayudantes. Me debo organizar adecuadamente —se decía el escultor—, lo que hace falta es trabajar duro y una buena planeación. Me han dado espacio en la parte posterior del teatro para establecer mi taller, he enviado a mis empleados a comprar todos los materiales, no quiero perder el tiempo en adquisiciones parciales.

El escultor iniciaba su trabajo en cuanto los primeros rayos del sol hacían visibles los objetos y dejaba de laborar cuando la luz del día se apagaba. "La luz de las velas coloca sombras aleatorias y deforma la realidad", pensaba, por lo que no le gustaba trabajar de noche.

Era un hombre tesonero, trabajador y hábil en su profesión. Le gustaban los retos y ubicaba metas de avance en sus obras para programar su tiempo. Acostumbrado a esculpir principalmente en mármol, daba a los detalles capital importancia, decía que en ellos se escondía la grandeza de una obra. Pero los detalles toman tiempo y le costaba trabajo acostumbrarse a estas obras perecederas, en yeso, que se destruirían al terminar la representación teatral. Luchaba para acostumbrarse a la producción con rapidez, donde los detalles pasaban inadvertidos. Las figuras debían parecer lo que representaban, no era necesario que lo mostraran a plenitud, como algunos hombres, se decía a sí mismo el escultor.

Terminada una escultura de yeso, la tentación, como un imán, de mejorar algún detalle lo regresaba al trabajo y tenía que luchar contra sí mismo para dar por terminada la pieza, aunque a su juicio le hacían falta correcciones o mejoras. A la distancia que tendrá del público ni quien note las imperfecciones ni los mismos actores, que aun estando cerca están concentrados en lo que tienen que decir y hacer y mínima atención pueden dedicar a los elementos escenográficos.

El tiempo, al que poco le importan los trabajos del hombre, marchaba incesante, siempre a su mismo paso, sin detenerse ni alterarse, sucediera lo que sucediera. Pero al hombre, con agobio de trabajo, siempre le parece que el tiempo le quiere jugar carreras, que pérfidamente acelera su andar para tropezarlo. Si me estoy empeñando, si estoy haciendo lo mejor que puedo, ¿por qué la necedad del tiempo de quitarme oportunidades? —se preguntaba el escultor.

—Si hay prisa, ve lento, porque nada consume más tiempo que tener que repetir tareas mal hechas —recordaba el escultor que su padre le aconsejaba. Pero en este caso, no importan los errores; la meta no es la calidad, sino la cantidad.

Querer robarle al tiempo es jugar un juego perdido. El calendario, que pisoteaba los programas, era el peor enemigo. La ansiedad, lejos de impulsar el trabajo, lo congelaba. El pensamiento estaba en la premura, no en la ejecución y los movimientos se volvían torpes, el avance se frenaba en vez de acelerarse. La angustia aparecía en escena, se convertía en el personaje principal de la trama, aceleraba el corazón, metía miedo a la mente.

El sueño ya no quería ser compañero del escultor, la angustia, que no se despegaba ni de noche, buscaba borrar del firmamento a las estrellas para dar paso al sol, y el cuerpo, sin descanso suficiente, se levantaba cansado a iniciar las tareas, con las fuerzas agotadas antes del primer esfuerzo.

Abrumado por su contienda contra el tiempo, sabiendo que no había posibilidad de victoria, el escultor se presentó una noche en casa del *moderator*. Era un hombre responsable y necesitaba confesar que no podría terminar la escenografía que le habían encargado a tiempo para la puesta en escena de la obra de teatro.

El *moderator*, que había seguido de cerca, pero en silencio, la lucha del escultor, lejos de jactarse de haber tenido la razón, como todo buen maestro estaba listo para tenderle la mano, mucho más con pena por ver sufrir a su pupilo, que con alegría de su triunfo intelectual. El verdadero maestro nunca presume de sus pronósticos, hace que parezca que el alumno ha encontrado por sí mismo el camino correcto. Humillar a otro es la respuesta del necio, guardar la solución donde el alumno la puede encontrar es la actitud del tutor eficiente.

El *moderator* escuchó los planteamientos del escultor como si fuera algo en lo que nunca había pensado. Ahora había que hacer que el escultor aportara la solución:

—¿Qué piensas que debes hacer ? —preguntó el *moderator*.

—Algo es definitivo, yo solo no puedo terminar el trabajo a tiempo —respondió el escultor—, necesitaré ayuda.

—¿Dónde la conseguirás?

—Tal vez tú puedas aconsejarme, eres un hombre conocedor del teatro y sus necesidades.

—¿Quiénes serían idóneos para este trabajo?

—Sin lugar a duda, quienes tengan experiencia en fabricar escenografías teatrales.

—Estupenda conclusión.

—¿Dónde los puedo buscar?

—Seguramente tendrás alguna idea...

—Para la obra anterior, en la que repuse una escultura rota, tuvo que haber personas encargadas de fabricar la escenografía. ¿Será factible localizarlos?

—Los conozco. Voy a investigar dónde se encuentran actualmente.

—¿Piensas que sea fácil localizarlos? ¿Podrán venir pronto?

—Suelen trabajar por esta parte del país, es posible que no estén muy lejos. Ven a verme mañana en la noche y espero tenerte alguna respuesta. Ten disponible a uno de tus criados para que les lleve tu petición.

Se despidieron en la puerta de la casa, el escultor con la cara más relajada y el *moderator* escondiendo una sonrisa por atrás del rostro. En cuanto el *moderator* cerró la puerta, se frotó las manos, respiró hondo y dijo mentalmente, como si el escultor pudiera oírlo: "Tus refuerzos están a media jornada de aquí esperando mi llamado. Los convoqué desde la semana pasada".

La noche siguiente, el *moderator* mencionó al escultor que debía redactar una misiva pidiendo, en tono muy amable, a los escenógrafos, que le enviaran dos personas calificadas para laborar a su lado en el trabajo faltante para la obra teatral.

—Debes ofrecer una paga generosa, que seguramente mermará tu ingreso por el trabajo, ya que la ayuda contratada con premura es más costosa que la que se solicita con antelación. Envía la misiva a esta dirección —dijo el moderator, entregando un apunte al escultor.

—Antes de hacer el envío —señaló el *moderator*—, debes tener en cuenta que estás contratando personal calificado, al que tienes que tratar con respeto y consideración, que te harán el favor de venir a colaborar contigo. Si piensas tratarlos en forma déspota y grosera, mejor rompe lo que has escrito, porque yo envié ayer una solicitud de apoyo dando la cara por ti y espero de tu parte una jefatura profesional y decorosa.

—Estoy consciente de mi situación, te agradezco tu apoyo y no debes temer por mi actuación, estaré a la altura de las circunstancias —añadió el escultor.

Dos días después, se presentaron ante el escultor dos jóvenes, espigados y robustos, de tez morena y facciones muy similares, quienes se identificaron como los escenógrafos que venían a trabajar con él.

El escultor les mostró los planos de la escenografía y les indicó lo que había elaborado. De lo faltante, les propuso dividirlo en tres partes para que cada uno fabricara uno de los tercios. Los jóvenes se quedaron viendo los planos y el más alto le señaló que él era más diestro como escultor y su compañero tenía más experiencia en la elaboración de paneles decorados, por lo que propuso una división diferente del trabajo.

El escultor, recordando su promesa al *moderator*, tuvo que hacer un esfuerzo para contenerse y, cerrando los puños por la espalda, clavándose las uñas en las palmas, se contuvo para no despotricar que él era el jefe y que sus propuestas se ejecutaban, no se cuestionaban. Jalando mentalmente los músculos de la cara, esbozó una sonrisa y aceptó la propuesta del recién llegado.

Dos días después, al arribar al trabajo a primera hora, como acostumbraba, el escultor quedó sorprendido: el joven alto había elaborado una gran cantidad de esculturas de yeso, sin la calidad de un trabajo escultórico de primera, como lo que él realizaba, se dijo, pero que cumplían perfectamente su cometido mostrando a distancia lo que se esperaba que el público viera. Se trasladó al otro extremo del taller y quedó también impresionado de los muchos paneles decorativos que había terminado el otro colaborador.

Un día después, en lo que le pareció un retardo insolente para iniciar labores, el escultor observó impacientemente arribar a los dos jóvenes trabajadores. Estuvo a punto de lanzarles una recriminación por el horario que seguían, pero nuevamente vino a su mente la promesa al *moderator*, y decidió experimentar con una alternativa que le era ajena y difícil. Los saludó cordialmente y dando a cada uno una palmada en la espalda los felicitó por la celeridad con que estaban realizando su trabajo y les dijo estar muy contento con su desempeño. Eran los mejores colaboradores que había tenido, añadió, tratando que su voz pareciera sincera.

Los jóvenes quedaron gratamente sorprendidos por la recepción de su jefe. Nadie les había extendido una felicitación así con anterioridad. Como el trabajo seguía avanzando a buen ritmo y cumpliendo con lo que se necesitaba, el escultor continuó felicitando a sus colaboradores.

Al poco tiempo, el escultor no podía creer lo que estaba sucediendo. Los ayudantes se quedaban a trabajar con velas hasta entrada la noche y en las mañanas estaban trabajando cuando él llegaba. El trabajo se realizaba a ritmo acelerado y en un breve lapso no sólo se repuso el tiempo que se había perdido en el programa, sino que la escenografía completa quedó terminada con adelanto a lo convenido.

El corego quedó encantado con el trabajo realizado y con el plazo en que se logró. Es muy probable que semanas atrás estuviera preocupado viendo que no se tendría la escenografía a tiempo.

El *moderator* felicitó también al escultor por el resultado obtenido y le aconsejó que invitara a los dos ayudantes a la principal taberna de la metrópoli y les pagara una buena cena, con buen vino, para agradecer su trabajo.

—De paso —añadió—, tal vez te convenga tener forma de localizarlos, nunca se sabe cuándo se necesitará a gente cumplidora.

El escultor agradeció y cumplió con la sugerencia.

El escultor se presentó a la noche siguiente en casa del *Theatrum Moderator*, para agradecer la ayuda y los consejos recibidos:

—Te habrás dado cuenta del efecto mágico que tiene alabar el trabajo de tus colaboradores —señaló el *moderator*, después de escuchar los agradecimientos de su pupilo.

—Nunca pensé que tan pocas palabras pudieran lograr tanto resultado.

—La felicitación sincera, en el momento oportuno, con las palabras apropiadas, se adueña del compromiso de tu colaborador con tu obra. El ansia de reconocimiento en el ser humano es el motivador principal de sus acciones.

—También aprendí otra importante lección —añadió entusiasmado el escultor—: primero escuchar a quien va a realizar el trabajo y luego ordenarle que lo haga atendiendo más a sus sugerencias que a pautas que nosotros impongamos desde una lógica alejada de las circunstancias del ejecutante.

—Valioso aprendizaje. Sólo establece principios generales de valores, calidad, tiempo y costo y deja que tu gente abra su senda con sus propios pasos.

—He avanzado, pero supongo que tengo mucho más que aprender. ¿Qué sigue?

—Acompáñame mañana al ensayo de la obra. Quiero que seas mi asistente en la dirección teatral de esta obra. Has realizado la escenografía, ahora colabora en el desenvolvimiento de los seres humanos que actuarán dentro del ambiente que has fabricado.

—Debe ser mucho más difícil —dijo el escultor—, el yeso obedece a la forma que mis manos quieren darle, a los hombres no se les puede manipular en esa forma.

—Formar equipo no es manipular personas, es sumar voluntades a un propósito común.

A la mañana siguiente, el escultor se presentó en el teatro y el *moderator* le entregó el libreto.

—Lee los tres papeles principales para que te puedas centrar en ellos —recibió por instrucción.

El escultor tomó asiento en las gradas y se dedicó durante varias horas a leer con atención lo que le indicaron. Al día siguiente, cuando terminó, se lo informó al *moderator*:

—El trabajo de un actor —le comentó su tutor— no se trata solamente de vestirse para representar el personaje, sino de desvestir su espíritu, su persona, con el objetivo de apropiarse de su papel, ser el personaje, pensar, obrar, hablar, como el autor de la obra concibió a una persona inventada.

—Pero nadie puede dejar de ser él mismo —añadió el escultor.

—Desde luego, el actor se usa a sí mismo para ser otra persona y por eso el mismo personaje de la misma obra es diferente según el actor que lo interprete.

—Interesante mezcla: el actor, el personaje y el autor de la pieza teatral.

—Y en menor proporción, pero te falta el director de la obra, el que coordina a los actores, el que da las pautas para la interacción de los personajes.

—Disculpa, me estaba olvidando de tu papel fundamental.

—Estando más imbuido en lo que hacemos aquí, en mi papel, y ahora también el tuyo, de hacer de los actores un equipo que dé vida a la obra del escritor, observa el ensayo completo de la obra que haremos y espero tus aportaciones, a mí, pero también a los actores, y no olvides lo que aprendiste al crear esta escenografía.

El *moderator* y el escultor se sentaron en sendas sillas en la *orchesta* y el primero dio la orden a los tres actores para que iniciaran la representación.

La obra se iniciaba con un diálogo entre dos actores. El primero se mostraba muy seguro en sus parlamentos, aunque al escultor le dio la impresión de que la concentración en lo que tenía que decir le quitaba la naturalidad que la acción requería. El segundo le pareció que seguía el procedimiento contrario: descuido en los parlamentos, hasta equivocaciones y dudas, pero muy natural en sus movimientos y su actuar.

Al poco, los dos actores salían de escena y aparecía el tercer actor que iniciaba su intervención con un monólogo largo, haciendo referencia a los dos personajes anteriores. El escultor notó que era el actor más experimentado, se movía en el *proskenion* con desenvoltura, sabía su papel con exactitud y no tenía equivocaciones al hablar, pero también el escultor lo sintió altivo, se diría presuntuoso, más allá de lo que su papel requería.

A medio ensayo, se presentó el corego, interrumpiendo la actuación al solicitar al *moderator* que lo acompañara inmediatamente a una reunión con el consejo de la metrópoli. Había surgido un problema que podía terminar incluso en la suspensión de la obra.

El *moderator* estuvo a punto de cancelar el ensayo de aquel día, pero se quedó pensando un momento y les dijo a los actores que continuaran trabajando, que el escultor, su asistente, se encargaría de conducir el trabajo y que siguieran las instrucciones que diera como si vinieran de él mismo. Le dio una palmada en la espalda al escultor, mostrando la confianza que le otorgaba, y se retiró acompañando al corego.

El escultor comprendió que no tenía experiencia teatral para dirigir o corregir a un grupo de actores profesionales, de modo que pensó que lo mejor que podía hacer era expresar, en su momento, lo que sentía como un mero integrante del público, y así les planteó a los actores su intervención.

La idea les pareció atractiva a los actores, que solían recibir direcciones de un profesional de la actuación teatral, opiniones de un crítico experimentado, pero que rara vez podían escuchar el escrutinio de un espectador.

Al hablar deslindándose de una posición de autoridad, el escultor pudo ser franco, pero tuvo en cuenta que debía alabar lo bien hecho, incluso antes de criticar, y en esto último ser amable y objetivo, evitando burlas o sarcasmos que pudieran lastimar.

En la búsqueda de la manera de conducir sus opiniones, se sorprendió de sí mismo, recordando lo altanero que solía ser con sus empleados o colaboradores y lo cuidadoso que estaba procurando ser en este caso.

"Tal vez todas estas experiencias me están enseñando nuevos y mejores caminos", se dijo mentalmente, "usaré un método más, menos, más: empiezo por alabar algo bien hecho, con lo que me gano la atención, hago después los señalamientos de lo que considero equivocado y cierro con una felicitación final por otro aspecto bien logrado, dejando un buen sabor de boca al cierre.

Decidió dejar que la obra corriera sin interrupciones, para dejar actuar, en esta ocasión, a los actores con libertad y luego hacer dos evaluaciones: una en forma individual a cada actor, en privado, y otra a los tres juntos, para citar sus apreciaciones de cada papel y luego del resultado de la actuación como grupo, como un equipo teatral.

De acuerdo con lo establecido, habló en privado con los actores según su orden de aparición en la obra.

Al primer actor lo felicitó inicialmente por la exactitud con la que conocía su parlamento y la perfección en seguirlo, pero a continuación le expresó que, desde su punto de vista, como un mero espectador, lo sentía tenso en escena, con una actuación centrada en la memoria, en lo que tenía que decir, lo que le robaba naturalidad en lo que debía hacer y le hizo ver que la comunicación no verbal del actor es tanto o más importante que la verbal y terminó sugiriéndole que no se preocupara por cambiar algunas palabras, siempre que fueran sinónimos que conservaran la esencia de la idea. Al no casarse con una manera única de expresarse, liberaba tensión y podía poner a su cuerpo a trabajar con más naturalidad, integrarlo mejor en su representación del papel.

El actor se mostró muy agradecido. No era muy experimentado y pensaba que no mover una sola palabra del texto era lo más importante. Le pareció maravilloso salir de la cárcel de la memoria para sentirse en libertad de acción.

Al segundo actor, de igual manera, lo alabó primero por la naturalidad con que se movía en la escena, pero le citó la necesidad de estudiar mejor sus parlamentos, porque si bien no era indispensable saberlo sin alterar una sola palabra, tampoco era válido estar buscando las palabras al actuar y provocar pausas largas o uso de muletillas que manifestaban el olvido del diálogo, cerrando con una felicitación por su empeño en el trabajo.

Este actor le confesó que batallaba mucho con sus parlamentos porque consideraba tener mala memoria.

—La memoria es como un duende que vive en nuestra mente —le respondió el escultor—, muchos nacen con un sirviente muy eficaz y otros con un duende perezoso. En este último caso, el tuyo, lo que hay que hacer es obligar al sirviente a cumplir sus funciones, entrenándolo. Te puedo asegurar que si lo haces obtendrás un resultado positivo, muchas de nuestras facultades se enmohecen porque no se usan, si las obligamos a que trabajen, las despertamos, terminarán cumpliendo razonablemente su papel. El procedimiento más útil para trabajar con la memoria es la asociación de ideas. En cada parlamento busca una palabra clave, aquella que ubicada en la mente te recuerde lo que tienes que decir en ese segmento de tu papel. Ensaya leyendo muchas veces los textos, ubica tus palabras clave, asocia cada una con algo que conoces y que te venga con facilidad a la cabeza y verás que tu duende trabajará apropiadamente. No esperes que esto suceda de inmediato, a la primera práctica, necesitarás trabajo y constancia, pero si lo haces serás un mejor actor.

El hombre puso una cara feliz. Por primera vez alguien le daba un consejo apropiado para salir de su problema.

Finalmente, el escultor se entrevistó con el tercer actor, y siguiendo su nuevo método, empezó por elogiar su experiencia como actor, su seguridad, su facilidad para hablar y moverse en escena, pero a continuación le narró la experiencia que acababa de vivir en la construcción de la escenografía de la obra, donde en un acto de soberbia había querido hacerse cargo de todo el trabajo solo. Dado que era un escultor exitoso, un trabajo sencillo para decorar un escenario no representaría problema alguno y le explicó como había tenido que terminar pidiendo ayuda y aceptando que quien se autoestima en demasía se tropieza con su propia sombra.

La sinceridad del escultor hizo que el actor se viera como frente al espejo y reconociera que él también se consideraba por encima de los demás actores, con más experiencia, con más conocimientos, capaz de dominar cualquier papel y que esta actitud lo alejaba de una sana interacción con sus compañeros de escena y le hacía perder naturalidad a la obra al haber una separación, hasta un rechazo personal hacia los demás.

El escultor le sugirió un camino para el cambio: aprovechar su experiencia para enseñar a los actores menos experimentados.

—Utiliza tus primeras experiencias, incluso tus fracasos —le dijo—, a manera de una narración para hacerles ver cómo se puede ir creciendo, superando obstáculos, en la capacidad de actuar.

También el tercer actor quedó agradecido con el escultor que le había permitido diagnosticar sus fallas y ver un camino de renovación.

Por último, el escultor reunió a los tres actores para citarles que encontraba el desarrollo de la obra, por medio de sus actuaciones, como un trabajo profesional, esmerado, bien organizado.

Casi al unísono, los tres agregaron:

—Pero...

—En efecto —les dijo el escultor—, pero le falta algo a la obra: desde mi punto de vista, meramente como un espectador de su trabajo, considero que se requiere más emotividad. Son un buen conjunto de actores, cada quien hace razonablemente bien lo suyo, pero está faltando una mayor carga de emotividad, lo que haga aflorar las emociones en el público y la clave es más trabajo en equipo. Cada uno se preocupa de lo suyo, pero nadie se preocupa por lo de los demás. Sé que viven separados en la ciudad, se conocen y tratan poco entre ustedes, vienen a sus ensayos, a su trabajo y cada uno toma su camino hasta el siguiente ensayo.

—Les propongo —dijo el escultor— que convivan más, que vivan juntos los días que faltan para la representación, que se conozcan en lo personal, sus gustos, sus aficiones, sus familias, que sepan mucho más cada uno de los otros dos. Que trabajen en hacerse amigos. Si a su talento individual le suman amistad, si se apoyan mutuamente, si les importa primero el lucimiento de la pieza teatral y luego el de cada uno, conseguirán un equipo de trabajo que hará memorable la escenificación de esta obra.

—Les aclaro —terminó diciéndoles— que quien les aconseja esto ha vivido el camino contrario al que les propongo, pero ustedes, este teatro, el *Theatrum Moderator*, y un maestro que conocí en mi ciudad de origen, me han ayudado a salir de mi error.

Tres días después, fue el *moderator* el que se presentó una noche en casa del escultor:

—Te dejé a la mitad de un ensayo de la obra el otro día —dijo el *moderator*—, y no sé lo que hiciste, pero lo que sí estoy constatando es que la obra se ha mejorado en forma espectacular. De un trabajo razonable que habíamos conseguido, estamos ahora en un nivel de excelencia que me tiene sorprendido.

—Sólo apliqué lo que tú me has enseñado —respondió el escultor.

—Pues debo ser muy buen maestro, aunque siendo sincero, lo que ha sucedido es que tú has resultado un estupendo alumno.

—Pienso que me ha sucedido algo muy sencillo, pero muy valioso. Me has ayudado a quitarme una venda de los ojos. Vivía viendo a los demás, particularmente a mis colaboradores, tras un paño oscuro, en donde sólo descubría torpeza y cerraba los ojos ante su valía. Ahora sé que todas las personas son importantes y que la función de un líder es ayudar a su gente a usar su potencial, a construir y construirse a partir del empleo de su potencial, teniéndoles confianza, ayudándoles a subsanar sus fallas, que siempre serán menos que sus habilidades.

—Si crees en tu gente, tu gente creerá en ti.

—Todos tenemos un papel que desempeñar en la vida y el aplauso final dependerá de qué tanto ayudamos a los demás a vivir felizmente su actuación.

—El maestro ha mandado decir que es tiempo de que regreses a él.

—Intuí que así sería y estoy listo para partir, pero quiero que sepas que tú te vas conmigo. Los buenos maestros nunca se salen de nuestro corazón.

Camino al encuentro con la felicidad
y la trascendencia

En una vida comunitaria, como la que vivimos, necesariamente nos veremos involucrados en metas comunes, trabajando al frente, atrás o al lado de otros. Debemos saber entregar y recibir, aprender y enseñar, compartir, para construir las tareas humanas

XII

*Mejorar los quehaceres humanos es progresar
y la maestra del proceso es la creatividad*

El maestro tomó asiento en una larga banca de piedra frente a la escuela y al poco tiempo dos madres de familia también lo hicieron. Sólo tapándose los oídos era posible dejar de escuchar la conversación de las mujeres, ya que hablaban como si estuvieran dirigiéndose a un grupo numeroso. La conversación citaba el mutuo disgusto de aquellas madres ante el poco avance escolar de sus hijos, ya que, según comentaban, la profesora, aunque preparada, era demasiado pasiva, poco entusiasta, se diría que apática, dijo una de ellas.

—No motiva a los niños —añadió la otra mujer—, están aburridos y eso detiene su avance escolar, pero dado que otras escuelas están muy lejos de casa, no me queda más remedio que mantener a mis hijos aquí.

El grupo de mujeres fue creciendo a medida que se agregaban otras mamás que venían también a recoger a sus niños a la salida de la escuela. Los comentarios, sin embargo, continuaban en el mismo tono, era genérica la opinión de que la profesora, aunque mujer de conocimientos, era torpe en la enseñanza, haciendo aburrido el tiempo que los niños permanecían en el colegio.

Se escuchó el sonido de una campana que indicaba el final de los trabajos escolares del día y los niños fueron saliendo de la escuela, y tomados de la mano por sus mamás se dirigieron a casa.

El maestro permaneció sentado en la banca hasta que el último niño abandonó la escuela y finalmente la profesora también hizo lo propio, saliendo a la calle justo en dirección donde estaba el maestro. Cuando estuvo cerca, el maestro se puso de pie y le pidió que si podía sentarse para conversar un momento.

La profesora pensó que se trataba de un padre de familia que deseaba hacerle algún comentario sobre su hijo, por lo que accedió sin vacilación:

—Estoy a sus órdenes —dijo la profesora.

—Veo en tu rostro —dijo el maestro—, que disfrutas de tu profesión.

—Desde luego, me encanta enseñar a los niños, verlos progresar, prepararse para el futuro mediante los conocimientos.

—¿Te consideras buena profesora?

—No soy quién para juzgarme a mí misma. Lo que puedo decir es que hago mi mejor esfuerzo para enseñar a los niños y lo hago con gusto.

—¿Cómo estimas que se sienten los niños con tu trabajo?

—Para la mayoría de los niños la escuela es una obligación que tienen que atender y con frecuencia son poco receptivos a los conocimientos, pero como profesora debo comprender la situación y mediante una apropiada disciplina presionarlos para que cumplan con su deber.

—¿No piensas que la escuela debe ser un lugar divertido?

—A la escuela se viene a aprender, no a jugar. En su casa ya tendrán tiempo para la diversión, en la clase están para adquirir conocimientos.

—¿No se puede presentar la enseñanza en forma amena para que los niños disfruten el aprendizaje?

—La escuela es la casa de la cultura. Maestros y alumnos la deben respetar como tal. Cada quién tiene su tarea, el maestro a enseñar y el alumno a aprender y no hay espacio para juegos.

—¿Has escuchado la opinión de las mamás de los niños respecto a su avance escolar?

—Las madres siempre consideran perfectos a sus hijos, muchas piensan que todo el trabajo educativo recae en la escuela y son indolentes en la tutoría de los niños, por lo que tienen la crítica negativa en la punta de la lengua.

—Si la finalidad para todos es la óptima educación de los niños, ¿no debería haber una colaboración cercana entre profesoras y madres? ¿No se deberían escuchar unas a otras para encontrar los mejores caminos?

—Desde luego, pero las experiencias que he visto de este proceder es que se cae en una permanente recriminación al otro y lejos de un entendimiento, las relaciones se vuelven tensas y los más perjudicados acaban siendo los niños.

—Dos herramientas te podrían ser muy útiles, profesora: creatividad y audacia, y conozco a quien te puede ayudar a obtenerlas.

—¿A cambio de qué?

—Lo que puede parecer una paga es en realidad una bendición. He recibido del Señor Todopoderoso una misión en la que puedes participar.

El maestro le narró los alcances de su apostolado y la invitó a participar como una discípula en la transmisión de la buena nueva, ofreciéndole la capacitación que requería.

—No se ofenda —respondió la profesora—, pero aunque tengo fe en Dios y creo en su bondad, no soy persona muy religiosa, no conozco con detalle los textos sagrados, no acudo con regularidad al templo, de modo que estoy lejos de ser la persona idónea para lo que usted requiere.

—Todos los hombres y mujeres que han escogido el magisterio como profesión —dijo el maestro— saben que sólo pueden enseñar lo que saben y conocen que el reino del conocimiento es interminable, que siempre se puede aprender algo, que siempre hay un camino mejor para hacer lo que hacemos, no importa lo bien que creamos que lo hacemos; por ello, estar en la búsqueda del enriquecimiento cultural es parte de su vocación si quieren crecer como maestros, si quieren servir cada día mejor a sus alumnos. Te obsequio la capacitación que te hará mejor profesora y tú decidirás libremente si te incorporas después a mi cruzada y en qué medida quieres hacerlo.

—La generosidad de la oferta hecha a una desconocida es el primer temor para aceptar. Los hombres siempre tienen intereses ocultos detrás de los regalos —respondió la profesora.

—Dices bien, es frecuente en las ofertas de los seres humanos, pero este regalo viene de Dios que tiene otros criterios para sus donaciones —fue la contestación del maestro.

—Aquí surge otra desconfianza: ¿cómo puedo verificar que estoy ante un enviado de Dios?

—El Señor no entrega misivas con sus nombramientos, de modo que los caminos humanos de comprobación no aplican, pero tienes un modo de saberlo, escucha a tu corazón, no a tu raciocinio.

—El sentimiento por encima de la razón.

—No, la fe que llega por el corazón, pero que anida finalmente en la mente cuando escuchamos el llamado de Dios.

—Está preguntando mi mente, ante el desconcierto que le produce ver a mi corazón conquistado tan fácilmente —añadió la profesora.

—Los procedimientos del Señor no son comprensibles, en ocasiones establece largas negociaciones con un ser humano y en otros, como un relámpago, se entroniza en nuestro corazón de inmediato.

La profesora aceptó la propuesta, pero le angustiaba dejar su trabajo como maestra, que además de gustarle, representaba su fuente de sustento, pero el maestro tenía a mano la solución tranquilizante: dado que su trabajo en la escuela era por las mañanas, debía viajar por las tardes al poblado del llano seco, a una hora de caminata, al Liceo para profesores que regía la *Doctus Magistra*, presentarse con ella y decirle que el maestro la enviaba.

—Además, le comentó, recibirás la donación de un asno que te servirá para facilitarte el transporte y acortar el tiempo del trayecto.

Unos días después, la profesora se entrevistó en el Liceo con la *Doctus Magistra* citando la razón de su presencia.

—La recomendación con la que llegas te abre las puertas de esta institución y de mi tutela, le dijo la *Magistra*, pero el punto de partida es saber, ¿qué buscas aquí?

—Quiero ser mejor profesora. Algunas madres de mis pupilos se quejan de mis métodos de enseñanza, y aunque es frecuente que los padres descarguen sus frustraciones con los profesores de sus hijos, sé que debo buscar nuevos caminos.

—Vamos a empezar aplicando una regla de este liceo: la llamo *non querela*. Establece que no es válido externar quejas de viva voz, se puede aceptar que las pienses, pero no debes decirlas. Los hombres y las mujeres nos quejamos con demasiada frecuencia de todo lo que nos sucede, desde minucias como el clima hasta ofensas graves que dirigimos a los demás. Aquí no vale quejarse de nada y para nada. Como debes hacerlo un hábito, te recomiendo que lo practiques no sólo en el Liceo, sino en todo momento de tu vida, de modo que tu primera tarea es lograr que durante un mes lunar, o sea, veintiocho días consecutivos, no te debes quejar en voz alta de nada que te suceda. Volveremos a vernos cuando hayas completado cuando menos la mitad del ciclo.

—¿Qué sucede si, por ejemplo, logro hacerlo diez días y fallo al día siguiente? ¿Reanudo la cuenta a partir de diez?

—No. Vuelves a empezar en cero, son veintiocho días consecutivos —respondió la *Doctus Magistra* despidiéndose de la profesora.

La primera reacción de la profesora fue pensar, que al menos ella no se quejaba mayormente de los sucesos de su vida, por lo que no parecía difícil cumplir lo que le solicitaban. Muy pronto comprobó lo contrario. En el camino de regreso a casa tuvo que detenerse porque la montura de su asno empezó a ladearse. Al ajustarla, vio que los cinchos estaban mal puestos, y aunque estaba sola, externó de viva voz su disgusto por lo mal que le habían colocado la silla para montar y un timbre de advertencia sonó en su mente.

Poco tiempo después se cruzó en el camino con una carreta que llevaba forraje, tan mal acomodado que una paca venía rozando el piso y levantando una gran polvareda. Sin pensarlo, le gritó al conductor que acomodara bien su carga para no bañar de polvo a otros viajeros. Otra vez una campanita en la mente le recordó que se estaba quejando.

Al regresar a su poblado, como era tarde, tuvo que rodear gran parte de la muralla porque después de cierta hora sólo una puerta quedaba abierta. Al cruzarla, le dijo al guardia que al menos podían dejar otra puerta abierta, en el extremo contrario de la muralla, para facilitar la entrada. Nuevamente una alerta sonó en su mente, recordándole que se había quejado otra vez.

Non querela, parecía sencillo, pero por lo visto no era así.

—No me había dado cuenta de mis repelos en la vida, pero parece que están a la orden del día, de modo que tendré que montar una vigilancia mental a mis palabras —se dijo la profesora, mientras se acostaba a dormir.

Más de un mes le tomó a la profesora para poder regresar con la *Doctus Magistra* reportando medio ciclo lunar sin quejarse.

—Para no expresarlo como una lamentación, estoy sorprendida al descubrir lo frecuente de mis quejas, de las que ni cuenta me daba —empezó diciendo la profesora—, y el esfuerzo mental que se requiere para cerrar la boca cuando algo nos molesta.

—La queja enferma —le respondió la magistra—, centra nuestra atención en lo que no queremos y lejos de alejarlo lo fortificamos y en muchos casos lastimamos a otras personas. Vale la pena el esfuerzo para desterrarlas.

—Pero, por otro lado, si no podemos expresar lo que nos molesta en la interacción con otras personas, tampoco se puede tener una relación sana.

—Una cosa es la queja y otra la aclaración —respondió la *magistra*—. Quejarse lo ubicamos como una muestra de fastidio sin explicación. Si hay algo que nos incomoda de la conducta de otra persona, se puede perfectamente manifestarlo con tranquilidad, explicando nuestro sentir.

—La frontera entre queja y aclaración puede ser una línea tenue que haga difícil saber de qué lado estamos.

—La pauta la encuentras en tu interlocutor: la queja suele molestarle; la aclaración amablemente expresada da pie a un diálogo constructivo.

—Aunque seguiré trabajando en esto, porque estoy a media jornada de mi proceso *non querela* —dijo la profesora—, ¿hay algún otro quehacer en mi desarrollo como docente que pueda iniciar?

—Hay un punto del que hablamos con frecuencia, pero al que rara vez le dedicamos tiempo para definirlo con precisión: nuestros valores morales. Cabe citar que es un tema que ha dado y dará para conjeturas filosóficas sin fin, pero yo lo enfoco de manera pragmática como los principios que son tus fundamentos para guiar tus decisiones y elecciones de todos los días, que además consideras que provocan en ti un perfeccionamiento que te lleva a una mayor calidad de vida como persona. Partiendo de esta consideración, prepara una lista de tus diez principales valores, si te es posible jerarquizarlos, tanto mejor, y me los traes cuando completes tus veintiocho días de *non querela* —dijo la magistra, dando por terminada la sesión de asesoría.

La profesora estaba fúrica consigo misma, había fallado en el día dieciocho. El coordinador de escuelas del gobierno de la ciudad había decidido emitir un reporte negativo en contra de ella por haber encontrado restos de alimentos tirados en una esquina del patio de la escuela, siendo que la encargada de limpieza había estado enferma por una semana, y la profesora había tenido que encargarse de la limpieza, porque aun habiendo reportado la ausencia de la trabajadora, el gobierno local nunca le mandó una sustituta y ahora, por un pequeño montón de basura fuera de lugar, recibía una mácula en su expediente. No pudo contenerse y se quejó con el coordinador por su falta de comprensión. Su programa *non querela* regresaba a cero.

Esto, por otro lado, le dio más tiempo para la segunda tarea que tenía, de modo que, cuando finalmente llegó a los veintiocho días sin quejas, pudo presentarse ante la *Doctus Magistra* con su relación de valores:

—Clasificar mis valores morales por orden de importancia ha sido lo más difícil de la tarea, empezó expresando la profesora, y de hecho no he logrado establecer los diez lugares por jerarquía. Considero ubicar en primer lugar a la responsabilidad; en segundo, la salud; en tercero, el amor; en la cuarta posición, a la honestidad, y de ahí en adelante mi lista queda por orden alfabético y no por importancia: amistad, comunicación, decencia, respeto, servicio y superación. Como me fijaste sólo diez posiciones, se me quedaron fuera algunas otras que también son importantes como la voluntad, la paciencia, la perseverancia, la generosidad, la lealtad, la prudencia, la sinceridad y algunas más.

—Haz hecho un buen trabajo —indicó la *magistra*—. Es importante conocer los cimientos de nuestra construcción como seres humanos, porque nuestros valores morales, cuando realmente forman parte de nosotros, son los guías de nuestra vida. Los descubres con la inteligencia, pero los aplicas con la voluntad, porque cada uno de ellos tiene su cara contraria, con la que siempre están en competencia: la responsabilidad tiene a la irresponsabilidad como rival; la salud a la enfermedad; el amor al odio; la honestidad a la deshonestidad y así con todos los valores.

—Este ejercicio me ha llevado a pensar que nuestras creencias, que están ancladas a nuestros valores, son las verdaderas conductoras de nuestra vida, marcan la dirección de las acciones que emprendemos, muchas veces sin que nos demos cuenta. Valemos por lo que creemos.

—La capacitación es provechosa cuando provoca la reflexión, cuando los conocimientos actúan como herramientas para entender cómo funcionamos y cómo podemos aprovechar lo aprendido para funcionar mejor. Me da gusto que tú estás logrando esto.

—Es lo que pienso respecto a la educación de los niños.

—Estás lista para el siguiente paso, razón central para tu acercamiento conmigo —dijo la *Doctus Magistra*—: usar la creatividad, es decir, emplear el ingenio, la inventiva, el pensamiento creador.

—Ser imaginativa, salirme de los patrones convencionales, siempre me ha costado trabajo, pero también lo ubico como peligroso. En aras de la originalidad se puede caer en absurdos, en errores que produzcan daño en vez de beneficio a los alumnos. Los procedimientos tradicionales, si bien se les suele clasificar como antiguos o estáticos, se han probado por largo tiempo y dan resultados seguros.

—El progreso de los seres humanos tiene como impulso la creatividad. Si no cambiamos, no avanzamos; hay que escuchar métodos o procedimientos modernos, nuevos. Desde luego, valorarlos y probarlos. La creatividad es un medio de acercar el futuro.

—No hay nada más antiguo que lo que en su momento fue llamado moderno.

—Eso prueba que el cambio es una constante y que debemos adecuarnos a la utilización de las nuevas herramientas y a ser nosotras también fuentes generadoras de nuevos caminos.

—Tus consejos siempre han sido acertados —dijo la profesora—, de modo que estoy dispuesta a seguir tus recomendaciones.

—Ven mañana a esta hora al Liceo y te incluiré en un pequeño equipo de trabajo —dijo la *magistra*, despidiéndose.

Al día siguiente, la profesora fue incluida en un grupo con otras tres personas: una maestra y dos maestros. La Doctus Magistra les planteó un ejercicio: puso frente a ellos un balde de madera y les dijo que debían buscar todos los posibles usos que el objeto tuviera, que cada uno debía opinar por turno.

—Ver algo conocido por su uso general y buscar otros aprovechamientos desarrolla la capacidad creativa —les dijo—. Cuando terminen, les propondré otro objeto —dijo, señalando a la maestra para que iniciara la ronda.

—Aprovechando que soy la primera —dijo la maestra—, empezaré por su uso común como un medio para transportar agua —los demás miraron a la profesora para continuar—: se pude usar como un asiento volteándolo al revés.

El primer maestro dijo:

—Funciona como un banco, al pararse en él en la citada posición de asiento.

Al tomar turno, el segundo maestro mencionó que serviría como maceta para plantar una flor.

Al iniciar la segunda ronda, en el mismo orden, surgieron las opiniones de usar el balde de madera como pecera; como bote para ropa sucia; para guardar comestibles; como mesita baja. Para la tercera ronda las ideas fluían con mayor dificultad: para guardar basura; para acarrear leños para la chimenea; para dar de comer a los animales; para preparar alimentos. En la cuarta ronda los silencios eran cada vez más largos: para preparar la argamasa en la construcción; para jugar a introducir en él monedas colocado a distancia; para que el pintor acarre su pintura; para almacenar o transportar vino. En la siguiente vuelta, algunos se querían rendir, pero el grupo los alentaba a continuar y surgieron más opiniones: como sombrero para un disfraz; para transportar tierra; para mantener cerrada una puerta sin picaporte; como sopera; para llevar herramientas de trabajo; poniéndole una tapa serviría de alcancía. Esta última propuesta provocó la discusión respecto a la validez de modificar el objeto.

Cuando la magistra regresó, se encontró al grupo sorprendido con las posibilidades de uso que habían encontrado para un sencillo balde de madera.

—Ahora —les dijo— consideren esta tira de tela y procedan como en el ejercicio anterior.

Al cerrar la sesión de aquella tarde, la *Doctus Magistra* les explicó que con la creatividad sucede el extraño fenómeno de que no se puede enseñar, pero sí se puede aprender, dado que es un proceso personal que cada quien tiene que desarrollar en su interior *motu proprio*. El método, del cual el ejercicio anterior es un ejemplo, consiste en quebrantar los procesos rutinarios, haciendo lo que hacemos, pero en forma diferente, buscando con la imaginación nuevas soluciones, nuevos procedimientos, y mediante el ensayo comprobar resultados para afinar detalles y optimizar el efecto.

—Para que el proceso creativo se ponga en marcha —continuó explicando la *magistra*—, hay primero que reunir toda la información que se tenga relativa al asunto que deseamos modificar y darle tiempo a la mente para que se sumerja en ella. Nuestra inteligencia propondrá en primer término soluciones lógicas, que suelen ser muy similares a lo que usamos actualmente, pero si la aguijoneamos, seguirá buscando caminos más novedosos. Curiosamente, este proceso suele dar soluciones cuando nos alejamos mentalmente del planteamiento, cuando nos bañamos, cuando caminamos de un lugar a otro, y la mente está libre de presiones, es cuando germinan las ideas del planteamiento que sembramos en nuestra cabeza. Diríamos que hay que exigirle a nuestra inteligencia soluciones creativas, pero luego dejarla descansar y esperar a que encuentre los caminos cuando menos lo esperamos.

Uno de los maestros objetó diciendo que hay casos en que las circunstancias, los jefes, demandan resultados a corto plazo y no hay tiempo para dejar vagar a la mente, para que encuentre soluciones cuando le llegue la inspiración.

—La premura y la creatividad no son buenos amigos —respondió la *magistra*—, aunque cabe mencionar que nuestra mente suele colaborar cuando hay prisa, aunque no siempre se obtienen los resultados óptimos.

De regreso a su casa, la profesora pensaba cómo aplicar la creatividad en su propia actuación en el colegio y cómo fomentarla en sus alumnos. "La mayoría de mis niños —se decía—, prefieren seguir modelos de conducta usuales para ser bien vistos ante sus compañeros y ante mí como su profesora. Asumir una conducta que se salga de los patrones temen que los lleve a ser rechazados, de manera que prefieren actuar como las ovejas en el rebaño: igual que las demás. Yo misma así me he conducido. Tal vez —continuó meditando— tenga tres o cuatro niños creativos. Yo los he considerado hasta ahora como tímidos o reservados, pero son los únicos que llegan a poner en tela de juicio mis enseñanzas, que preguntan por qué, en vez de asumir ciegamente como verdaderas todas mis aseveraciones, como lo hace la mayoría. Voy a buscar impulsar la creatividad de este pequeño grupo, que no piensen que salirse de los patrones usuales es malo, que pueden buscar sus propios caminos y mi tarea será guiarlos para que tampoco se desboquen. Destacaré sus éxitos, para que los demás vean que es válida la originalidad y vayan cobrando confianza, porque creo que los niños apegados a un proceder convencional no es que carezcan de posibilidad de ser creativos, sino que yo no he dado cabida a un ambiente propicio.

"Empezaré", se dijo llegando a casa, "por hacer ejercicios en mi escuela como el del balde de madera. Pude comprobar que abre la mente a nuevas posibilidades y es un ejemplo de los caminos que tiene uno de salirse, diría yo, del balde mental en donde nuestra inteligencia secuestra a la creatividad".

En poco tiempo, los niños descubrieron a una nueva profesora en la escuela. Sus ejercicios novedosos los mantenían más interesados en los quehaceres escolares y empezó a aflorar en ellos la imaginación, la libertad de expresión.

Las madres, que se reunían regularmente afuera de la escuela para recoger a sus hijos, también notaron el cambio, aunque no faltó el comentario de que la profesora se estaba ahora desviando de los programas educativos para dedicarse a juegos raros, de dudosos objetivos, para la enseñanza de los niños.

En la siguiente entrevista que la profesora tuvo con la *Doctus Magistra* le comentó los progresos que estaba teniendo con sus alumnos, lo que provocó una felicitación de su tutora:

—Estás empezando a usar un complemento de la creatividad —dijo la magistra—, el que convierte a la imaginación en acción: la audacia.

—La osadía es un factor común a los hombres y mujeres que han destacado en la historia.

—Esta vida es de los audaces. Sin arrojo, las habilidades y los conocimientos se diseminan pobremente en pequeños grupos, entre los más allegados; con él, irradiamos beneficios ampliamente, en forma tan extensa que se puede llegar a todos los confines de la tierra.

—¿Cómo se adueña uno de la audacia? —preguntó la profesora.

—Ejerciéndola. La audacia no es un conocimiento teórico, es una manera de proceder.

—Pero puede tomar un camino equivocado que produzca mucho daño.

—Desde luego. La historia enumera a los destacados, hayan sido buenos o malos.

—Lo que convierte a la audacia en una herramienta peligrosa, como espada de doble filo —dijo la profesora.

La *magistra* sacó de su bolsa una tiza y dibujó en la loseta del piso un número seis, puso a la profesora enfrente y le preguntó lo que veía.

La profesora contestó que un número seis. La magistra le pidió que se colocara del otro lado del dibujo y le preguntó lo que veía.

—Un número nueve —dijo la profesora.

—¿Cambié en algún momento el dibujo? —preguntó la *magistra*.

—No —respondió la profesora—.

—Entonces, ¿por qué ves algo distinto?

—Entiendo —respondió la profesora—, es cuestión de enfoque, del ángulo desde el que se vean las cosas, los sucesos.

—Todo en la vida es cuestión de enfoque, las cosas te parecen buenas o malas según tu punto de vista. Al ladrón no le parece malo robar, es su *modus vivendi*, se autojustifica de muchas maneras.

—Pero una sociedad no puede vivir bajo el libre albedrío de sus integrantes, se desmoronaría. ¿Por qué se castiga al ladrón, si desde su punto de vista considera apropiado lo que hace?

—Aquí entran en juego las leyes morales y cívicas que separan lo permitido de lo prohibido para lograr la convivencia pacífica y armoniosa. Por eso te hablé de valores morales como caminos de perfeccionamiento, para elevar tu calidad de vida como persona.

—Así la audacia queda encausada al bien común —citó la profesora.

—Cuando te enfocas en tu beneficio personal a toda costa, por encima de todos, sin medir consecuencias o daños a los demás, tu fama, grande o pequeña, será siempre negativa. Cuando te dedicas a realizar lo que te gusta, lo que conoces y disfrutas, con la mira en los beneficios que aportas a los demás, dale tiempo al tiempo, y la fama y la fortuna acudirán por su propio pie a ti; además, en justa compensación al trabajo que has empeñado.

—¿Cómo ligar el concepto de audacia a la docencia?

—Atreviéndote a innovar, a usar la creatividad buscando nuevos caminos para provocar en tus alumnos el deseo de aprender. Los conocimientos acumulados por el ser humano son muy bastos, nadie puede adueñarse de todos, además surgen continuamente nuevas ideas, nuevos procedimientos. Quien termina su ciclo escolar pensando que ha finalizado su proceso de aprendizaje vivirá en un gran error. Una vez seleccionado el campo laboral, las personas tenemos que iniciar el aprendizaje práctico y profundo de ese quehacer, manteniéndonos en la vanguardia de los nuevos conocimientos y descubrimientos que surjan en ese campo, y lo que debimos aprender en la escuela es el gusto y la necesidad de estudiar para que nos parezca natural, incluso apetecible, continuar siempre aprendiendo.

—Mi abuela decía —dijo la profesora— que se entra a la vejez cuando se pierde el interés por aprender algo nuevo.

—Si tus alumnos comprenden y aceptan que vivir es un feliz proceso de aprendizaje continuo, habrás cumplido tu misión como maestra. Los conocimientos que además se lleven es un premio extra. Inculcar el amor al estudio es el verdadero tesoro que puedes regalarles.

—Y para este fin me propones que use la audacia y la creatividad.

—Dos compañeras muy útiles.

La profesora estuvo reflexionando en los siguientes días cómo producir en su escuela cambios trascendentes, aplicando lo aprendido en el Liceo. Meditando en varias posibilidades, llegó a su mente la idea de que las madres de sus niños ponían mucho énfasis en la crítica de los trabajos escolares, pero no estaban involucradas en apoyar a sus hijos en el refuerzo doméstico del aprendizaje y decidió enfrentar el reto de cambiar esta situación.

Muchas madres tenían incluso menos preparación escolar que sus propios hijos y no se había acostumbrado en la comunidad que existiera un vínculo cercano entre padres de familia y profesores.

Del lado de los niños, estaba segura que recibirían el acercamiento de sus padres a la escuela como agradable, por lo que su esfuerzo tendría que centrarse en cambiar el enfoque de los adultos, y pensó hacerlo primordialmente con las madres, ya que eran ellas quienes se involucraban más en la educación de los hijos, y aunque fuera por el hecho de traer y recoger a los niños, estaban más cercanas al colegio.

Ideó una primera etapa de acercamiento: lo que se había acostumbrado es que las madres esperaran a sus hijos afuera de la escuela, pero dentro del edificio escolar, pasando el portal de entrada, había un espacio techado que permitiría una espera más cómoda, protegida de la intemperie. Mandó construir unas bancas de mampostería en esta zona y una verja de madera que impidiera entrar francamente al recinto escolar, para evitar intromisiones de las madres dentro de los salones de clase o la salida prematura de niños del colegio.

Terminadas las obras, abrió un día de par en par el portón de la escuela, a la hora que las madres empezaban a llegar a recoger a sus hijos, y colocó un letrero en la puerta con una ilustración, invitando a los padres a esperar la salida de sus hijos al abrigo del edificio.

Las primeras madres que arribaron se quedaron en la calle, junto al portón, como no sabiendo qué hacer, hasta que llegó una mujer decidida y sin pensarlo pasó al interior y tomó asiento. Como suele suceder en estos casos, el ejemplo acarreó la imitación generalizada, y todas las mujeres entraron a sentarse.

La profesora guardó su distancia con las mamás, sin presentarse ante ellas, a la entrada o salida de los niños, durante dos semanas. Aprovechó ese tiempo para indagar con cada alumno el nombre de su madre y desde una ventana fue observando que mamá correspondía a cada niño y se aprendió los nombres.

Después de este periodo, decidió formar a los niños al término de las clases y colocada en la apertura de la verja de madera fue entregando a cada niño a su madre, saludando a la mujer por su nombre y felicitándola por su hijo o hija.

Las mamás quedaron sorprendidas. La magia de escuchar su nombre pronunciado por otra persona es siempre muy grato y la profesora se granjeó la simpatía generalizada de las madres.

Continuó con esta práctica durante varias semanas y ahora las mamás se aprendieron el nombre de la profesora y los saludos eran cada vez más cálidos.

Cuando consideró que había logrado sincronía con las mamás, decidió dar un paso adicional: colocó en la zona de espera para las mamás un letrero invitándolas para que dentro de ocho días acudieran a recoger a sus niños media hora antes, para tener una breve charla con ellas. A partir de ese día, al entregar a cada niño, recordaba a la madre la convocatoria para la reunión.

La profesora había acondicionado un salón abandonado de la escuela, a manera de un pequeño auditorio, con bancas agradables para sentarse y una pequeña tarima al frente.

Llegado el día, dejó a todos los niños una tarea para realizarla en la última media hora del día y les pidió que la apoyaran para conducir una reunión con sus mamás, dedicándose a la tarea, sin ruidos ni discusiones, y les aseguró que sus madres estarían muy orgullosas de ellos y ellas al comprobar que eran capaces de mantenerse en orden y estudio sin la vigilancia de su profesora.

Aunque no acudieron todas las madres de los alumnos, la asistencia a la reunión fue exitosa al contar con un sesenta por ciento de la misma.

La profesora inició diciéndoles a las mamás que su asistencia a la reunión era una clara prueba del gran amor que profesaban a sus hijos y que se sentía muy orgullosa de enseñar a niños que tenían madres de tanta valía y compromiso.

Les habló de la importancia de vincular a la casa y a la escuela en el esfuerzo educativo de los niños. Aclaró:

—No busco que en el hogar se siga un proceso escolar, sino deseo simplemente pedirles que ayuden a sus hijos a ubicar tiempo y espacio apropiado para las tareas que dejo a los niños.

Mencionó que si era de su gusto, podrían tener estas reuniones una vez al mes para indicarles los temas que estaba desarrollando con los niños y profundizar en los apoyos que los padres podían dar a sus hijos.

Abrió un periodo de preguntas y respuestas para que las mamás externaran dudas o sugerencias, y aunque la primera pregunta hubo necesidad de extraerla a tirones, las demás fluyeron como catarata.

Aunque los comentarios seguían fluyendo, la profesora decidió terminar con toda puntualidad la reunión para hacer notar su respeto por el tiempo y dar salida a los niños de clase a la hora marcada.

Las mamás no sólo salieron muy contentas de la reunión, sino que aceptaron por unanimidad que las reuniones fueran mensuales. La sensación de ser tomadas en cuenta, de ser escuchadas por la profesora, de poder expresar opiniones, les resultó muy novedosa y muy agradable; además, con el enfoque expresado por la profesora de que todo el esfuerzo común estaba encaminado a beneficiar a sus hijos, el interés por seguir participando tenía un gran aliciente.

Las siguientes reuniones tuvieron mayor respuesta, ya que se estaba logrando una participación superior al ochenta por ciento de las mamás de los niños.

A la salida de la última reunión, la profesora recibió una sorpresiva solicitud: tres mamás la abordaron mencionando que sus esposos querían participar también, pero que debido al trabajo no podían hacerlo en el horario actual y le solicitaban planear una reunión por la noche. La profesora quedó encantada y aceptó. En la convocatoria, que se fijaba en el espacio de espera para recoger a los niños, se avisó que la siguiente reunión sería media hora después de la puesta del sol.

Aunque acudieron menos de la mitad de los padres de familia, la reunión de matrimonios con la profesora fue muy exitosa, ya que las intervenciones masculinas aportaron nuevos enfoques que enriquecieron las conclusiones.

Los encuentros nocturnos de los padres de familia en pareja con la profesora fueron creciendo en número y en compromiso para buscar impulsar el desarrollo de los niños. Incluso se dio el apoyo de las familias para mejorar las instalaciones de la escuela y hubo reuniones en días de descanso para pintar la escuela entre todos.

Cuando todo caminaba sobre ruedas, al término de un día de clases, se presentó ante la profesora el coordinador de escuelas del gobierno de la ciudad:

—Profesora —dijo el coordinador—, el gobierno de la ciudad ve con preocupación el desvío de sus actividades docentes hacia actividades políticas que no le conciernen.

—Supongo —respondió la profesora— que hace alusión a las juntas mensuales con los padres de familia para buscar un acercamiento entre las familias y la escuela en busca de un beneficio directo para los alumnos.

—Ese tipo de reuniones, de dudosa finalidad, son ajenas al trabajo escolar y tenemos conocimiento que se abordan temas desconectados con la educación de los niños.

—Lo invito con mucho gusto a que participe en una de nuestras reuniones, para que pueda constatar que sólo se manejan temas relacionados con el trabajo escolar de los niños y la forma en que podemos actuar coordinadamente escuela y hogar para apoyarlos.

—No estoy aquí para unirme al camino equivocado que está siguiendo, profesora, sino para señalarle que el gobierno de la ciudad ha decidido que debe usted cancelar sus reuniones con padres de familia a partir de hoy; de no hacerlo, tendremos que removerla de su puesto. Hasta luego.

Al día siguiente, la profesora visitó a la *Doctus Magistra*, quien estaba al tanto de los trabajos de su pupila, para comentarle el ultimátum recibido de las autoridades de la ciudad. —Ahora que las relaciones con los padres caminan tan bien, y el beneficio en el aprendizaje de los niños es cada día mayor, la ceguera de las autoridades viene a echar todo por tierra —se lamentó la profesora.

—En el ámbito político, que un subalterno se cuelgue un mérito sin que su jefe haya recibido primero la medalla, es inaceptable. Vas a tener que jugar con sus reglas —dijo la *magistra*—, y conseguirás continuar con tu programa. Conozco al jefe de gobierno, fue alumno mío y me aprecia, de modo que le pediré que te reciba y te apoye, pero tú deberás invitarlo a la siguiente reunión de padres de familia mencionando que el grupo quiere rendirle un homenaje de agradecimiento por la brillante idea que tuvo de acercar a los padres a la escuela. Advierte con discreción a los padres de familia lo que sucede y, para esa reunión, busca al padre o a la madre más apta para hablar en público y elabora con esta persona un breve discurso de loa al gobernante. Luego, tú tomas la palabra y reconoces que la convocatoria a las reuniones te fue sugerida por el jefe de gobierno y que le estás muy agradecida por propiciar un resultado tan positivo para la educación de los niños. Tendrás que regalar en público tu iniciativa al gobernante para que se siga con el programa, aunque los padres de familia sabrán muy bien que tú eres la autora de la idea. Terminas el evento con la entrega de un reconocimiento escrito al gobernante que lo acredita como paladín de la educación de los niños. Tú sigues con el trabajo escolar como lo estás manejando, y él a presumir de una vanagloria más en su carrera política.

La profesora siguió al pie de la letra las recomendaciones de su tutora y el resultado fue exactamente lo pronosticado por la *magistra*.

La profesora agradeció a la *Doctus Magistra* toda su ayuda, su valiosa guía para progresar, no sólo como docente, sino también como persona, manifestándole que la conservaría de por vida como tutora y amiga.

El año había terminado y la profesora fue al encuentro con el maestro y sin necesidad de ser interrogada manifestó su plena aceptación a seguir los caminos para propagar la buena nueva que le había solicitado, pidiendo seguir con su trabajo docente porque estaba también entusiasmada con educar con creatividad a los niños, y además pensaba que desde esa tierna edad se podía sembrar el mensaje del maestro en las nuevas generaciones. El maestro aceptó.

Camino al encuentro con la felicidad
y la trascendencia

*Reconocer nuestros valores morales para redescubrir
los cimientos de nuestra manera de vivir, evitando renegar
ante los tropiezos y poniendo a trabajar nuestra creatividad
con inteligente audacia, pavimenta nuestro camino en la vida.*

XIII

~~~
Todo éxito debe contemplarse como prueba de
que somos capaces de alcanzar una meta más alta
~~~

Con frecuencia, al maestro le gustaba salir a caminar por los bosques cercanos al poblado, disfrutando de los árboles que unían sus follajes como en un saludo mutuo, llenando de verdor los ojos, incluso escondiendo el azul del cielo con el techo que tejían con sus penachos de ramas.

Cuando se internaba más, llegaba a los claros producidos por la acción de los leñadores y solía sentarse un rato a verlos trabajar.

En aquellos paseos conoció a un leñador alto y fornido, de poblada barba blanca, al igual que su pelo, aunque su rostro y su cuerpo no acusaban una edad propia de las canas, se diría que su genética lo había empujado a perder el color del cabello antes de tiempo. Derribaba los árboles mediante certeros cortes con el hacha en un tiempo menor que los demás leñadores, por lo que el maestro lo encontraba sentado en algún tronco tirado en el piso, a media jornada, como quien ha cumplido con su labor del día.

El maestro lo abordó un día, sentándose junto a él, saludándolo con amabilidad:

—Veo que has terminado tu cuota tiempo antes que los demás —le dijo el maestro.

—Lo hago todos los días —le respondió el leñador—, aprendí desde pequeño el oficio y mis brazos son diestros para este trabajo, de modo que cumplo con los árboles que debo derribar antes que los demás trabajadores.

—¿No debes sobrepasar una cuota diaria de árboles tirados? —le cuestionó el maestro.

—En realidad nadie nos marca un límite. Claro, nos fijan un mínimo, que es lo que yo cumplo. De hecho, si derribo más obtendría una paga mayor.

—¿Por qué no lo haces?

—¿Para qué? Con mi cuota mínima obtengo la paga que necesito. No le veo caso a esforzarme más.

—Si tienes un buen amigo, ¿ya no te interesa tener más amistades? Si eres padre de un hijo, ¿ya no buscas otro? Si has comido un pan sabroso, ¿ya no te atrae degustar otro?

—El trabajo es diferente.

—La vida es un trabajo de tiempo completo. El Señor nos ha traído a la tierra a dar fruto en la forma más amplia que nos sea posible, usando nuestras capacidades al máximo. Un don desaprovechado es un ladrón de felicidad.

—La gente muy trabajadora vive cansada, tensionada, se enferma con facilidad. Combinar poco trabajo con la mayor holgazanería posible es mejor fórmula —añadió el leñador.

—Si somos dueños de la capacidad de crear, de la cual Dios nos dotó, lo que conseguimos trabajando, permanecer sin hacer nada de provecho es robarle a la historia del ser humano las oportunidades de desarrollo.

—Cada hombre, por más importante que se crea, no es sino una gota de agua en el mar. La falta de esfuerzo de una persona no tiene significado alguno en el desarrollo de la humanidad. Es más, la inmensa mayoría de los hombres pasamos inadvertidos para la historia, apenas nuestros familiares cercanos y amigos se enteran que vivimos. Lo que hagamos o dejemos de hacer no tiene repercusión.

—Justamente esa actitud, que reconozco es frecuente, impide a las personas sobresalir. Los hombres y mujeres que destacan en sus quehaceres, que saltan a los libros de historia, son los que se han esforzado mucho más allá de lo indispensable. Yo he recibido del Señor una misión para propagar la invitación al género humano a utilizar a plenitud sus capacidades para aportar a sus semejantes el mayor servicio y obtener con ello la felicidad que esta donación proporciona.

—¿Buscas hacer de los hombres esclavos de su trabajo?

—El aprovechamiento de las habilidades personales, entregadas con amor a los demás, es lo opuesto a la esclavitud, es un camino de vida que transita por una gozosa relación con el prójimo y una alegría interna que convierte lo que se hace en una diversión. Actuando así, ganas tú, gana tu familia, gana tu comunidad y en un momento dado puedes contribuir a que gane el género humano en general.

—Muchos esforzados acaban desilusionados con la vida o prematuramente en el panteón.

—Tienes que seguir una secuencia lógica que se inicia con descubrir lo que realmente tienes facilidad para hacer, que normalmente es lo que te gusta hacer. Con frecuencia los esfuerzos resultan vanos cuando no se parte de esta primera etapa y se concentra el trabajo en algo fuera de nuestras habilidades naturales, fuera de nuestros gustos. Los esfuerzos son entonces a contra corriente, te desgastan. Al no alcanzar la meta que ubicaste en un punto equivocado, la desilusión se adueña del escenario.

—La vida es más complicada para algunos; no es tan sencilla como para que puedas encontrar con toda calma tus gustos y luego te ubiques en el trabajo idóneo. La vida te trata a golpes, te avienta de agujero en agujero y apenas tienes tiempo de salir de uno cuando tienes el siguiente golpe encima.

—Le sucede al que no sabe lo que quiere y por ende está a merced de los vaivenes de la vida. Llama la atención la gran cantidad de mujeres y hombres que no se han detenido a preguntarse hacia donde quieren conducir su vida, y al no tener un destino ubicado, caminan en círculos que no llevan a ningún lado y se tropiezan con las mismas piedras una y otra vez.

—Y por supuesto que tú tienes el elíxir mágico que hace realidad los cuentos.

—Toda persona tiene en su interior la sabiduría del actuar que la conduce a la felicidad en el vivir, pero muy pocas voltean a verla y mantienen la vista afuera, buscando en el lugar equivocado.

—Las palabras, en el hombre sabio como tú, se acomodan con facilidad y hacen parecer sencillo lo complejo, pero entre el discurso bien pronunciado y la vida real de los oyentes hay un abismo.

—Permíteme demostrarte, en tu propia vida, que entre el mensaje que el Señor me ha pedido difundir y la realidad, no hay separación.

Únete a mi grupo de discípulos y podrás comprobar que no sólo vas a encontrar tu camino de realización, sino que serás heraldo para que muchos otros lo descubran.

El maestro le narró a continuación los detalles de su apostolado y le reiteró la invitación para incluirse en el programa de preparación. El leñador se quedó callado durante largo tiempo, con la mirada enfocada a la distancia, petrificado. Después, como quien despierta de un sueño, se quedó viendo al maestro, como si fuera el primer momento en que se cruzaban sus miradas, y simplemente dijo: acepto.

—Deberás viajar cuatro jornadas, a las montañas verdes, y en las inmediaciones del poblado del valle alto encuentra en el aserradero al *Philologus Conor*, dile que yo te envío, y él se encargará de ti. Te espero de regreso justo en un año, aquí mismo —dijo el maestro trazando una bendición sobre la cabeza del leñador.

El aserradero del valle alto era conocido en el país por la alta calidad de las maderas que vendía. Recordando que dos de sus compañeros de trabajo eran de aquella zona, el leñador les pidió indicaciones de cómo llegar, recibiendo información muy puntual que le permitió arribar sin contratiempos.

El aserradero daba empleo a buena parte de los trabajadores del valle alto. Era una fábrica grande que ocupaba un terreno amplio. Los patios de almacenaje de troncos y de madera preparada se habían extendido tanto que faltaban pocos metros para colindar con las últimas casas del poblado.

La oficina del *Philologus Conor* estaba situada en un segundo piso, arriba de un almacén de herramientas, en la parte central de la fábrica y permitía contemplar a través de sus ventanas, por los cuatro costados, todo el aserradero. Era una perfecta atalaya para vigilar la operación general.

En concordancia con la ubicación de su oficina, el *Philologus Conor*, manejaba un mando centralizado de la empresa y aunque contaba con una reducida planilla de jefes de tareas, todas las decisiones importantes tenían que salir de él. Esto lo mantenía ocupado todo el tiempo y siempre había una larga fila de personas formadas en la empinada escalera que conducía a su oficina, esperando turno para ser recibidos. No había preferencias ni distinción de rango, todos debían formarse y eran recibidos en el orden que ocupaban en la fila.

En vista de lo anterior, el leñador fue a formarse, pero le comentaron que la fila era particularmente larga ese día y que no le convendría esperar, porque sería difícil que alcanzara a ser recibido, ya que la oficina se cerraba al caer el sol. Aprovechó entonces el día para visitar las dos posadas con que contaba la población para escoger la habitación más económica para hospedarse.

Al día siguiente, apercibido de que la fábrica se abría con los primeros rayos del sol, se levantó temprano para ocupar buen lugar en la fila. A pesar de su empeño, se le habían adelantado catorce personas que ya estaban formadas cuando arribó.

Después de varias horas, llegó su turno y entró a la oficina. Se encontró con un hombre de mediana estatura, fuerte, de piel blanca, con los pómulos sobresalidos y sendas chapas rojas, que daban la impresión de que se hubiera aplicado colorete en el rostro. Parecía tener en la boca un amplificador de sonido porque su voz resonante se proyectaba a gran distancia.

Aunque era un hombre que se notaba que le gustaba despachar pronto los asuntos, tanto que recibía parado a las personas, sólo recargando las asentaderas en una mesa robusta, en cuanto el leñador le refirió que lo enviaba el maestro, esbozó una gran sonrisa en la cara, y lo invitó a sentarse en una pequeña sala con cuatro asientos que tenía en un extremo del cuarto. Se asomó a la puerta de su oficina y avisó que se cancelaban las audiencias faltantes del día.

Le pidió al leñador que le narrara con detalle la forma en que se encontraba el maestro y se sintió muy contento de saber el apostolado en el que estaba inmerso.

—Ahora platícame tu historia —le dijo al leñador—. ¿Quién eres?, ¿qué haces?, y en especial, ¿qué quieres hacer con el resto de tu vida?

Las dos primeras preguntas las pudo contestar con fluidez. Pero manifestó que no tenía respuesta para la tercera.

—No te preocupes —le dijo el *philologus*—, desgraciadamente representas a la mayoría de los seres humanos, que transcurren por la vida adormilados, no sólo sin saber qué quieren lograr con su existencia, sino incluso sin interés por pensar en el tema. Me queda claro lo que el maestro espera que haga contigo.

—Qué bueno, porque, bien a bien, yo no sé por qué estoy aquí —respondió el leñador.

—Vamos a tratar de darle causa a tu vida, que me puedas responder la última pregunta. Que vayas encontrando metas que te entusiasmen y entusiasmo para realizarlas. Lograr, además, establecer un proceso continuo en tu existencia: que cada logro te lleve al deseo de alcanzar uno mayor.

—Cabe citar que nunca he sido ambicioso, de hecho he vivido apoyado en un lema que inventé: "Donde la paga alcanza para lo necesario, el trabajo se da por terminado".

—Quiero decirte algo: tu actitud puede partir de un lugar que no detectas: el miedo. El temor a salir de la seguridad del conformismo, de lo que te es conocido, te impide crecer, aventurarte en nuevos caminos. Te hace falta un anhelo: cuando no hay meta, no hay motivo para el esfuerzo.

—No todos los hombres estamos hechos para vivir compitiendo con nosotros mismos o con los demás. Hay quienes preferimos permanecer sentados viendo a los demás luchar, desgastarse en esfuerzos que en contados casos les producen grandes beneficios, pero que en la mayoría de las situaciones sólo les dejan grandes frustraciones. Únicamente el ganador recibe la corona de laureles, los demás competidores pasan inadvertidos y tuvieron que hacer tanto o mayor esfuerzo de preparación que el ganador y ni el mundo ni los hombres les reconocen su trabajo.

—El verdadero triunfo es personal, interno. Los aplausos, las coronas, son efímeros. Siempre acabamos a solas con nosotros mismos. La satisfacción de habernos esforzado suficiente en la búsqueda de un objetivo, se alcance o no, siempre será un triunfo y debe ser motivación para redoblar esfuerzos.

—¿Para qué esforzarse si la victoria es tan difícil?

—Es que sin iniciativa la derrota ya se alcanzó. Los estáticos, los abúlicos, los inactivos, ya están en el equipo perdedor.

—También en el mar de las palabras se puede uno ahogar. Acepté venir a que me enseñaras —dijo el leñador—, de modo que estoy dispuesto a seguir tus instrucciones para que me demuestres, en mi propia vida, que hay un camino mejor al que he seguido, aunque creo que al final tú reconocerás más práctico el proceder que yo he tenido.

—Pero necesito tu cooperación. La acción emprendida con la convicción del fracaso no puede lograr victoria alguna. Si bien no te exigiré entusiasmo por mis ideas, requiero al menos neutralidad de tu parte. Que estés dispuesto a probar en espera de un resultado, que si bien no concibes de antemano como positivo, tampoco lo tengas calificado previamente en tu mente como negativo.

—Es difícil actuar sin prejuzgar. En todo lo que emprendemos hay una perspectiva en nuestra mente, pero prometo hacer mi mayor esfuerzo por concederte el beneficio de la duda, para no arrancar con el freno puesto —añadió el leñador.

—Acepto —dijo el *philologus*—. Me has comentado que tu cuota ha sido derribar tres árboles de tronco abrazable por día. Te voy a enviar, con una nota para mi capataz, a un bosque cercano con ese tamaño de árboles. Tu misión será trabajar la jornada completa, de sol a sol, sin detenerte más que para los alimentos y recesos indispensables, y tirar todos los árboles que puedas, sin fijarte un número tope. Trabaja un mes así y regresa a reportarme la cantidad de árboles que tienes capacidad de derribar. Desde luego, recibirás la paga correspondiente.

Cumpliendo con lo prometido, el leñador dejó de pensar en la inutilidad de continuar con el trabajo después de los tres árboles caídos y siguió trabajando la jornada completa.

Un mes después se presentó de nuevo en el aserradero ante su tutor.

—¿Qué resultado obtuviste? —le preguntó el *philologus*.

—Me sucedió algo extraño —respondió el leñador—. De inicio me pareció fastidioso seguir trabajando más allá de los tres árboles que he derribado por largo tiempo, pero dado que tenía el compromiso contigo, me di cuenta de que podía derribar fácilmente uno más, a un ritmo relativamente descansado. Luego pensé probar acelerando un poco más el trabajo y constaté que podía derribar cinco árboles. Esto picó mi curiosidad para indagar hasta dónde podía llegar y, aumentando el esfuerzo, tumbé seis árboles. De pronto me vi enredado en un juego contra mí mismo y me pregunté: ¿por qué no siete? Puse todo mi empeño y finalizando a oscuras, lo conseguí. Los últimos cuatro días pude lograr los siete derribos dentro de las horas de luz.

—Y... ¿en cuanto a la paga?

—Bueno, pues teniendo más del doble de lo usual, pude comprar regalos para toda mi familia que envié con un carretero a mi pueblo.

—¿Ha sido un descubrimiento agradable?

—Sí, en algunos sentidos, pero no pienso trabajar a ese ritmo todos los días.

—Pero tal vez tampoco te quieras seguir conformando con tu antigua cuota. Sabes que eres capaz de mucho más. Es difícil probar la riqueza y querer regresar a ser pobre y no sólo hablo del dinero, sino de la satisfacción personal juega también un papel fundamental en nuestra vida.

—En mi caso, se trata de poner a competir el esfuerzo físico, hasta el cansancio pleno, contra una marca personal que ya demostré que puedo alcanzar. Le hablaré con toda sinceridad: como una prueba está bien y puedo realizarla con entusiasmo, pero como una conducta permanente no es atractivo.

—¿La parte económica te motiva?

—Aumentaré mi cuota diaria a cuatro árboles, ya comprobé que no representa mayor esfuerzo adicional y la paga crece. Además sé que cuando requiera un ingreso adicional puedo esforzarme a llegar a siete derribos, por uno o varios días.

—Lo que citas muestra un avance contra tu inamovible cuota anterior de tres árboles. Vamos por buen camino.

—¿Cuál es el siguiente paso?

—Has trabajado como leñador cortando árboles en el bosque, pero desconoces el tratamiento que los troncos derribados sufren aquí para convertirse en tablas, en vigas. Voy a darte trabajo en el aserradero para que aprendas un tratamiento diferente de la madera.

El leñador se presentó al día siguiente en la zona de recepción de troncos de madera, en donde, después de una clasificación por tipo y calidad, los árboles cortados pasaban a descortezar. El jefe de los trabajadores de esta zona lo recibió con amabilidad y le dijo que observara con atención el trabajo de los operarios, ya que después le entregaría su herramienta para que realizara el mismo quehacer.

Uno a uno, el leñador fue recorriendo a los trabajadores poniendo atención en la manera de realizar el trabajo. Aunque todos mostraban destreza en su labor, su interés se concentró en un operario, joven y fornido, que producía el doble de trabajo que los demás, pero que además revisaba meticulosamente cada tronco terminado y corregía cualquier imperfección. "Si tengo que aprender", se dijo el leñador, "que mi maestro sea el más competente", por lo que se acercó al joven para comentarle que estaba ahí para aprender y que deseaba recibir sus recomendaciones.

En lo que le pareció una respuesta descortés, el joven le dijo que no tenía tiempo para dedicarse a conversar en horas de trabajo y que su función no era la de enseñar, pero que no tenía inconveniente que lo observara, siempre y cuando fuera en silencio.

—Después de terminada mi jornada —agregó el joven—, puedo contestar tus preguntas.

Aunque el rechazo inicial del joven le incomodó, el leñador se quedó pensando que tal vez él mismo optaría por esa actitud si alguien llegara a conversar con él mientras estaba cortando árboles. De modo que dedicó el resto de la jornada a observar, a analizar, el trabajo del joven, en respetuoso silencio.

Cuando el sol quedó totalmente escondido bajo el horizonte, todos los operarios abandonaron su trabajo y emprendieron camino a la salida del aserradero, a diferencia del joven vigilado por el leñador, quien barrió su área de trabajo, limpió sus herramientas, enjuagó sus brazos y su cabeza en una pileta de agua y secándose con una pieza de tela se volvió a su observador y le dijo:

—Estoy a tu disposición, ¿qué quieres saber?

—Creo que la manera de descortezar los troncos la he aprendido en teoría al ver cómo realizas tu trabajo; desde luego, tendré que adquirir la destreza con la práctica, pero lo que me ha llamado la atención es tu capacidad de trabajo, que supera con mucho la de los demás operarios. ¿Es una habilidad innata? —preguntó el leñador.

—Para nada —respondió el joven—, es producto de un esfuerzo sostenido por mucho tiempo, buscando los medios para ser más eficaz.

—¿Buscas ganar más dinero?

—Eso es una consecuencia lógica y agradable, pero no es mi razón principal.

—¿Qué te mueve a esforzarte?

—Ganarme a mí mismo.

—No te entiendo —citó el leñador.

—No hay nada más divertido, y al mismo tiempo más retador en mi trabajo, que competir contra mis logros anteriores.

—¿Cuál es el premio? ¿Para qué empeñar tanto esfuerzo y trabajo?

—El premio es tu vida. ¿Qué satisfacción puedes obtener de una existencia sin avances, sin logros frecuentes con los que sientas que eres un triunfador? Saberte mediocre es un castigo a tu inteligencia.

—Pero sudar, desbocarse, dejar toda tu energía en el trabajo para que tal vez nadie lo note ni te lo agradezcan, y sólo se refleje en unas monedas más al final de la semana, no le veo objetivo.

—Tú eres el que lo nota, tú eres el dueño de la alegría de tú éxito. Los premios del exterior no tienen significado en la vida si no te sientes primero un ganador. Además, desde luego que se nota: tu familia y tus amigos lo perciben. Una persona que vive feliz consigo mismo irradia alegría, optimismo.

—Nadie puede ganar indefinidamente, ser exitoso todos los días. Si esto se diera viviríamos en el cielo permanentemente.

—Todos podemos ganar diariamente, con el hecho de saber que hiciste hoy tu mayor esfuerzo, aunque los resultados no sean positivos. La vida es una escalera, hay que subir peldaño por peldaño, pero cada elevación pude tomar mucho tiempo. Tú pones lo mejor de ti mismo en cada jornada, pero habrá resbalones, imponderables, que marquen el día como retroceso, pero si tienes fija la vista hacia arriba, si no cejas en tu empeño, las detenciones, las regresiones, las ubicarás como recodos en el camino, como parte natural de la vida, incluso como aprendizaje, sabiendo que el ánimo positivo, el empeño permanente, el trabajo esforzado, se ocuparán por sí mismos de llevarte al siguiente escalón.

—¿Qué hay al final de la escalera?

—No lo sabemos ni nos debe preocupar demasiado. Pon tu vista, por lo pronto, en el siguiente escalón: un objetivo claro, deseable, alcanzable y dedícate a subirlo. Cuando llegues, vuelve a levantar la vista y a trabajar para ubicarte en el siguiente nivel.

—Es cuento de nunca acabar.

—Exactamente, y eso es lo hermoso de la vida, siempre hay un escalón por subir. Nadie llega al final, lo que algunos hacen es decidir estacionarse en el peldaño en que se encuentran. Al perder el anhelo de escalar, pierden el incentivo y su vida se torna monótona y el espíritu sin esfuerzo se vuelve flácido, el cuerpo es fácil presa de las enfermedades, las depresiones. Se muere en vida.

—El conformismo con lo que se tiene no es malo: es disfrutar de lo alcanzado sin una lucha desesperada por seguir escalando. Hay quienes vemos la vida con agrado desde la altura en que estamos ubicados, sin deseos de seguir subiendo.

—La vida es movimiento, sólo hay dos maneras de vivirla: avanzando o retrocediendo. Si no se adelanta, se retrocede; no hay manera de mantenerse estático.

—Es una manera drástica de ver las cosas —dijo el leñador.

—Hay noche y día, calor y frío, bueno y malo. Cada uno de ellos puede tener diferentes niveles, pero se está en un lado o en el otro. Hay noches con luna o sin ella; hay noches con estrellas y noches nubladas, pero ni la luna ni las estrellas cambian el hecho de que es de noche. El hombre avanza o retrocede en su vida. Si se queda parado, en realidad está retrocediendo, porque el tiempo no se detiene a esperarlo en su inmovilidad, le empieza a ganar la carrera, lo deja atrás.

—Pero en los avances todo tiene su límite. Aunque seas el hombre más esforzado y hábil en tu trabajo, llega un momento en que no puedes crecer más. Podrás descortezar cada vez más árboles, pero alcanzarás un tope en donde tu capacidad corporal y el tiempo de trabajo te lleven a un número insuperable por más que te esfuerces.

—De acuerdo. A partir de ahí el siguiente escalón será la máxima calidad en el número de troncos descortezados, llevar cantidad y calidad a su tope máximo. Conseguido esto, tienes los méritos para solicitar un nuevo trabajo, más difícil que el anterior, para iniciar una nueva etapa de aprendizaje y superación.

—Y cobrar más dinero.

—Para tener un reto mayor, para subir un escalón —añadió enfático el joven—. El dinero es la consecuencia del buen trabajo. Realiza tu labor con la mayor eficacia posible y la recompensa económica se da sola. Nadie está peleado con su dinero: si demuestras resultados extraordinarios, no querrán perderte y te ofrecerán mayor paga. Si no lo reconocen, su competencia lo hará.

—Pienso que eres un hombre optimista a ultranza —dijo el leñador.

—Si quiero ser feliz no hay otro camino.

Conversando, el leñador y el joven habían salido del recinto del aserradero y se encaminaban al centro del pueblo, cuando fueron detenidos por una mujer que con cara de angustia les dijo: "¡Mirad, hay fuego en el aserradero!".

Altas lengüetas rojizas y azules se levantaban en el fondo del aserradero provocando una nube ascendente de humo que se destacaba aun en la oscuridad de la noche incipiente.

—Dad la alarma en todo el poblado —dijo el leñador a la mujer—, que la gente venga pronto con baldes. Usaremos el agua del pozo que hay en el aserradero —sin mediar otra palabra, el leñador y el joven emprendieron veloz carrera hacia el incendio.

Cuando llegaron a la zona del evento, el *Philologus Conor* ya se encontraba ahí con dos trabajadores alejando la madera apilada en la cercanía del incendio para evitar que fuera también combustible de las llamas.

—A mano no tendremos tiempo de retirar la madera —dijo el leñador al joven—; corre al pueblo y trae unos cuatro caballos, yo voy al almacén por cuerdas.

La gente del pueblo empezó a llegar con baldes y el *philologus* organizó una línea de personas desde el pozo hasta el pie del incendio para ir pasando los baldes de agua y descargarlos contra las llamas.

El leñador encontró varias cuerdas y regresó al incendio con ellas. Hizo señas a los dos trabajadores que había dejado el *philologus* moviendo la madera para que le ayudaran a formar atados de varias piezas de madera. Usando polines como palanca levantaban montones de madera, pasaban las cuerdas por abajo y luego las ataban, retando a las llamas que se acercaban voraces.

Cuando el joven llegó con los caballos, ya tenían varios atados preparados, a punto de sucumbir ante el fuego. Uniendo cabos a los caballos, lograron retirar las maderas lo suficiente para salvarlas del fuego y evitar que el incendio se avivara.

Como el pozo se encontraba en una zona más alta del terreno que el incendio, el leñador propuso al *philologus* cavar una pequeña zanja en el piso de tierra, cubrir el fondo y los costados con tablones de madera y derramar el agua del pozo en el canal y aprovechar a la gente para que recogiera el agua casi al pie del incendio y el ataque con agua a las llamas se hiciera más efectivo. Así lo implementaron y, aunque las llamas habían tomado fuerza y provocaron grandes daños, los pobladores pudieron apagarlas trabajando toda la noche, cuando el sol mostraba sus primeras luces.

Con el amanecer la gente se fue retirando, satisfechos de haber dominado el incendio, pero preocupados, ya que directa o indirectamente muchos pobladores trabajaban para el aserradero y les preocupaba que los efectos del incendio pudieran parar las operaciones de la empresa. El *philologus* agradeció la ayuda y anunció que ese día no se trabajaría y que ocuparía el resto del día para evaluar los daños.

El leñador ofreció a su tutor quedarse para ayudarle.

—Todos necesitamos unas horas para descansar, el cuerpo cansado hace malas propuestas a la mente —le indicó el *philologus*—, regresa pasado el mediodía. Estoy muy agradecido por la inteligencia de tu ayuda.

Cuando el leñador regresó al aserradero, se encontró al *philologus* recorriendo la zona dañada, constatando una fuerte pérdida ya que la mayoría de la madera terminada, que estaba lista para ser embarcada, había sido consumida por el fuego, así como una bodega de herramientas, diversos cobertizos y muchos bancos de trabajo.

—Me temo —sostuvo el *philologus*— que no puedo continuar con la plantilla de trabajadores que tengo, dado que no hay mercancía para vender y calculo que no tendré ingresos suficientes en cuando menos tres meses.

El leñador le pidió que sentado en su mesa de trabajo de la oficina hiciera cuentas más precisas. El resultado fue muy similar a la primera apreciación. Tardaría entre doce y trece semanas para reponer el producto consumido por el fuego y mientras tanto sus reservas no le alcanzaban, sino para cubrir los sueldos de una tercera parte de los trabajadores, corriendo el riesgo de que con tan poco personal la producción sería menor y tal vez fuera necesario más tiempo para reponer el producto terminado.

El *philologus* invitó a su personal que acudía al día siguiente a su trabajo a una reunión en uno de los patios del aserradero. Les comunicó los daños causados por el fuego y les mencionó la situación económica que lo obligaba a despedir a dos tercios de los trabajadores.

El leñador levantó la mano pidiendo la palabra. Se la concedieron y subiendo al templete central les dijo:

—Hay otro camino para que todos salgamos adelante. En el poblado no hay trabajo para tantas personas que pierden su empleo en el aserradero, por lo que muchos de nosotros tendremos que viajar a otras poblaciones en busca de trabajo, dejando nuestra casa y a nuestra familia, será difícil y no tenemos la certidumbre de conseguir empleo. Yo les propongo que nos quedemos todos trabajando aquí, pero además redoblando esfuerzos en el menor tiempo para reponer el producto terminado que se perdió. Para que esto sea posible, todos tenemos que aceptar trabajar tres meses por una tercera parte del salario que recibimos antes del incendio.

Un rumor entre disgusto y contrariedad se extendió entre los trabajadores asistentes, pero el leñador no se amilanó y continuó con sus argumentos:

—No conocemos la lista de los seleccionados para permanecer en el trabajo, pero dos terceras partes estaremos fuera. Es mejor la seguridad del empleo que tenemos, que conocemos, junto a nuestra casa, con nuestra familia, donde sabemos que tendremos tres meses de estrechez económica, pero una vez superado este tiempo recobraremos las mismas condiciones de trabajo que tenemos ahora y que nadie pierde el trabajo, todos continuamos laborando.

Un largo silencio se adueñó de la asamblea que fue roto por un grito potente de un trabajador diciendo:

—El leñador tiene razón, es mejor tres meses de penuria a un futuro incierto.

Los gritos de apoyo a la mención se sucedieron en cascada. No obstante que había varios contrarios a la solución, finalmente la asamblea aceptó, por mayoría, la propuesta de trabajar tres meses con un tercio de sueldo.

A la mañana siguiente, el *philologus* llamó a su oficina al leñador y le agradeció su intervención. No había pensado en la solución que propusiste, pero además fue mucho mejor que saliera de ti y no de mí. Llegaste aquí para que yo te instruyera y tú nos estás enseñando a todos nuevos caminos y además me da mucho gusto ver un cambio radical en tu actitud, de una persona pasiva, conformista, te has transformado en un líder inteligente y convincente.

—Te lo debo a ti y a tu gente —respondió el leñador—, me han hecho ver la importancia de concebir anhelos personales y trabajar para hacerlos realidad. Lamento la pérdida que el incendio te ha causado, pero para mí las llamas ardieron en mi interior y me hicieron ver que los accidentes de la vida están a la vuelta de la esquina, pero con determinación se pueden vencer e incluso usarlos como plataforma, como aprendizaje, para crecer.

—Mi gente te respeta y te aprecia —añadió el *Philologus Conor*—, por lo que deseo que seas a partir de este momento el supervisor general del aserradero. Serás mi brazo derecho y las reconstrucciones que tenemos que hacer quedarán a tu cargo.

—Acepto con gusto y pienso trabajar en primer término en la reconstrucción personal de los trabajadores. Quiero imbuirles el gusto y el orgullo en su trabajo y motivarlos a lograr no sólo regresar lo perdido a la empresa, sino formar un equipo de trabajo comprometido y eficaz que impulse la producción a un ritmo más eficiente del que existía antes del incendio.

—Estás pensando como un auténtico líder.

—Pero necesito tu cooperación —agregó el leñador—. Una vez recuperado el material perdido, los trabajadores deben participar en los beneficios de la empresa. Partiendo de los niveles de producción que se han alcanzado hasta ahora, si la gente supera la generación de producto terminado deberás darles un premio económico.

—Eso nunca se ha hecho en ningún lado. Si ofreces demasiado la gente se vuelve demandante y la verdad es que conseguir trabajadores nunca ha sido muy difícil.

—Pero tener personal calificado, dispuesto a superar metas, actuando con eficacia, te rendirá frutos muy favorables. Tendrás la negociación más productiva de la región, del país; venderás más, con precios más competitivos y finalmente ganarás más dinero como dueño del negocio. Estar cambiando de personal significa entrenamiento, deficiencias iniciales, mayor supervisión.

—Lo voy a considerar en función de los resultados iniciales —observó el Philologus Conor—. El plazo para reponer el material que se quemó es de tres meses, ahora que tú eres el supervisor puedes impulsar el trabajo; si acortas el tiempo, me darás pruebas de que tus extrañas teorías funcionan.

—Bien, acepto el reto —dijo finalmente el leñador.

El leñador reunió a todos los trabajadores al día siguiente y les comentó que se había aceptado cobrar la tercera parte del sueldo durante tres meses, para reponer las pérdidas del aserradero, pero como nadie es feliz con su paga disminuida en dos terceras partes, sería muy útil recortar el tiempo de la reducción salarial.

—Si todos trabajamos con denuedo y eficacia, podemos producir lo perdido en dos meses y medio y recortar el periodo de estrechez —les dijo.

Uno de los trabajadores mencionó que ya era bastante con sacrificar la paga en forma tan drástica, como para que además se les pidiera mayor trabajo.

El leñador citó que era la única forma de recuperar más rápido los ingresos normales.

—Desde luego —añadió—, no puedo obligar a nadie a trabajar más allá de lo que es su obligación cotidiana, pero los invito a realizar el esfuerzo que nos beneficiará a todos. Queda en la conciencia de cada quien determinar la entrega adicional que quieran comprometer en su trabajo.

Los trabajadores regresaron a sus puestos, algunos con cara de entusiasmo, lo que el leñador interpretó que serían los comprometidos con el esfuerzo adicional, pero otros con cara de contrariedad, notándose que la solicitud no les resultaba agradable y probablemente estuvieran renuentes a colaborar.

Dos días después, el leñador se reunió con el *philologus* y le comentó que su motivación daba resultado con algunos trabajadores, pero no con todos. Citó que sabía que triunfaría si lograba formar un equipo de trabajo unido, comprometido con metas comunes, integrado por la totalidad de los trabajadores, porque donde unos aceleran y otros frenan no hay avance efectivo. Me gustaría que hubiera una fórmula mágica que garantizara el éxito, con pruebas irrefutables de su eficacia, que convenciera a todos, terminó diciendo.

—Existe —le respondió enfático el *Philologus Conor*.

—¿Dónde? ¿Quién la conoce? —preguntó con ansia el leñador.

—Yo la aprendí de mi abuelo y su uso me tiene aquí. Mi padre era pescador, salió un día a la mar y nunca regresó. Mi madre y yo como su único hijo, fuimos a vivir con mi abuelo y de él aprendí el camino. Empecé como tú, trabajando como leñador, y ahora soy dueño del aserradero más grande de la región.

—¿Me la puedes transmitir? ¿Es algo para mentes privilegiadas?

—Sí y no son las respuestas a tus preguntas —dijo el *philologus*—. Las soluciones más importantes de la vida suelen ser fórmulas sencillas, comprensibles, pero siempre requieren convicción previa en su eficacia, constancia, empeño y trabajo y mucha gente quiere recetas mágicas, como mencionaste, que sin compromiso alguno, sin esfuerzo, produzcan los resultados deseados de inmediato.

—Sin rodeos, explícame tu camino —pidió el leñador.

—La fórmula es simple: nunca estar totalmente satisfecho con los éxitos alcanzados. Partes de una meta, de un anhelo, te empeñas, trabajas, sudas, insistes y logras lo deseado; te permites una breve celebración, te felicitas, pero inmediatamente piensas que si has alcanzado aquello, quiere decir que tienes capacidad para subir más alto. Te fijas de inmediato una nueva meta, más grande que la anterior y la trabajas igual.

—Hasta llegar al éxito pleno como el tuyo.

—Nunca hay tal. Mi hijo fue invitado por el gobernante del país del norte a vivir allá un año. En cuatro meses estará de regreso. He comprado un terreno a tres jornadas de aquí y voy a construir un nuevo aserradero para que él lo administre. Mis planes se retrasarán por el incendio, pero en cuanto esta negociación regrese a la normalidad me avocaré al nuevo proyecto. Después reorganizaré el trabajo para que cada aserradero maneje las maderas que le son más cercanas y hagamos ventas coordinadas entre las dos negociaciones. Cuando esto se alcance ya veré en qué nueva aventura me embarco.

—¿Has platicado sobre esta fórmula con tu personal? ¿Les has contado tu historia como lo has hecho conmigo?

—Con algunos, pero su interés ha sido muy escaso. Creo que han pensado que les estoy presumiendo en vez de aleccionarlos. Tú eres el primero en mostrar deseos de aprovechar la lección.

—Creo que la envidia suele cegar al entendimiento y por eso se confunde la enseñanza con la presunción.

—Debían comprender que todos tenemos algo que los demás envidian y todos envidiamos lo que otros tienen.

—Tal vez si yo, como uno de ellos —dijo el leñador—, busco enseñarles tu camino y mostrarles tu trabajo como testimonio de resultados positivos, logre convencerlos. Es muy útil que una empresa tenga en la historia de su fundador una leyenda aleccionadora.

—Me daría mucho gusto que lo consigas, no porque mi persona se vea enaltecida, sino porque absorban la lección y la apliquen a su vida.

—Voy a empezar con los renuentes al esfuerzo adicional que les estoy proponiendo.

A partir del día siguiente, el leñador se dedicó a conversar con cada uno de los trabajadores que mostraban poco interés por colaborar con el aumento de empeño en el trabajo. Les explicó la fórmula de la insatisfacción con los éxitos alcanzados para no quedarse estacionado, de modo que cada logro se convirtiera en acicate para mayores realizaciones y les platicaba la historia del *Philologus Conor*. El entusiasmo con que transmitía las ideas fue ganando, poco a poco, más adeptos a sus planes.

El leñador añadió la celebración diaria de los avances logrados, reuniendo cada mañana a todos los trabajadores, antes de iniciar labores, para festejar a quienes habían realizado trabajos exitosos el día anterior.

El empeño y la motivación del leñador dio frutos. Todos querían ser mencionados en alguna de las celebraciones diarias y la creatividad y la eficiencia generaban un trabajo cada vez más productivo, tanto así, que la meta de reponer el material consumido por las llamas en tres meses se redujo a dos meses seis días.

El leñador concedió un día de festejo sin trabajo para conmemorar el éxito y durante esta festividad el *Philologus Conor* anunció que habría, de ahí en adelante, una paga adicional por los incrementos de producción con calidad. Además, ofreció una recompensa económica a quien contribuyera con la aportación de nuevos métodos, nuevas herramientas, que redujeran el tiempo de los trabajos y aumentaran la calidad de los productos.

Semanas después, el leñador se presentó en la oficina del *Philologus Conor* para mencionarle que estaba por cumplirse el año que había acordado con el maestro y que debía regresar a su poblado, mencionando el amplio agradecimiento y aprecio que sentía por las enseñanzas recibidas y el afecto con que habían sido otorgadas.

El *philologus* lo abrazó y le dijo que había sido el mejor colaborador que había tenido, agregando que realizó un trabajo estupendo en el aserradero, pero fundamental con cada uno de los trabajadores a los que había hecho crecer, no sólo laboralmente, sino como personas.

—Pero, tú en lo particular, ¿haz alcanzado el aprendizaje personal por el que llegaste aquí? —le preguntó.

—Con creces —respondió el leñador—. Llegué como un hombre apático, poco comprometido con mi propia vida, y me voy como un hombre nuevo. He aprendido y aplicado tu lección de la insatisfacción con los éxitos logrados, que no significa dejar de festejarlos, sino evitar quedarse en la complacencia personal, al marcarse de inmediato una meta más elevada, pero tal vez lo más importante que aprendí es que la existencia es para compartirla con los demás, que los conocimientos y habilidades deben servir para enseñar, para servir, para impulsar a otros y que la satisfacción que esto produce es la miel de la vida.

Los dos hombres se dieron otro abrazo de despedida con humedad en los ojos.

Camino al encuentro con la felicidad
y la trascendencia

*Trabajar con gusto y empeño para conseguir una meta
y alcanzarla, alegra el vivir, pero, tras el breve festejo
por el éxito, hay que reconocer la capacidad para subir
más alto y reiniciar el proceso hacia una meta superior.
Así, escalón por escalón, ascenderemos en la vida.*

XIV

El maestro reunió a los doce discípulos en una casa de campo desocupada, a media hora de viaje de la ciudad.

—Los he reunido —les dijo— para que se conozcan y se hermanen, ya que en ustedes recae, por aceptación personal, la propagación de la misión que el Señor me ha encomendado.

"Cada uno de ustedes ha trabajado a lo largo de un año en su perfeccionamiento personal, en un proceso de autosuperación y todos han obtenido resultados exitosos. Están ahora listos para iniciar la difusión del mensaje.

"Dado que cada quien ha tenido un aprendizaje y una valiosa experiencia, el grupo saldrá ganando si conocen en detalle cómo logró su compañera o compañero su desarrollo personal. Para ello, nos reuniremos aquí cada semana, en el día de descanso, y uno de ustedes platicará ese día sus vivencias.

"Nutridos con nuestros logros y las experiencias de los demás, cada uno de ustedes estará listo para dar a conocer en su comunidad la buena nueva, replicando el mensaje y alentando el desarrollo de las personas a su alrededor.

"La misión del Señor, como se los he indicado en forma personal, es muy sencilla de explicar, aunque su puesta en práctica es trabajo de vida completa: cada ser humano ha recibido de Dios dones, capacidades, habilidades, que debe no sólo descubrir, sino pulir, para luego ponerlas a trabajar en servicio de los demás, con pleno amor al prójimo, eliminando hábitos y actitudes negativas que frenen su desarrollo. Al hacer esto, encontrará su realización personal, su felicidad, y será fuente de vida para sí mismo, para los suyos y para su comunidad. Quien así proceda, además, recibirá la recompensa eterna de Dios.

Camino al encuentro con la felicidad y la trascendencia

*El mismo libro, como este, es diferente para cada lector.
Cada quien obtiene una opinión y un provecho distinto y
dado que vivir es un feliz proceso de aprendizaje continuo,
como se cita, como autor me quedo con la esperanza de
haber encendido una luz que sirva de apoyo en el difícil
y fascinante proceso de vivir, en busca de la felicidad
y la construcción de un legado, que es trascender,
al aportar lo mejor de nosotros mismos
a nuestros prójimos.*

El maestro sale de viaje se imprimió en agosto de 2015,
en Acabados Editoriales Tauro, S.A. de C.V.
Margarita 84, Col. Los Ángeles,
Del. Iztapalapa, C.P. 09360, México, D.F.

Dirección editorial : : César Gutiérrez
Portada : : Diseño Selector / Socorro Ramírez
Apoyo editorial : : Margarita Carrasco